Dictionnaire amoureux *illustré* du Crime

Dictionnaire amoureux *illustré* du Crime

Alain Bauer

PLON | GRÜND

Cet ouvrage est une version illustrée et abrégée
de l'édition originale parue en 2013.

ISBN : 978-2-324-03582-1
Dépôt légal : Octobre 2024

À Manon, Ugo, Ethan, Abel-Come, Alexandre, Dae,
William, Mitchell, Trevor, les deux Nicolas, César, Ben,
dans l'espoir qu'ils ne rencontreront que le crime de fiction.
À Claudine qui relu avec détermination ce manuscrit.
Aux chercheurs, experts et documentalistes qui contribuèrent
à l'éclairage historique de certaines entrées.
Aux contributeurs de Wikipédia qui permirent bien
des précisions utiles.

Quelle étrange idée… Un dictionnaire du crime, soit. Mais « amoureux » ? Quelle dépression passagère, quelle pulsion perverse, quel instinct mortifère ont pu infecter l'auteur ?

Même l'éditeur de cet ouvrage eut d'abord un mouvement de recul, puis une longue interrogation, avant de penser que cette aventure littéraire un peu exceptionnelle pourrait trouver son chemin dans une collection d'amoureux de belles et bonnes choses.

C'est pourtant bien l'amour qui guide le plus régulièrement l'action criminelle, notamment les homicides. La grande majorité d'entre eux, en France, sont « passionnels », souvent commis par celles et ceux qui aiment beaucoup, qui aiment trop, qui n'aiment plus…

Ainsi, le crime n'est pas seulement limité à son horreur, à sa description technique, légale, pénale. Le crime est aussi fascination, intérêt, obsession et, surtout, passion.

Le fait divers insuffle la vie à l'édition, la presse, mais aussi à la littérature, au théâtre, à la télévision, au cinéma. Sans lui, sans tout ce qui fait la tension et l'émotion du « thriller », il ne resterait plus grand-chose de ce qui remplit nos conversations de bistrot, de repas en famille, de sorties avec amis et relations, au bureau.

Sans crime, le royaume du Danemark aurait sans doute été vu moins « pourri » par Shakespeare ; Brecht, Camus, Césaire, Corneille, Gorki, Ionesco, Musset, Racine n'auraient pas imaginé certains de leurs chefs-d'œuvre. Sartre ne se serait pas sali les mains.

Edmund Burke, en 1757, dans son *Enquête philosophique sur les origines de nos idées sur le Sublime et le Beau*, souligne déjà que la terreur fait partie de ce qu'il définit comme le Sublime. Il ajoute même : « A distance, et avec certaines modifications, le danger ou la douleur peuvent être délicieux… »

Le crime est partout et nous le faisons vivre par notre curiosité, notre répulsion et surtout notre envie de voir et de savoir. Spectateurs avec empressement il nous arrive de vouloir devenir acteurs, détectives de substitution, enquêteurs, émetteurs d'hypothèses ; engagés avec l'accusation ou militants de la défense, les grandes affaires sont autant de passions individuelles dévoilées par un épisode collectif.

Bien sûr, on occulte trop souvent la souffrance des victimes et de leurs proches. Entièrement absorbés par l'objet et l'outil, par l'acte et son auteur, on oublie celles et ceux qui en furent directement les cibles.

Au-delà des monstres et de leurs actes les plus insupportables, on y trouve aussi, selon le mot des grands flics souvent presque hypnotisés eux-mêmes par l'objet de leurs investigations, de « grands voyous », des « beaux mecs », qu'ils détestent et aiment à la fois.

Cette ambiguïté dans la relation au crime et aux criminel(le)s est aussi au cœur de ma profession. Les criminologues ne sont pas des policiers ou des magistrats. Leur fonction n'est ni d'arrêter (même s'ils y contribuent parfois), ni de juger, ni de condamner (quels que soient leurs propres sentiments sur telle ou telle affaire). Leur rôle est de comprendre, d'analyser, d'interpréter ce qui se confirme, ce qui change, ce qui évolue. Mais on ne peut rester totalement froid et indifférent au sujet de son étude. On ne peut ainsi considérer avec détachement l'infanticide ou la torture d'autres êtres humains. On peut sourire, certes, devant des opérations ingénieuses, osées, parfois tragi-comiques. Policiers, magistrats, avocats, journalistes et criminologues partagent souvent les meilleures histoires criminelles dont l'intérêt essentiel est qu'elles sont toutes vécues. Les brèves de prétoire sont aussi hilarantes que les brèves de comptoir.

C'est pourquoi, comme Thomas De Quincey, j'ai également voulu considérer le crime comme un des « beaux arts », tant l'inventivité, la créativité, l'obstination ou la bêtise des criminels reçoit en écho la fascination du public. Certes horrifié, mais aussi souvent partagé, amusé, intrigué par l'acte criminel ou son auteur.

L'histoire de l'humanité est ainsi marquée d'épisodes sanglants et souvent fondateurs. On pourrait presque écrire qu'au commencement était le crime...

Les grands textes sacrés qui fondent toutes les religions sont ainsi remplis de bruit, de sang et de fureur. Le crime le plus marquant, également souligné dans la Bible et le Coran, reste l'assassinat par jalousie d'Abel par Caïn.

Mais tous les crimes ne sont pas violence physique. L'escroquerie, le vol, les trafics, la contrefaçon composent autant d'éléments d'une partition criminelle dont la créativité semble sans limites.

Voilà pourquoi malgré tout, malgré moi parfois, ce dictionnaire est amoureux, passionné, intrigué, curieux. Chacune des entrées aurait mérité une explication personnelle. D'autres choix possibles ou attendus n'y figurent pas. Car un dictionnaire amoureux est arbitraire. Il ne cherche ni équilibre, ni justification. Certaines affaires, certains auteurs, font partie des exemples utilisés dans mes enseignements en France, en Chine ou aux Etats-Unis. D'autres me sont apparus par analogie ou en recherchant des exemples illustrant un propos complémentaire. Mon éditeur a bien voulu souligner quelques oublis. Nous avons d'un commun accord supprimé l'entrée sur l'infanticide, trop insupportable.

Ainsi, il y a de l'amour dans le crime. Mais, comme le soulignent les Tontons flingueurs, il n'y a pas que ça.

CI-CONTRE

La comtesse Élisabeth Báthory (1560-1614) allongée dans une alcôve, dénudée. Gravure anonyme, XIXe siècle.

de **APACHES**

AB

à **BUFFET, CLAUDE ET BONTEMS, ROGER**

APACHES

CI-CONTRE
Illustration publiée en une du *Petit Journal*, le 20 octobre 1907. Combat meurtrier entre les policiers de Paris et la bande des « Apaches ».

Les dénominations criminelles sont parfois exotiques. Les chroniques policières ont ainsi en mémoire nombre de méfaits commis par des « Apaches » dans les rues de Paris au début du XXe siècle. Bien évidemment, les tribus indiennes n'y sont pour rien. Cette appellation apparue au début des années 1900 désigne en effet, dans le langage de l'époque, les délinquants des faubourgs, ancêtres des blousons noirs, loubards. La paternité du nom est difficile à attribuer. Tout au plus peut-on dater d'un article du 12 décembre 1900, dans le journal *Le Matin*, la première utilisation médiatique du terme, sous la plume de Victor Morris, chef des informations : « Nous avons l'avantage de posséder à Paris une tribu d'Apaches [...]. Ils vous tuent leur homme comme les plus authentiques sauvages. » Le terme va faire école, vite adopté par les malfrats, les policiers et l'opinion. Il faut se souvenir que la société française de la fin du XIXe a une culture importante des tribus amérindiennes. Et particulièrement les tribus apaches, installées au sud-ouest des Etats-Unis et au nord du Mexique. Les témoignages de nombreux Français émigrés au Mexique à partir de 1848 leur ont taillé une réputation terrible.

Devenu symbole de « sauvagerie », l'Apache va donc naturellement désigner le malfrat dont les bandes hantent les rues de Paris depuis le début du XIXe siècle. Les « Apaches » ont un code vestimentaire : foulard de cou, chemise souvent sans col agrémentée de vestes bourgeoises, de bottines ou chaussures de qualité, souvent prises lors de vols. Parmi les méthodes employées par les Apaches pour détrousser les victimes, notamment la nuit, la plus célèbre reste celle du « coup du père François », un étranglement par-derrière à l'aide d'un foulard qui laisse inconscient et permet sans danger de vider les poches du malheureux. L'arme de prédilection des Apaches est le « 22 », un couteau de chasse de la Manufacture de Châtellerault dont la lame repliable mesure 22 centimètres. D'où l'expression « 22 ! » pour signaler l'arrivée de la police et la nécessité de sortir les lames pour affronter les forces de l'ordre.

Le public parisien va découvrir les Apaches, leurs rites et leurs mœurs avec l'affaire « Casque d'Or ». L'histoire va faire la une des journaux pendant des semaines et tenir en haleine le lecteur avide de détails : deux chefs de bande, deux Apaches sans foi ni loi, se déchirent dans une guerre sans merci pour l'amour d'une prostituée surnommée Casque d'Or, en raison de la flamboyance de ses cheveux blond-roux. Amélie Hélie rencontre Joseph Pleigneur, 22 ans, dit Manda, chef de la bande des Orteaux, dans le 20e arrondissement de Paris. Un soir de 1902, la belle Amélie tombe amoureuse de Dominique Leca, un Corse, chef de la bande rivale. La hache de guerre est déterrée et la bataille fait rage entre les deux clans. Par deux fois, Leca tombe sous les coups adverses. Par deux fois, il en réchappe. Manda, son agresseur, est arrêté. Son procès devant la cour d'assises de la Seine est suivi par toute la presse. Casque d'Or, surnommée par les journalistes « la reine des Apaches », devient l'égérie des lecteurs. Tandis que Manda est condamné au bagne à perpétuité, Casque d'Or devient une célébrité parisienne. Elle publie ses souvenirs dans le journal *Le Fait divers*, connaît des amants fortunés, se produit dans des cabarets. Mais très vite, la reine des Apaches n'amuse plus. Passée de mode, elle devient assistante de dompteur dans un cirque. C'est là que « le dénicheur » la retrouve. Ce fidèle lieutenant de Manda est bien décidé à aller au bout du code d'honneur apache. Un soir, il guette la belle à la sortie du chapiteau et la poignarde. Grièvement blessée, elle est totalement oubliée à sa sortie d'hôpital. Mariée le 27 janvier 1917 à la mairie du 20e arrondissement à un honnête ouvrier, elle devient Mme Nardin et termine sa vie à vendre des étoffes et de la lingerie sur les marchés de Montreuil et des Lilas avant de s'éteindre le 18 avril 1933 à l'âge de 55 ans. Elle ressuscite en 1952 dans le célèbre film de Jacques Becker, sous les traits de Simone Signoret.

Le Petit Journal

Le Petit Journal
CHAQUE JOUR – 6 PAGES – 5 CENTIMES
Administration : 61, rue Lafayette
Le Supplément illustré
CHAQUE SEMAINE 5 CENTIMES

5 CENTIMES SUPPLÉMENT ILLUSTRÉ 5 CENTIMES

Le Petit Journal Militaire, Maritime, Colonial.... 10 cent.
Le Petit Journal agricole, 5 cent. ~~ **La Mode du Petit Journal**, 10 cent.
Le Petit Journal illustré de la Jeunesse, 10 cent.
On s'abonne sans frais dans tous les bureaux de poste

ABONNEMENTS

	SIX MOIS	UN AN
SEINE et SEINE-ET-OISE..	2 fr.	3 fr. 50
DÉPARTEMENTS...........	2 fr.	4 fr. »
ÉTRANGER	2 50	5 fr. »

Les manuscrits ne sont pas rendus

Dix-huitième Année — DIMANCHE 20 OCTOBRE 1907 — Numéro 883

L'APACHE EST LA PLAIE DE PARIS
Plus de 30,000 rôdeurs contre 8,000 sergents de ville

BAR

CI-CONTRE
Bar du centre-ville marseillais, rue de la Canebière, dans les années 1940.

Le débit de boissons est le siège social du gangster. Il y reçoit ses amis, dirige ses affaires et y règle ses comptes. La pègre ne compte plus ses morts tombés dans la sciure au pied du zinc à l'heure de l'apéritif. Trois morts en 1967 au bar Le Tanagra à Marseille. Trois autres au même endroit en 1972. Deux morts au bar Le Thélème, à Paris, en 1975. Cette fois, c'est la Brigade Antigang qui régale, abattant deux truands lors d'une tentative d'interpellation, parmi lesquels l'un des frères Zemmour, les vrais « patrons » du milieu parisien de l'époque. Jean-Pierre Lepape, membre du gang des Postiches, est abattu dans un bar de la banlieue sud de Paris, en 1998. Francis Vanverberghe, dit « le Belge », l'un des parrains marseillais, est tué de sept balles au bar L'Artois Club en 2000. A Marseille, en 2006, un commando d'une dizaine d'hommes cagoulés fait irruption aux Marronniers, un café-restaurant du 13ᵉ arrondissement. Trois morts, dont, Farid Berrahma, figure du grand banditisme des Bouches-du-Rhône, soupçonné de trafic de stupéfiants, d'exploitation illégale de machines à sous et de meurtres. Le « berger » corse Ange Toussaint Federici a été condamné pour ces faits en seconde instance par la cour d'assises du Var, le 16 octobre 2012, à trente années de réclusion avec une période de sûreté de vingt ans, à l'issue d'un procès sur fond de soupçons de subornation de témoins.

La plus sanglante de ces fusillades de comptoir s'est déroulée le 3 octobre 1978, au bar Le Téléphone, à Marseille. Peu avant 20 h 30, trois hommes font irruption dans l'établissement situé boulevard Finat-Duclos, dans le 14ᵉ arrondissement, armés de fusils à pompe et de revolvers. Bilan, 10 morts, dont 5 « connus défavorablement des services de police », mais considérés plutôt comme du menu fretin. Règlement de comptes entre proxénètes, affaire de fausse monnaie ou épisode de la guerre opposant les parrains Gaëtan Zampa et Francis le Belge, ce carnage n'a jamais été élucidé. Il a cependant inspiré le réalisateur Claude Barrois, pour son film *Le Bar du téléphone* sorti en 1980, version romancée de la guerre des parrains marseillais.

Mais le bar n'est pas seulement le cimetière de quelques ambitions criminelles. Il est aussi l'emblème du délinquant, l'enseigne de la bande. L'une des plus célèbres, dite « de la Brise de Mer », fréquentait le caboulot du même nom, sur le port de Bastia, en Haute-Corse. Née à la fin des années 1970, elle regroupe les représentants d'une dizaine de familles et commet son premier coup d'envergure en 1982, pillant 159 coffres de l'agence du Crédit Lyonnais, à Bastia, durant le week-end de Pâques. Butin, 30 millions de francs, soit plus de 4,5 millions d'euros.

Le 25 mars 1990, ses membres délestent l'Union de Banques Suisses, à Genève, de 31 millions de francs suisses (18,9 millions d'euros). Au fil du temps, la Brise de Mer se constitue un véritable empire, prenant le contrôle d'établissements de nuit, de commerces et de cercles de jeux, activités lucratives offrant par ailleurs l'énorme avantage de « blanchir » de fortes sommes d'origine douteuse.

Une autre bande corse est elle aussi associée à son estaminet favori, Le Petit Bar, installé sur le cours Napoléon à Ajaccio. Une petite dizaine de copains, qui se connaissent depuis le lycée, constitue le noyau dur, autour duquel gravitent des comparses recrutés en fonction des besoins, des sortes de CDD du braquage. La bande prend rapidement le contrôle du deal dans la ville. Elle passe ensuite au racket et à l'extorsion de fonds, mettant la main sur les commerces rentables de la ville en se taillant une redoutable réputation à coups de calibre. On lui attribue une dizaine de règlements de comptes mortels dans le milieu corse depuis 2004. Mais les ambitions de la bande, qui entendait succéder au parrain Jean-Jérôme Colonna, dit « Jean-Jé », mort dans un accident de la route en 2006, vont connaître quelques contrariétés. A commencer par la perte de son chef, Ange-Marie Michelosi, tué de plusieurs décharges de chevrotine en juillet 2008, l'arrestation et la condamnation de six de ses membres en 2009, enfin l'arrestation de son successeur présumé, en 2010.

BAR TABACS
TABACS
Opera

BÁTHORY, ELISABETH, DITE LA COMTESSE SANGLANTE

CI-CONTRE
La comtesse Élisabeth Báthory (1560-1614) allongée dans une alcôve, dénudée. Gravure anonyme, XIXe siècle.

La comtesse Elisabeth Báthory est l'une des meurtrières les plus célèbres de l'histoire. On lui attribue la torture et la mise à mort de près de deux cents jeunes filles, entre 1585 et 1610. Le récit des atrocités commises par elle et ses complices lui a valu les surnoms de Comtesse sanglante ou Comtesse Dracula.

Née le 7 août 1560 à Nyírbátor, en Hongrie, Elisabeth Báthory est de haute lignée. Nièce du gouverneur de Transylvanie et du prince de Transylvanie, le futur roi de Pologne Etienne Báthory, elle est mariée à Ferenc Nádasdy en 1575. Son mari lui offre alors en cadeau le château de Čachtice, dans les Carpates. Le couple demeure au château de Sárvár avec ses trois enfants, la comtesse se révélant selon les témoins une mère aimante et attentionnée.

Commandeur de l'armée hongroise, Ferenc Nádasdy est mobilisé durant de longs mois loin du château, bataillant contre les Turcs lors de deux guerres successives. Il meurt en 1604. C'est à cette période que d'étranges et insistantes rumeurs circulent autour de la comtesse. Il est question d'enlèvements de jeunes filles, d'actes de barbarie, d'assassinats. C'est un pasteur luthérien, István Magyari, qui le premier tente d'alerter les autorités. Entre 1602 et 1604, il adresse plusieurs plaintes à la cour de Vienne, sans résultat. La justice impériale ne semble guère pressée de s'attaquer à une représentante de l'aristocratie dans une affaire aux relents de scandale.

Il faudra attendre 1610 pour que l'empereur Matthias Ier du Saint Empire décide de l'ouverture d'une enquête, confiée au Palatin de Hongrie, le plus haut dignitaire de la Cour. Les premiers éléments recueillis, dont le témoignage du curé de Čachtice, confirment les soupçons, bien qu'aucune plainte de parents n'ait jamais été déposée. La toute-puissance des familles Báthory et Nádasdy, la peur des représailles et la crainte de quelque sortilège satanique avaient cousu les bouches.

Elisabeth Báthory est arrêtée le 29 septembre 1610 avec quatre de ses serviteurs accusés d'être complices. Lors de leur arrivée au château, les hommes du Palatin auraient trouvé le cadavre atrocement mutilé d'une jeune fille et « plusieurs douzaines » d'autres, affamées ou blessées, enfermées dans des cellules. Les témoignages et les interrogatoires des accusés dressent alors un catalogue épouvantable des sévices infligés aux jeunes filles enlevées dans les campagnes ou amenées au château contre la promesse d'un bon emploi. Elles sont battues à mort, brûlées au fer rouge, mordues, lacérées. On leur coupe les doigts, leur arrache les chairs à l'aide d'une pince en argent au niveau des seins et des parties génitales. Certaines sont laissées nues dans la neige ou dans des baquets d'eau glacée jusqu'à ce qu'elles expirent. L'un des serviteurs et complices dira qu'il fallait parfois répandre de la cendre sur les planchers pour absorber tout le sang répandu. Toutes ces séances se terminent par la mise à mort de la victime, enterrée dans le voisinage.

Les enquêteurs ne parviendront pas à établir le nombre exact de crimes commis par la comtesse et ses servants. Une cinquantaine selon les accusés, cent, peut-être deux cents selon le personnel du château, 650 selon un témoin au procès. Le 7 janvier 1611, la Cour royale suprême et vingt juges condamnent trois des complices de la comtesse à la peine capitale, le quatrième à la prison à vie. Privilège de sa noblesse, la comtesse n'est pas poursuivie par la justice. Elle sera assignée à vie dans une seule pièce de son château dont toutes les issues seront murées, à l'exception d'un passe-plat pour

sa nourriture. Elle y meurt le 21 août 1641, quittant sa prison pour entrer dans la légende. Celle de la comtesse se baignant dans le sang de jeunes filles pour garder la jeunesse éternelle, inspirant de nombreuses œuvres littéraires, musicales et cinématographiques, devenue dans l'imaginaire collectif une sorte de Dracula au féminin.

Au cinéma, cette histoire a inspiré *Les Lèvres rouges*, de Harry Kümel, et *Comtesse Dracula*, de Peter Sasdy en 1971. En 2008, *Bathory*, de Juraj Jakubisko, avec l'actrice britannique Anna Friel dans le rôle d'Elisabeth, immense succès en République tchèque et en Slovénie. Julie Delpy réalise et interprète le rôle titre dans *La Comtesse*, sorti en salle le 21 avril 2010.

BAUER, CHARLIE

CI-CONTRE
Portrait de Charlie Bauer, écrivain, 12 janvier 1990.

On a les homonymes qu'on mérite. Celui-ci pourrait paraître plutôt flatteur en termes d'engagement personnel. Charlie Bauer, voleur et braqueur, gangster d'une légende qu'il écrivit lui-même, fut toute sa vie un lutteur. Il n'a cessé le combat que par K-O, terrassé par une crise cardiaque le 7 août 2011, chez lui, à Montargis (Loiret).

Pour Charlie, la bagarre commence à l'âge des culottes courtes. Né le 24 février 1943 à Marseille, il grandit dans le quartier de l'Estaque au sein d'une famille d'ouvriers juifs, résistants et communistes. A huit ans, son père l'inscrit aux Jeunesses communistes. Le voilà bon pour la lutte finale et les premiers larcins. Quelques années plus tard, Charlie rompt avec le PCF qui soutient la guerre d'Algérie et s'en va piller les convois militaires ferroviaires pour, dit-il, « alimenter le FLN », le Front de libération nationale, mouvement clandestin armé qui lutte pour l'indépendance algérienne. Il distribue également une partie de ses butins dans son quartier de l'Estaque, se taillant ainsi un costume de Robin des Bois mâtiné de banditisme révolutionnaire d'extrême gauche. En 1962, à 19 ans, il est interpellé pour vol à main armée en bande organisée et condamné à vingt ans de réclusion criminelle. Commence alors pour lui un nouveau combat contre le système pénitentiaire, ce qui lui vaut de fréquenter les Quartiers de haute sécurité (QHS). Après une tentative d'évasion ratée de la Centrale de Clairvaux, il est transféré au QHS de Lisieux et obtient de haute lutte le droit d'étudier. Il rencontre Renée, professeure de français, qui devient sa compagne dès sa libération conditionnelle en 1977 et lui donne une fille prénommée Sarah Illioucha.

Dehors, Charlie Bauer reprend la bagarre. Il milite un temps avec Pierre Goldman qu'il a rencontré en prison, au sein d'un obscur « groupe d'intervention antifasciste » mais abandonne rapidement, Pierre Goldman étant selon lui « cet ami qui conçoit davantage l'action à la Chapelle des Lombards », établissement de nuit de la Bastille, à Paris. En juin 1979, il rencontre Jacques Mesrine, alors en cavale, qui lui offre de s'associer avec lui. Il lui propose dans un premier temps de récupérer la rançon d'un industriel de la Sarthe, enlevé puis libéré contre une reconnaissance de dettes de 4 millions de francs (610 000 euros). La participation de Charlie Bauer à l'extorsion de fonds lui vaut d'être interpellé et condamné à cinq ans de prison pour recel de rançon et détention d'armes. Au passage, il prend également cinq ans pour une autre affaire de trafic de stupéfiants. En cellule, il reprend ses études, et lorsqu'il est libéré en 1988, il est titulaire de deux licences universitaires, en psychologie et en philosophie, et d'un doctorat d'anthropologie sociale. Il aura passé vingt-quatre ans de sa vie en prison dont neuf en QHS.

Il décide alors de poursuivre son militantisme révolutionnaire par la voie non violente et en dehors d'actions criminelles. Il écrit deux livres, en 1990, *Fractures d'une vie* (éditions Agone) et en 2010 *Le Redresseur de clous* (éditions du Cherche-Midi). Il a participé en tant que conseiller technique au film sur Mesrine, *L'Instinct de mort* (2008), de Jean-François Richet, dans lequel son propre rôle était joué par un Gérard Lanvin un peu caricatural mais qu'il ne reniait pas. Il multipliait également les conférences contre l'enfermement, notamment dans les lycées, et avait joué au théâtre, interprétant les textes de Varlan Chalamov, qui a passé dix-huit ans au goulag, relatant les exactions des chefs du camp de la Kolyma.

Personnage atypique, au physique de brute chevelue et moustachue (puis barbue), sorte de « Chabal » militant qui aurait troqué le rugby contre le prêche de la révolution d'extrême gauche, obstiné dans la lutte pour ses idées chaque jour dès le lever, d'après sa fidèle compagne Renée, Charlie Bauer résumait souvent son engagement en citant une courte phrase de Victor Hugo : « Ceux qui vivent sont ceux qui luttent », mais aussi l'égoïsme et le plaisir de ses luttes en un constat très personnel : « Je suis un très mauvais père et mari. Je n'ai qu'une femme, c'est la Révolution, mais putain, ce qu'elle b... bien ! »

BERTILLON, ALPHONSE

CI-CONTRE
Illustration parue dans *Le Petit Journal* du 10 septembre 1899. Alphonse Bertillon témoignant devant la deuxième cour martiale d'Alfred Dreyfus à Rennes.

Inventeur du système d'identification criminelle qui porte son nom, Alphonse Bertillon est né le 24 avril 1853 à Paris, dans une famille de statisticiens. Son grand-père, Achille Guichard, est à l'origine du mot démographie, son père et son frère sont des spécialistes dans le domaine.

Bertillon entre comme employé à la préfecture de Police en 1879 pour classer les dossiers criminels. A son arrivée, il découvre 60 000 fiches et photographies mal classées, remplies sans logique d'ensemble, avec des clichés pris sous des angles différents.

Ce matériel rend problématique l'identification des criminels récidivistes, surtout depuis la loi du 31 août 1832 qui interdit de marquer au fer rouge les repris de justice ou de leur couper les oreilles. Méthodes certes efficaces, mais pour le moins expéditives et fort peu conformes au respect de la personne humaine.

Bertillon travaille alors sur un système de classement des fiches de police, en s'inspirant du travail du statisticien belge Adolphe Quételet (1796-1874). Ce chercheur fut le premier à appliquer un traitement statistique aux mesures du corps humain.

Bertillon en déduit que l'on peut établir des fiches d'identité fiables en utilisant les mesures osseuses. Sa technique d'anthropométrie judiciaire, qui prendra le nom de « bertillonnage » ou « système Bertillon », est testée pour la première fois en 1883 et permet d'identifier Léon Durand, voleur récidiviste. Le système se met en place.

Les fiches sont établies sur 9 mesures osseuses :

1. taille.
2. *envergure : longueur du corps depuis l'épaule gauche jusqu'au majeur droit.*
3. *buste : longueur du tronc de la tête au postérieur, prise en position assise.*
4. *longueur de la tête, du crâne au front.*
5. *largeur de la tête, de la tempe gauche à la tempe droite.*
6. *longueur de l'oreille droite.*
7. *longueur du pied gauche.*
8. *longueur du médius gauche.*
9. *longueur de la coudée gauche.*

Pour plus de fiabilité, notamment pour les individus en croissance ou les jumeaux, les fiches sont complétées par un portrait parlé, une signalétique du visage dont chaque caractéristique anthropométrique est résumée par une lettre, le tout donnant une formule résumant la description complète. Apparaît également un relevé des marques particulières sur le corps (cicatrices, tatouages, grains de beauté par exemple), puis une photographie de face et de profil pour chaque individu signalisé, réduite au 1/7e. L'efficacité du système se révèle vite : 49 identifications en 1883, 241 en 1884, 1 187 en 1887. Ainsi les Etats-Unis l'adoptent en 1888 et la Grande-Bretagne en 1894.

Alphonse Bertillon fut également le premier, en France, à réaliser une identification judiciaire grâce à l'utilisation des empreintes digitales. Avant lui, cette technique avait connu quelques tentatives d'utilisation, notamment pour la signature des contrats avec le pouce dès l'Antiquité ou pour le contrôle des rôles des écrous de l'administration pénitentiaire britannique. Mais c'est le cousin de Darwin, Francis Galton, qui révélera dès 1892 la qualité des identifications possibles grâce à ces empreintes et la très faible marge d'erreur. Curieusement, Bertillon, qui considérait l'anthropométrie comme supérieure à la dactyloscopie – jalousie d'hommes de science ! –, n'intégrera pas cette technique à son propre système. Il faudra attendre 1907 pour que les empreintes digitales soient adjointes aux fiches d'identification des délinquants, alors que Scotland Yard, par exemple, a adopté cette méthode complémentaire dès 1901.

Le système Bertillon, utilisé en France jusqu'en 1970, a été remplacé depuis par une description simplifiée – sans les mesures osseuses – et la prise des empreintes des dix doigts – et aujourd'hui de l'empreinte palmaire.

Alphonse Bertillon s'est éteint à Paris le 13 février 1914, à l'âge de 62 ans.

BESNARD, MARIE

CI-CONTRE
Marie Davaillaud Besnard (1896-1980) dite l'empoisonneuse de Loudun, le 11 juin 1950, dans le train qui l'emmène de Paris à Poitiers pour y être emprisonnée.

Il faut bien reconnaître que l'on meurt beaucoup, dans l'entourage de Marie. Entre le 1er juillet 1927 et le 16 janvier 1949, une douzaine de proches disparaissent. Le premier de la liste est d'ailleurs son époux et cousin, Auguste Antigny, mort à 33 ans des suites d'une tuberculose. Marie, née en 1896 à Saint-Pierre-de-Maillé, dans la Vienne, l'avait épousé le 6 avril 1920, quittant la ferme de ses parents, Pierre Davaillaud et Marie-Louise Antigny. Après deux années de veuvage, elle se remarie avec le fils du bourrelier de Loudun, Léon Besnard, le 12 août 1929. Mais à partir de 1938 les décès se multiplient. La plupart des disparus sont d'âge avancé, rien ne semble anormal. Passent ainsi l'arme à gauche la grand-tante Marie Lecomte, 86 ans, puis l'année suivante, en 1939, un ami du couple, Toussaint Rivet, 64 ans. En 1940, trois autres décès suivent, ceux de Pierre Davaillaud le père de Marie, 78 ans, de Louise Gouin, la grand-mère de Léon, 92 ans, et de Marcellin Besnard, le père de Léon, 78 ans. En 1941, encore trois morts, avec la maman de Léon, Marie-Louise Besnard, 68 ans, la sœur de Léon, Lucie Bodin, 47 ans, et Blanche Rivet, 49 ans, l'épouse de l'ami Toussaint mort en 1939. En 1945, une vieille cousine de Léon, Pauline Bodineau-Lalleron, 88 ans, disparaît, suivie huit jours plus tard par sa sœur Virginie, 83 ans. Enfin, en 1949, la mère de Marie Besnard, Marie-Louise Davaillaud, meurt à l'âge de 71 ans.

Depuis la mort de son père, en 1940, Léon a repris sa corderie, florissante. Les finances se portent bien, le couple a hérité d'une propriété venant de la famille de Marie Besnard et possède des hectares de terre, des biens immobiliers et l'hôtel du Cheval Blanc. Léon est passionné de chevaux, son aisance lui permet d'être propriétaire de trois juments et six demi-sang. Comme dans toute petite ville, la réussite suscite la jalousie.

Louise Pintou, postière à la langue bien pendue, est une amie de Marie Besnard. C'est elle qui présente aux Besnard les trois frères Massip, Joseph, ingénieur des Eaux et Forêts, Auguste, ingénieur des Chemins de fer, et Gaston, présenté comme un simple d'esprit, copropriétaires et habitants du château de Montpensier à Vézières. Leurs relations avec les Besnard semblent évoluer entre amitié et brouille. En mai 1943, Marie Besnard, malade, est hospitalisée à Poitiers. En rentrant à son domicile, elle surprend son mari dans les bras de Louise Pintou. Cette dernière continuera pourtant à être très proche du couple, logée dans la maison mitoyenne de feu la sœur cadette de Léon.

A la Toussaint 1947, Léon tombe malade. Le médecin de famille, Gallois, diagnostique d'abord une crise de foie, puis s'en remet à l'avis du chirurgien Chauvenet qui détecte une crise d'urémie. La maladie s'aggrave. Léon Besnard meurt le 27 octobre 1947. Les jours suivants, Mme Pintou confie à Auguste Massip ce que Léon lui a soufflé : lorsqu'il était agonisant, Marie lui aurait servi une soupe dans laquelle se trouvait déjà un liquide, attribuant à cet ajout sa maladie. Auguste Massip confie l'histoire par courrier à un juge d'instruction de Loudun. Interrogé, le docteur Gallois confirme l'urémie et innocente Marie Besnard. Toutefois la rumeur se répand. Le 5 février 1949, Marie Besnard est à nouveau mise en cause dans un cambriolage commis chez Mme Pintou, encore une fois à la suite d'un courrier d'Auguste Massip, maniaque de la dénonciation. L'inspecteur Normand, chargé de l'enquête, va à cette occasion prêter une attention particulière aux déclarations de Louise Pintou sur l'empoisonnement de Léon Besnard. L'affaire est relancée. Le parquet de Poitiers confie le dossier au juge d'instruction Pierre Roger, 25 ans, un des plus jeunes magistrats de France. Louise Pintou est entendue sur commission rogatoire par l'inspecteur Normand. Le 9 mai 1949, deux policiers interpellent Marie Besnard et l'interrogent longuement. Deux jours plus tard, le juge ordonne l'exhumation et l'autopsie du cadavre de Léon, ainsi que le prélèvement de la terre du cimetière. L'expert trouve une quantité importante d'arsenic dans le corps exhumé. Marie Besnard est incarcérée à la prison de Poitiers le 21 juillet 1949.

Marie Besnard, lors de sa présentation devant le juge d'instruction, demande une contre-expertise, de même que plus tard ses avocats, maîtres ...

CI-CONTRE

Marie Davaillaud Besnard dédicace son livre le 9 mai 1962.

… Cluzeau et Hayot, refusée par le juge d'instruction. Une plainte contre X est déposée pour suspicion d'empoisonnement des autres personnes décédées dans l'entourage de Marie Besnard. Le juge Roger décide alors l'exhumation de douze cadavres, déterrés entre le 27 juillet et le 30 août 1949. L'expert, le Dr Béroud, de Marseille, utilise la méthode dite « de Marsh », consistant à chauffer la matière organique pour révéler la présence d'arsenic, découverte en 1836. Il conclut à l'empoisonnement sauf dans deux cas, mentionnant qu'en aucun cas la terre des cimetières ne contient d'arsenic.

Le 11 février 1950, Marie Besnard est transférée à la Petite Roquette à Paris afin d'être examinée par trois experts psychiatres pour savoir si elle pouvait être en état de démence. L'un d'eux, le Dr Cellier, aura cette formule qui fera mouche : « Marie Besnard est normale, tellement normale qu'elle est anormalement normale. » Le 21 février s'ouvre le procès historique, auquel toute la presse française tente d'assister.

Un nouvel avocat de Marie Besnard, Me Gautrat, argue que les scellés fermés des viscères analysés sont mélangés et que les règles médico-légales ont été bafouées. Il présente six tubes à l'expert, présentant tous des anneaux « dits de Marsh », et met au défi l'expert de trouver ceux contenant de l'arsenic. Le Dr Béroud en désigne deux, dont l'avocat exhibe les preuves que les traces annulaires sont en fait de l'antimoine. L'audience est levée dans la confusion. Le lendemain, le Pr Perpert annonce qu'il a, lui, découvert de l'arsenic dans la terre des cimetières.

Face à cette confusion, la cour d'assises nomme alors de nouveaux experts. Les cadavres sont exhumés à nouveau et l'on découvre que leurs éléments ont été mélangés lors de leurs précédentes remises en terre. Sur la base de ces nouvelles analyses, les experts éliminent six des treize cadavres imputés à Marie Besnard, l'état de putréfaction de ces restes n'ayant pas permis de réaliser des mesures fiables.

La Cour de cassation renvoie l'affaire devant les assises de Gironde. Un deuxième procès s'ouvre le 15 mars 1954 à Bordeaux. Les trois experts nommés affirment avoir découvert de l'arsenic dans la terre, mais en quantité insuffisante pour avoir imprégné autant les cadavres. Pour eux, l'apport est exogène. Les experts de la défense, déposant comme témoins, affirment, eux, que sous l'effet de la putréfaction le transfert est possible, notamment pour les canaux des cheveux. Le jardinier du cimetière de Loudun confirme utiliser des dérivés d'arsenic pour son potager situé dans le périmètre. Le 1er avril 1954, la cour nomme trois nouveaux experts et leur donne trois mois pour apporter leurs résultats. Le procès est reporté. Marie Besnard est remise en liberté provisoire sous caution.

Le délai de trois mois accordé aux experts va durer… sept ans. Un nouveau juge d'instruction a repris le dossier, on a déterré des « cadavres-témoins » afin d'évaluer les teneurs en arsenic. Le nouveau rapport d'expertise ne retient plus au titre de l'empoisonnement qu'un seul cadavre, celui de la mère de Marie. Lorsque enfin s'ouvre le troisième procès, le 20 novembre 1961 à Bordeaux, une partie de l'opinion publique, lassée ou convaincue, prend position pour la « dame de Loudun ». Les experts sont malmenés par la défense de l'accusée qui dénonce les erreurs de chiffres, les imprécisions, les « prélèvements de poils » devenus des « échantillons de cheveux ».Le 12 décembre 1961, le jury acquitte Marie Besnard au bénéfice du doute. Elle publie ses mémoires en 1962 et décède en 1980, refusant l'inhumation à Loudun et faisant don de son corps à la science.

L'Affaire Marie Besnard est aussi un téléfilm français de Frédéric Pottecher, réalisé par Yves-André Hubert, diffusé en 1986 – Alice Sapritch a eu un Sept d'or pour la meilleure comédienne ; et *Marie Besnard, l'empoisonneuse* est un téléfilm franco-belge réalisé par Christian Faure et diffusé en 2006.

AIR FR
MARIE BESNARD
MES MÉMOIRES
Un roman digne de BALZAC
LE PROCÈS DES EXPERTS

BONNOT, JULES

CI-CONTRE
Portrait de Jules Joseph Bonnot (1876-1912) le 1er mars 1910, malfrat célèbre pour son implication dans une organisation criminelle anarchiste surnommée « La bande à Bonnot ».

Si elles n'avaient pas été formellement créées par Clemenceau en 1907, on pourrait penser que Jules Bonnot est le véritable initiateur des Brigades mobiles, dites « du Tigre ». Le retentissement politique de ses actions forcera en effet le gouvernement à coordonner l'intervention des forces de police et de gendarmerie. Anarchiste ayant choisi des méthodes criminelles et pensant devenir le Robin des Bois du début du XXe siècle, il créera la première unité gangsterroriste de l'histoire et deviendra la plus grande figure emblématique de bandit politique français.

Jules Joseph Bonnot est né le 14 octobre 1876 à Pont-de-Roide, dans le département du Doubs. Enfant turbulent, vaurien, fils d'un veuf ouvrier, ses premières condamnations remontent à ses 15 ans pour pêche illégale et cinq ans plus tard pour une bagarre. Il se marie en 1901 avec Sophie, part vivre à Genève, sa première fille meurt après l'accouchement, et Bonnot se fait expulser de Suisse pour raison politique. Son frère se suicide en 1903.

Il devient un jeune ouvrier d'usine, syndicaliste, militant dans la mouvance anarchiste. Il reste peu dans ses différents emplois. Lors de son passage chez Berliet (Lyon), il apprend à conduire, ce qui est rare à l'époque. Il est ensuite mécanicien à Saint-Etienne. C'est là que sa femme le quitte, emmenant sa seconde fille, partant vivre en Suisse avec un délégué syndical. En 1906, Bonnot retourne à Lyon, ouvre son propre atelier de mécanique en poursuivant en parallèle une activité délinquante avec un nommé Platano. En 1910 il se rend à Londres, où il aurait été chauffeur pour Conan Doyle. Si aucun des biographes du romancier ne signale ce fait, Edmond Locard, directeur du laboratoire de police scientifique à Lyon, assure que Conan Doyle aurait reconnu Bonnot en voyant une photo anthropométrique lors d'une visite dans ces locaux, s'exclamant alors : « Mais c'est Jules, mon ancien chauffeur ! »

A son arrivée à la capitale, Jules Bonnot rejoint la mouvance autour du journal *L'Anarchie*, fondé en 1905 par le militant Joseph Albert dit Libertad et dirigé alors par Viktor Lvovitch Kibaltchitch qui signe « Le Rétif » (le futur Victor Serge). Il y rencontre des sympathisants anarchistes, adeptes de la « récupération individuelle », tenants de « l'illégalisme » considérant que la récupération par le vol aux plus riches est un moyen menant à la révolution. Ce seront les futurs piliers de sa bande : Octave Garnier et Raymond Callemin dit « Raymond la Science », Elie Monnier dit « Simentoff » (ou Symentoff), Edouard Carouy, André Soudy, ainsi qu'Eugène Dieudonné. La plupart sont des délinquants moyens « ordinaires ». L'arrivée de Jules Bonnot, plus âgé et disposant d'une expérience criminelle et d'un mode opératoire novateur (l'automobile), va les faire passer au stade supérieur.

Le 21 décembre 1911, Bonnot, Garnier et Callemin prennent place à bord d'une Delaunay-Belleville verte et noire de 12 CV. Bonnot est au volant. A 9 heures du matin, devant le 148, rue Ordener à Paris, la bande s'attaque au garçon de recette de la Société Générale, Ernest Caby, porteur de 20 000 francs en titres, et à son garde du corps, Alfred Peemans. Garnier tire deux fois sur Caby qui s'écroule (mais ne mourra pas), son accompagnateur s'enfuit, Bonnot disperse les curieux en tirant en l'air, Callemin tire vers un passant voulant intervenir, sans l'atteindre. Ce premier vol automobile à main armée a un retentissement national. Mais pour Bonnot le butin est bien maigre : 5 000 francs en liquide et des titres que Callemin ne parviendra pas à revendre.

Le 31 décembre 1911, la bande est en Belgique, à Gand. Bonnot, Garnier et Carouy tentent de voler une automobile. Garnier tue le chauffeur et blesse un autre homme. Le 3 janvier 1912 à Thiais, Carouy, accompagné de Marius Metge, tue un rentier et sa bonne lors d'un cambriolage attribué aux agissements de la bande. Le 10 janvier 1912, la bande pille une armurerie boulevard Haussmann. Le 27 février, Bonnot, Garnier et Callemin circulent à bord d'une voiture volée à Paris. Devant la Gare du Nord, vu la conduite dangereuse de Bonnot, un agent saute sur le marchepied pour stopper la voiture. Garnier l'abat de trois balles. (Le policier s'appelait aussi Garnier et ...

CI-CONTRE
La voiture du criminel Jules Bonnot en 1912, Paris.

... mourra transporté dans un restaurant à l'enseigne « Chez Garnier ».) Le lendemain, ils tentent de cambrioler le coffre-fort d'un notaire à Pontoise.

Le 25 mars, à 8 heures du matin, Bonnot, Garnier, Callemin, Monnier, Valet et Soudy se postent en embuscade au bord de la route à Montgeron, dans la banlieue sud. A l'approche d'une limousine De Dion-Bouton qui assure des livraisons, un membre de la bande agite un mouchoir en signe de détresse. La voiture s'arrête. Aussitôt, Garnier et Callemin abattent le chauffeur et blessent le propriétaire passager qui survivra. Avec ce véhicule, les malfaiteurs se rendent directement à la Société Générale de Chantilly. Quatre hommes entrent dans l'agence, tuent deux employés, en blessent grièvement un troisième et dévalisent les fonds. Posté à l'entrée de la banque, Soudy tire vers la foule avec une carabine pour écarter les curieux. Après cette spectaculaire et meurtrière attaque, Georges Clemenceau, président du Conseil, ordonne à Guichard et Lépine de mettre tous les moyens pour l'arrestation des auteurs. La méthode porte ses fruits et les dénonciations se succèdent. Soudy est arrêté le 30 mars, Carouy le 4 avril, Callemin le 7 avril, « Simentoff » Monier le 24 avril. Le même jour, l'enquête emmène le commissaire Jouin, sous-chef de la Sûreté, chez Antoine Gauzy, un soldeur installé à Ivry, présumé receleur d'une partie des butins de la bande. Les policiers arrêtent le soldeur puis montent à l'étage, au-dessus du magasin. Dans l'une des chambres, surprise ! ils tombent sur Bonnot. Des coups de feu partent. Bonnot, qui n'est que blessé à la main, s'enfuit. La police finit par le loger dans le garage d'un nommé Dubois le 28 avril au matin.

L'intervention est dirigée par Guichard et accueillie dans un premier temps par les coups de feu du garagiste qui est abattu. Puis vient le siège, supervisé par le préfet Lépine en personne. La garde républicaine est appelée en renfort de la police. Bonnot, retranché, passe d'une fenêtre à l'autre pour maintenir à distance les assaillants par un feu nourri et ciblé. Alors que la soirée avance, plusieurs milliers de Parisiens se rendent sur les lieux pour assister à la chute d'un des ennemis publics du moment. Le lendemain, à midi il est décidé d'avoir recours à la dynamite pour pouvoir donner l'assaut et neutraliser Jules Bonnot. Le lieutenant de la garde républicaine Fontan se porte volontaire pour jeter les charges, après s'être approché à l'abri d'une charrette de foin dont le cheval recule. A la troisième tentative, une brèche s'ouvre et c'est l'assaut, auquel Bonnot, blessé, répond encore en tirant à l'abri d'un matelas. Il est abattu. (Certaines versions penchent pour un suicide.) Il laisse un mot : « Dieudonné est innocent. »

Le 13 mai 1912, les deux derniers membres de la bande, Garnier et Valet, sont assiégés dans un pavillon de Nogent-sur-Marne. Là aussi les deux hommes accueillent les policiers par une fusillade nourrie. Comme pour Bonnot, la maison est encerclée. Les deux derniers « brigands tragiques » sont tués, le 14 mai vers 2 h 30 du matin.

A l'ouverture du procès, le 8 février 1913, il reste 20 accusés faisant partie de la bande ou coupables de l'avoir aidée. Callemin, Monnier, Soudy et Dieudonné sont condamnés à mort. Carouy et Metge aux travaux forcés à perpétuité. Callemin proteste une dernière fois de l'innocence de Dieudonné après le verdict. Raymond Poincaré commue sa peine en travaux forcés à perpétuité. A Cayenne, après deux tentatives infructueuses, Dieudonné s'évade le 6 décembre 1926 puis est gracié avec l'aide, notamment, d'Albert Londres. Callemin, Soudy et Monnier sont guillotinés devant la prison de la Santé le 21 avril 1913. Carouy se suicidera dans sa cellule.

La Bande à Bonnot (ou *Les Anarchistes*) : film français de Philippe Fourastié sorti en 1968, avec Bruno Cremer dans le rôle de Jules Bonnot et Jacques Brel pour Raymond la Science. *Les Brigades du Tigre* : film de Jérôme Cornuau sorti en 2006. Jacques Gamblin est Jules Bonnot. Les livres traitant du sujet sont trop nombreux pour être listés.

71539

BORDEN, LIZZIE

CI-CONTRE
Portrait de Lizzie Andrew Borden (1860-1927).

Il est des acquittées plus célèbres que des coupables. C'est le cas de l'Américaine Lizzie Borden, poursuivie pour le double meurtre de son père et de sa belle-mère, en 1892. Le crime atroce, commis à coups de hache, et le procès qui a suivi ont suscité un énorme intérêt dans l'opinion de l'époque. Au point qu'aujourd'hui encore le cas Borden fait partie des affaires criminelles les plus célèbres des Etats-Unis.

En cette année 1892, la famille Borden est installée à Fall River, petite ville du Massachusetts. La demeure familiale est occupée par le père, Andrew Jackson Borden, sa seconde épouse, Abby Durfee, deux des trois filles nées de sa précédente union, Lizzie et Emma, et d'une bonne. La mère des filles est décédée en 1863. Chez les Borden, la vie quotidienne est difficile. Le père, peu populaire, est réputé dans toute la ville pour son avarice et son refus du confort moderne. La maison ne dispose donc d'aucune commodité sanitaire. De plus, la mésentente est générale entre les membres de la famille. La décision du père de répartir ses biens de son vivant n'a rien arrangé, ouvrant une querelle qui ne cesse de s'envenimer. Selon la volonté d'Andrew, une partie de l'héritage comprenant notamment une maison revient à des parents de la belle-mère détestée. La ferme et la maison à laquelle tenait les deux sœurs qui y avaient passé des vacances sont données au frère de leur mère, John Morse.

Les relations entre Andrew Borden et sa fille Lizzie sont très mauvaises. Pour ne rien arranger, le père décide un soir de tuer les pigeons que sa fille élève dans la grange, derrière la maison. D'après lui, ces oiseaux attirent des jeunes garçons du voisinage et ces derniers risquent de mettre le feu au bâtiment ou de se blesser lors de leurs intrusions. Il s'empare donc d'une hache et décapite un à un les pigeons. Le conflit devient orageux.

Un beau jour, Lizzie se rend à la pharmacie pour acheter du cyanure. Elle veut, dit-elle en guise d'explication, débarrasser un manteau en peau de phoque de ses parasites. Le praticien refuse de lui délivrer le poison. Quelque temps plus tard, le 4 août 1892, Andrew Borden fait, comme chaque matin, sa promenade quotidienne. Il passe à la poste, puis à sa banque, et rentre chez lui vers 10 h 45. Un quart d'heure plus tard, la bonne, Bridget Sullivan, qui se repose dans sa chambre au troisième étage, est alertée par les appels de Lizzie. La jeune fille vient de découvrir son père mort dans un canapé du séjour. Alors que les voisins et le médecin de famille portent secours à Lizzie, choquée, la bonne trouve le corps sans vie de madame Borden dans la chambre d'amis du premier étage.

L'homme est allongé sur le dos, la tête tournée vers la droite, les bras le long du corps comme s'il était assoupi. Il porte les traces de onze coups de hache. Sa femme en a reçu dix-huit ou dix-neuf, principalement à la tête. Les policiers fouillent la maison à la recherche de l'arme du crime. Ils découvrent dans la cave une hache toute propre, à laquelle il manque une partie du manche. Mais il est douteux qu'il s'agisse de l'arme du crime. Pour les experts, l'assassin n'a matériellement pas eu le temps de procéder au nettoyage. Aucun vêtement taché de sang n'est découvert. Mais les policiers apprendront que Lizzie a brûlé une robe dans le poêle de la cuisine, quelques jours seulement après le double crime. Rapidement soupçonnée, Lizzie Borden, seule présente dans la maison avec la bonne au moment des faits, est arrêtée et incarcérée le 11 août 1892. Les auditions du grand jury débutent le 7 novembre de la même année. Un acte d'accusation pour assassinat est rédigé à son encontre le 2 décembre. Lors du procès, en juin 1893, Lizzie Borden est défendue par George D. Robinson, l'ancien gouverneur du Massachusetts. Un des procureurs est Andrew V. Jennings, futur procureur général.

L'achat manqué du cyanure, le partage contesté de l'héritage paternel, la mort des pigeons et la destruction mystérieuse de la robe, tout semble désigner la jeune femme. Mais la défense de l'accusée pointe le fait qu'il est impossible pour la jeune femme d'avoir massacré ses parents à la hache sans avoir été éclaboussée par le sang des victimes. Or, aucune trace n'a été relevée sur Lizzie par les policiers, pourtant présents sur place

très peu de temps après la commission des faits. De plus, l'arme du crime n'a pas été retrouvée. Or, Lizzie n'a pas eu le temps matériel de l'emporter au loin. A l'issue des audiences et après une heure et demie de délibération, Lizzie Borden est acquittée le 20 juin 1893. L'enquête ayant établi que Mme Borden a été tuée la première, l'ensemble de ses biens revient à son mari, puis *de facto* aux sœurs Borden. Pour éviter toute querelle juridique au civil, les sœurs abandonnent une partie de l'héritage à la famille du côté de la belle-mère et se partagent une confortable fortune.

La bonne, Bridget Sullivan, aurait confessé à sa sœur, sur son lit de mort, en 1948, qu'elle aurait menti pour « couvrir » Lizzie. Quant à Lizzie Borden, devenue assez aisée, après avoir été un temps à nouveau un objet d'attention publique pour une relation homosexuelle supposée avec l'actrice Nance O'Neil entre 1904 et 1906, elle mourut en 1927 des suites d'une pneumonie.

BORGIA, LUCRÈCE

CI-CONTRE
Portrait de Lucrèce Borgia (1480-1519), huile sur bois de Bartolomeo da Venezia (1502-1531).

S'il y a bien un nom qui est resté dans l'histoire pour évoquer le lucre et le meurtre, c'est celui de Lucrèce Borgia, la belle et blonde fille naturelle du cardinal Rodrigo Borgia. Accusée de débauche et d'inceste avec son frère César et son père, devenu pape de surcroît, la légende en a fait aussi une véritable empoisonneuse de la fin du XVe et du début du XVIe. Pour autant, au-delà de la littérature, les historiens du XXe siècle ont fait pièce des accusations d'immoralité, dressant de Lucrèce Borgia le portrait d'une femme victime de son époque. Si durant la majeure partie de sa vie la fille du pape a servi la politique de son père, elle a été étrangère aux nombreux méfaits qui lui ont été imputés. Elle fut d'ailleurs reconnue à la fin de sa vie comme un modèle de sagesse et de vertu, protectrice des arts.

Lucrèce Borgia est née le 18 avril 1480 à Subiaco, fille naturelle du cardinal Rodrigo Borgia et de Giovanna de Candia, contessa dei Cattanei, dite « Vannozza Cattanei », une riche Italienne. Elle a deux frères, Jofre et César, ce dernier se rendant célèbre à la fois pour sa séduction et pour ses mœurs dissolues. En 1492, le cardinal Borgia, père de six enfants naturels, n'en devient pas moins le pape Alexandre VI, à force d'intrigues et de corruption. Les unions de ses enfants deviennent alors des enjeux politiques majeurs. L'homme, en effet, s'il est bon vivant et jouisseur, d'où sa nombreuse descendance, est également un administrateur avisé et un fin politique. Sa fille Lucrèce, aux si longs cheveux blonds, devient une carte maîtresse de ses opérations. En 1493, elle est mariée à Giovanni Sforza, une famille régnante en Italie qui souhaitait s'allier avec le pape pour contrer une éventuelle invasion française. Mais, en 1496, les Français, expulsés d'Italie, ne représentent plus de danger. Alexandre VI juge qu'une meilleure alliance serait possible et dans le même temps cherche à contrer l'influence grandissante de la noblesse italienne pour reprendre un contrôle total sur les affaires du Vatican. Le mariage est donc annulé, officiellement pour non-consommation de l'union. Durant sa période de « célibat », Lucrèce rencontre un Espagnol, Caldes Pedro, dont elle tombe enceinte. Quand son frère César l'apprend, il pourchasse Caldes dans les appartements pontificaux et le poignarde, dit-on, dans la salle même du trône. Son cadavre, ainsi que celui de la demoiselle de compagnie de Lucrèce, sont retrouvés dans le Tibre. Lucrèce est donc mariée à Alphonse d'Aragon, le frère de Sancha. Mais alors qu'elle est enceinte de six mois, les alliances politiques changent et son mari doit quitter Rome. Il souhaite emmener sa femme, mais le pape en décide autrement. Il nomme Lucrèce gouverneur de Spolète et Foligno, où elle doit alors se rendre.

Les Français, désormais alliés du pape, ont envahi l'Italie, et César commande des troupes françaises pour administrer différents Etats du domaine papal. Le bébé de Lucrèce est baptisé du prénom de Rodrigo – Borgia d'Aragon (di Bisceglie) – par son grand-père à la chapelle Sixtine. Alphonse d'Aragon revient à Rome mais sa situation reste incertaine. En 1500, année du jubilé, les pèlerins affluent dans la cité papale. La foule va servir les desseins de César, appliquant sans doute ceux de son père. Le 15 juillet, Alphonse est attaqué par trois hommes, il est sérieusement blessé, mais sauvé par les gardes pontificaux. Lucrèce et sa belle-sœur Sancha s'occupent de sa convalescence, allant jusqu'à préparer ses repas de peur d'un empoisonnement. Le blessé remis, la surveillance des deux femmes se relâche, et César les avise alors qu'une chute fortuite d'Alphonse d'Aragon a rouvert ses blessures et qu'il en est mort. Il est enterré la nuit à la sauvette. Lucrèce Borgia redevient un parti disponible pour une nouvelle alliance. En 1501, elle est mariée à Alphonse Ier d'Este, futur duc de Ferrare. De nombreuses fois enceinte de cette union (cinq enfants viables sur sept grossesses), sa santé décline et elle meurt le 24 juin 1519, à 39 ans d'une septicémie due à son dernier accouchement. Auparavant, après une réception à l'issue de laquelle de nombreux invités furent sérieusement malades, le pape Alexandre VI meurt, et César met si longuement à se remettre qu'il ne peut se battre pour ne pas être écarté du pouvoir par le successeur de son père. Il mourra.

Le nom de famille des Borgia deviendra celui d'un poison particulièrement efficace (Cantarella ou poison des Borgia), qui tuait à petit feu pour ne pas éveiller les soupçons. Voltaire en rapporta la fabrication : « Il semble que le poison des Borgia ait été un mélange d'acide arsénieux et d'alcaloïdes putrides. Il se préparait ainsi : on sacrifiait un porc, on saupoudrait d'acide arsénieux les organes abdominaux, et on attendait que la décomposition – retardée d'ailleurs par l'arsenic – fût complète. Puis, suivant qu'on comptait l'utiliser sous forme de poudre ou de gouttes, on n'avait plus qu'à faire sécher la masse putréfiée ou à en recueillir les liquides. »

BOURREAU

CI-CONTRE
Le bourreau, plaque n°6 de *French Habits*, James Gilray (1757-1815).

« Seul le bourreau peut donner la mort. » Cet adage judiciaire, fruit d'une tradition moyenâgeuse plus que d'une réalité juridique, fait du bourreau, « exécuteur en chef des arrêts criminels », l'ultime maillon de la chaîne pénale lorsque l'exécution capitale existait encore.

On trouve les premières traces de cette fonction officielle au XIIIe siècle, dans une ordonnance de Saint Louis de 1264 mentionnant que le (ou la) criminel(le) doit être exécuté(e) par une personne de même sexe que lui. Le terme précis, a été retrouvé pour la première fois dans un texte de 1290-1294, signalant un Michale Anric dit « borreu » à Millau. L'origine du terme est controversée. Plusieurs thèses se confrontent. Le mot viendrait de « bourrer » signifiant « tourmenter », ou de la profession de bourrelier qui aurait été une des principales sollicitées pour la fonction et qui aurait donné « bourrel » puis « bourreau ». Enfin, une autre serait qu'un clerc nommé Borel aurait accepté en 1260 la tâche des pendaisons du fief de Bellencombre et que son nom propre se serait popularisé pour définir la charge.

Avant l'existence des bourreaux, l'application de la peine de mort, lorsqu'elle était prononcée, était diverse. A Rome, des soldats étaient chargés des sentences, sauf cas de livraison du condamné aux jeux du cirque. Les Hébreux en avaient fait, avec la lapidation, une tâche collective, et dans la Grèce antique c'était souvent en famille que le poison était administré. En Egypte ancienne, les suppliciés étaient livrés aux médecins et certains autopsiés donnés vivants pour parfaire les connaissances anatomiques de la science. Avec la réglementation par l'Etat de la peine de mort, il fallut bien désigner des exécuteurs attitrés, d'autant que la charge demandait une certaine technicité, donc un savoir-faire basé le plus souvent sur l'expérience. Cela d'autant que les exécutions étaient publiques et que leur multiplication leur donne peu à peu un statut de véritable spectacle.

Initialement, les bourreaux étaient occasionnels et exerçaient un autre métier, souvent en effet la bourrellerie, mais aussi la boucherie, la tannerie et l'équarrissage censés connaître l'anatomie et l'art de la mise à mort. Certains condamnés se voyaient également offrir une grâce en échange de l'acceptation de la fonction, peu populaire il faut l'avouer. Avec le temps, le bourreau est devenu un officier de justice, détenteur d'une charge qu'il achetait, et jusqu'à la Révolution conserva donc une sorte de statut officiel. L'office est donc acheté, désigné par des « lettres de provision d'office », et peut se revendre ou se transmettre en héritage familial.

On distingue dans la charge les « hautes œuvres » – les exécutions capitales, prestigieuses à la fois pour les juges et l'exécuteur, sur échafaud, en hauteur – et les « basses œuvres » – sanctions appliquées par le bourreau ou plus souvent son assistant sur le sol même –, celles-ci allant de pair avec des tâches municipales plus communes.

Parmi les charges revenant au bourreau figure également la « question », ou, pour dire les choses simplement, la torture judiciaire et ecclésiastique. La question préalable est supprimée en 1780, puis toute torture par la loi du 6 octobre 1791 qui uniformisa les peines : « Tout condamné à mort aura la tête tranchée » et institua de fait la généralisation de la guillotine. En quelque sorte, le métier de bourreau se simplifia et se spécialisa techniquement dans le même temps, même s'il restait des survivances de l'Ancien Régime, comme le poing coupé pour les parricides avant décapitation ou le marquage des criminels au fer rouge.

Le décret du 13 juin 1793 réduisit le nombre de bourreaux à un par département, puis Louis-Philippe réduisit encore leur nombre, et, sous le Second Empire, il n'y eut plus qu'un bourreau par cour d'appel. Un décret de novembre 1870 les réduisit à trois, un pour la France continentale, un pour la Corse et un pour l'Algérie. Le dernier bourreau, Marcel Chevalier, vit son contrat rompu après la loi d'abolition de la peine de mort du 9 octobre 1981.

La profession de bourreau a vu passer en France des noms et des dynasties célèbres. Le nommé Capeluche tout d'abord. Bourreau à Paris en 1411, il était également le leader de la corporation des bouchers. Les Jouënne, aujourd'hui oubliés,

formaient une des plus anciennes dynasties de bourreaux, occultés par la plus célèbre famille d'exécuteurs français, les Sanson, qui officièrent comme bourreaux principaux de 1688 à 1847. Le premier d'entre eux, Charles-Louis Sanson, devient bourreau en épousant vers 1675 Marguerite Jouënne, la fille de l'exécuteur de Rouen Pierre Jouënne, dont il est alors l'assistant.

Les Sanson, de par la notoriété des quatre premiers de la lignée, donneront comme surnom à la guillotine la « Bascule à Charlot », et plus généralement le surnom de « Charlots » aux exécuteurs.

BRIGADES MOBILES (DITES DU TIGRE)

CI-CONTRE
Couverture du journal français *La Baïonnette* n° 113 du 13 mars 1919 représentant « le tigre » Georges Clemenceau.

Les brigades régionales de police mobile voient le jour en 1907, sous l'impulsion de Georges Clemenceau, surnommé « le Tigre », alors président du Conseil et ministre de l'Intérieur. C'est de là que viennent leur surnom de « Brigades du Tigre ». Elles sont les premières unités de police judiciaire en France.

Sous la IIIe République, la délinquance et la criminalité connaissent des progrès inquiétants. A Paris, les Apaches font régulièrement la une des journaux avec leurs faits criminels de même que leurs homologues de Lyon ou de Marseille. En province, les « bandits d'Hazebrouck », dits encore « bande à Pollet », du nom des deux frères qui la dirigent, font régner la terreur dans le Nord et en Belgique entre janvier 1898 et avril 1906. Dans le sud de la France, entre 1905 et 1908, les « Chauffeurs de la Drôme » brûlent les pieds de leurs victimes pour connaître les caches de leurs économies. En 1906, la « Caravane à Pépère », bande forte d'une centaine de criminels sous la direction d'un nommé Capello, écume la Touraine et la Charente.

Tels sont les dossiers que Georges Clemenceau trouve sur son bureau, à son arrivée au ministère de l'Intérieur en mars 1906. Celui qui se désigne alors comme « le premier des flics », appellation qui colle depuis à tous les titulaires de ce poste, va donner à la police les moyens dont elle a besoin. Conseillé par Célestin Hennion, le patron de la Sûreté, il signe les deux décrets fondateurs de la police judiciaire moderne. Celui du 6 mars 1907 crée un Contrôle général des services de recherches judiciaires dirigé par le commissaire Jules Sébille, premier « patron » de la PJ. Celui du 30 décembre 1907 instaure douze brigades régionales de police mobile, implantées à Paris, Lille, Caen, Nantes, Tours, Limoges, Bordeaux, Toulouse, Marseille, Lyon, Dijon et Châlons-sur-Marne.

Chaque brigade est constituée d'une douzaine d'inspecteurs et de commissaires, équipées de voitures dès 1910, des De Dion-Bouton puis des Panhard & Levassor. La méthode fonctionne. Le bilan des Brigades du Tigre fait état, la première année, de 2 695 arrestations parmi lesquelles 65 meurtriers, 7 violeurs, 10 faux-monnayeurs, 283 escrocs et 193 cambrioleurs ou voleurs à main armée. C'est la brigade parisienne qui mettra fin aux activités de la bande à Bonnot en 1912.

Ces brigades, en plus de la novation de leur système de fonctionnement centralisé et de la dotation systématique de moyens de communication modernes, bénéficient du tout nouveau Fichier central du grand banditisme initié par Célestin Hennion, sur la base des travaux d'Alphonse Bertillon et ses fiches anthropométriques avec empreintes digitales.

En août 1911, le nombre de brigades est porté à quinze avec la création des brigades de Rennes, Montpellier et Nancy. Dans le même temps, les brigades d'Angers, Orléans, Clermont-Ferrand et Reims remplacent respectivement celles de Nantes, Tours, Limoges et Châlons.

Elles sont les « ancêtres » du dispositif de maillage de police judiciaire du territoire français, unités précurseures des Services régionaux de police judiciaire restructurés par décret du 24 avril 2003 autour des Divisions interrégionales et régionales de police judiciaire. Le tigre est devenu depuis l'emblème de la police judiciaire.

Les Brigades mobiles ont été le sujet de la célèbre série télévisée *Les Brigades du Tigre* diffusée entre 1974 et 1983 sur Antenne 2 (France 2). Le film éponyme, de Jérôme Cornuau, sorti en salle en 2006, est inspiré de la série et non de la réalité historique, et il est centré sur la traque de la bande à Bonnot et de la faillite des emprunts russes.

5e Année. — No 193.
Le numéro : 50 centimes.
13 Mars 1919.
LA BAÏONNETTE
LE TIGRE
DESSINS DE : SEM, CAPY, ARNAC, GUS. BOFA, ROUBILLE, LÉANDRE, LABORDE, NAM, POULBOT, FALKÉ, DHARM, NARDEAU.

BRINVILLIERS, MARQUISE DE

CI-CONTRE

Gravure anonyme de « l'affaire des poisons ». Madame de Brinvilliers (1630-1676) soumise à la chambre des questions pour révélation.

Celle que l'on surnomma « La Brinvilliers » ne fut condamnée que pour trois meurtres par empoisonnement. Mais la publicité donnée à cette affaire survivra largement à l'Ancien Régime, notamment grâce au roman d'Alexandre Dumas et à une filmographie remarquée.

La future marquise naît Marie-Madeleine d'Aubray, le 2 juillet 1630. Fille d'Antoine Dreux d'Aubray, lieutenant civil du grand Châtelet, elle épouse à 21 ans, en 1651, Antoine Gobelin, tout récent marquis de Brinvilliers et maître de camp du Régiment de Normandie, fils du président de la Cour des comptes. Les époux sont libertins et volages, et surtout dépensiers, l'un comme l'autre. Ils ont trois enfants. En 1659, le marquis présente à sa femme le nommé Godin de Sainte-Croix qu'il a connu aux armées, qui devient son amant. Le père de La Brinvilliers, pour faire cesser cette situation scandaleuse, use de sa situation et fait embastiller Sainte-Croix durant six mois. Ce dernier, passionné d'alchimie, déjà élève du chimiste suisse Glaser, apothicaire de Louis XIV et du duc d'Orléans, rencontre en prison le nommé Exili, d'origine italienne et expert en poisons. A sa sortie d'incarcération, Sainte-Croix initie sa maîtresse à la « recette Glaser », composée de venin de crapaud, d'arsenic et de vitriol. Cette dernière aurait testé l'efficacité de la recette sur les pauvres de l'Hôtel-Dieu, selon des témoignages peu fiables, puis sur Françoise Roussel, une servante, qui, très malade, survit pourtant. Les amants poursuivent leurs dépenses exorbitantes. Sans doute pour y faire face, la marquise décide d'hériter de son père, âgé de 66 ans, qui est souffrant. Elle se rend à son chevet et l'empoisonne lentement, veillant des mois durant sur son agonie. Mais le butin n'est pas au rendez-vous. Par testament, Antoine Dreux d'Aubray a favorisé ses fils. Simple contretemps pour la marquise, qui aurait confié à une de ses amies, en lui montrant le contenu d'une boîte : « J'ai de quoi me venger de mes ennemis, il y a là bien des successions. » La preuve, les deux frères de la marquise meurent en avril et juin 1670, veillés l'un et l'autre par leur sœur, son amant et son laquais, La Chaussée. Mais l'un des frères avait hérité la charge de son père, l'autre était conseiller au Parlement, et la disparition brutale de deux représentants de la haute société suscite bien des rumeurs. Toutefois, si les autopsies pratiquées sur les victimes montrent les dégâts internes, rien ne peut être prouvé. La Brinvilliers tente alors d'empoisonner sa sœur et une de ses filles, qu'elle juge idiote. L'anecdote (pas établie) dit qu'elle « s'occuperait » également de son mari auquel Sainte-Croix, pour préserver le *statu quo* qui l'arrange, administrerait à chaque fois l'antidote. En juillet 1672, Sainte-Croix meurt dans son laboratoire, apparemment de vapeurs toxiques lors d'une expérience. N'ayant pas d'héritier, son logis est mis sous scellés, puis ouvert pour inventaire à ses nombreux créanciers. On y découvre une cassette contenant une reconnaissance de dette de la marquise datée de la veille de l'empoisonnement de ses frères, les lettres d'amour qu'elle lui a adressées, une narration de ses faits et gestes, quelques livres de recettes de poisons et 27 fioles de la production particulière de Sainte-Croix. Sans doute une assurance-vie contre sa redoutable amante. Chez le laquais La Chaussée, soupçonné de complicité avec son maître, des poisons sont découverts. Le précepteur des enfants Brinvilliers, également amant de cette dernière, interrogé, avoue avoir appris d'elle les empoisonnements.

Pour le lieutenant de police La Reynie, les preuves sont suffisantes. Il ordonne l'arrestation de la marquise de Brinvilliers, qui prend la fuite. Sa cavale va durer trois ans. En 1675, La Brinvilliers est repérée dans un couvent en Belgique. Le procès se déroule du 29 avril au 16 juin 1676. L'arrêt du 16 juillet 1676 condamne celle qu'on appelle désormais « La marquise des Ombres » à être soumise à la question pour révélation de ses complices et à avoir

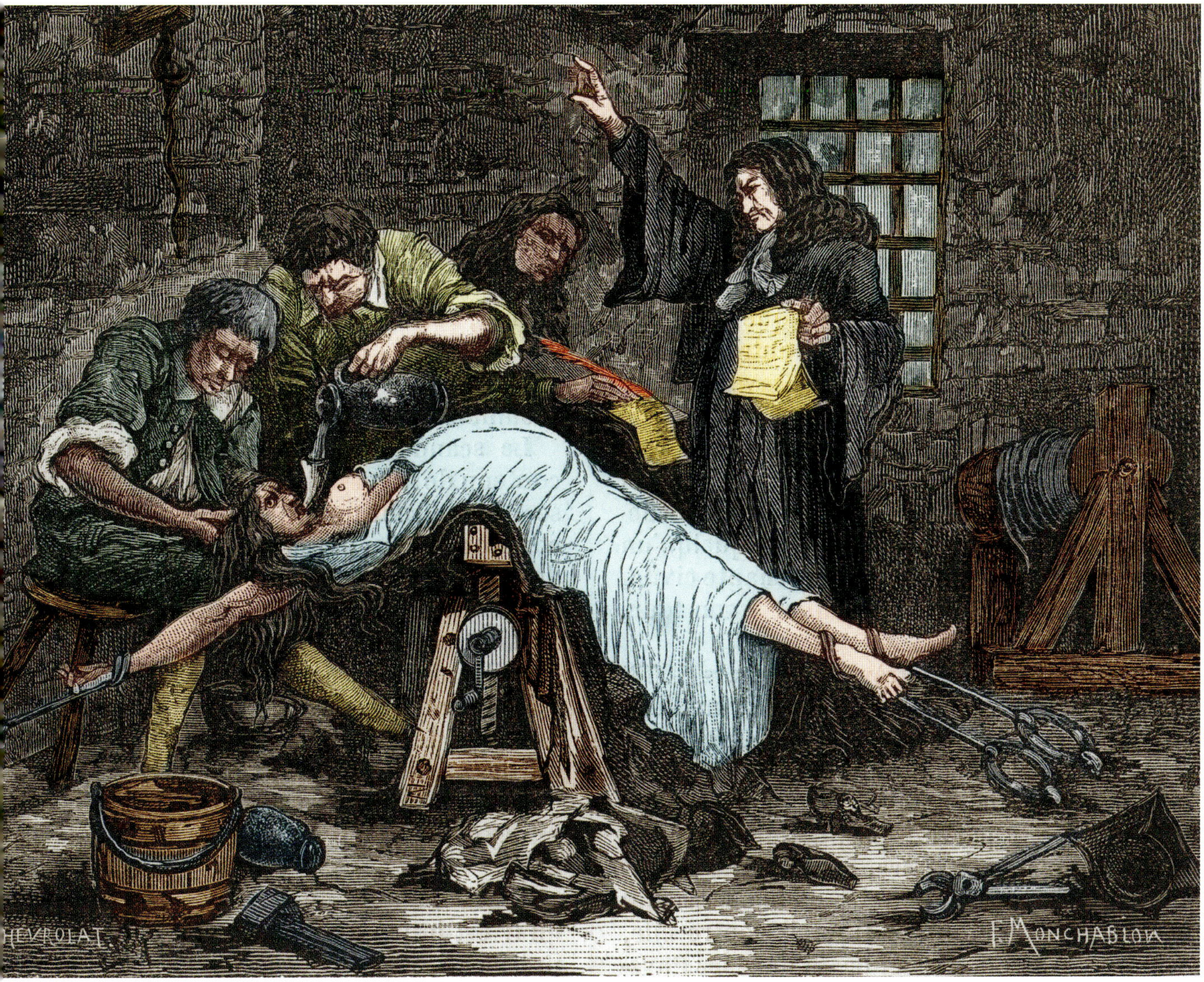

la tête tranchée en place de Grève et ses cendres dispersées au vent. L'abbé Pirot recueillera ses aveux lors de la question, confirmant l'empoisonnement par trente fois de son père sur huit mois, des frères et de sa sœur. Elle est exécutée comme prévu par l'arrêt, le 17 juillet, par le bourreau Guillaume.

Un téléfilm franco-belge, *La Marquise des Ombres*, d'Edouard Niermans, avec Anne Parillaud dans le rôle titre, a été tourné en 2010, à partir du roman *La Marquise des Ombres*, de Catherine Hermary-Vieille.

BRUTUS

CI-CONTRE
Sculpture en marbre de Brutus par Michel-Ange (1475 - 1564), Musée de Bargello, Florence, Italie.

Assassin, Brutus l'est sans aucun doute. Le 15 mars de l'an 44 avant J.-C., c'est lui qui a porté le dernier coup de couteau à Jules César. Il l'est à la fois par idéal et à titre collectif. C'est en effet pour défendre la République menacée par le dictateur que Brutus participe, aux côtés de plusieurs dizaines de sénateurs, à l'assaut contre César. Mais il est bien loin du portrait de parricide perfide et cynique qui lui est associé dans l'opinion. Car s'il fut proche de l'empereur, il n'en fut jamais le fils.

Marcus Junius Brutus Caepio est né vers 85 avant J.-C. Elevé par son oncle Caton le Jeune, Brutus passe sa jeunesse à étudier la philosophie en Grèce, avant de combattre pour Rome et de remporter la victoire à Chypre.

En 49 avant J.-C. éclate la guerre civile entre César et Pompée. Dans cette bataille pour le pouvoir, Brutus prend le parti de Pompée et affronte les légions romaines l'année suivante, à la bataille de Pharsale, en Grèce. Battu, il se rend, mais César pardonne au fils de sa maîtresse, et l'accueille à ses côtés. Grâce à César, Brutus devient gouverneur de la Gaule cisalpine, puis préteur urbain. Son ami Caius Cassius Longinus, ancien commandant de la flotte de Pompée avec qui il a combattu César, a également été pardonné et nommé à un poste officiel.

Le 14 février 44 avant J.-C., César se fait nommer dictateur à vie par le Sénat. Mais son véritable but est de se faire sacrer roi de Rome. La République est en danger. Cassius prend la tête d'un groupe de sénateurs bien décidés à sauver le régime. Brutus, malgré les faveurs dont il a été comblé par César, n'a jamais abdiqué ses idéaux républicains. Il accepte de faire partie des conjurés.

Aux ides de mars, le 15 mars 44 avant J.-C., lors de la réunion du Sénat sur le Champ de Mars, les conjurés s'approchent de César et l'entourent. Un conjuré, Metellus, lui arrache sa toge de l'épaule (peut-être pour vérifier que César ne portait pas de cuirasse dessous) et un autre, Casca, le frappe le premier de son épée, suivi par l'ensemble des sénateurs présents lors de la scène ; César se traîne à terre pour éviter les coups d'armes blanches qui tombent, et voyant Brutus arriver l'épée à la main aurait dit en grec : « καὶ σύ, τέκνον », traduit dans les versions modernes en latin : « *Tu quoque mi fili* », c'est-à-dire « Toi aussi mon Fils », avant de se voiler la tête avec sa toge et de recevoir le dernier coup de Brutus.

Après le meurtre, Brutus se réfugie en Crète, poursuivi par les troupes romaines dirigées par le consul Marc Antoine. Après avoir livré plusieurs batailles, Brutus est défait et se suicide, le 23 octobre 42 avant J.-C.

Le Brutus assassin de César apparaît dans la majorité des œuvres, innombrables, dédiées au dictateur à vie, dont la plus célèbre à l'époque moderne est sans doute la pièce de William Shakespeare, *Jules César*, et les plus parodiques celles apparaissant dans les bandes dessinées d'*Astérix* (dans *Les Douze Travaux d'Astérix*, on peut voir Brutus siéger avec les conseillers de César et « jouer » constamment avec un couteau. Jules César finit par lui dire : « Brutus ! Cesse de jouer avec ce couteau ! Tu finiras par blesser quelqu'un ! »).

BUFFET, CLAUDE ET BONTEMS, ROGER

CI-CONTRE
Photographie de Robert Badinter et Philippe Lemaire, avocats de Roger Bontems le 14 novembre 1972 lors de sa demande de grâce.

Voici deux criminels condamnés et guillotinés pour des crimes commis à l'intérieur de la prison de Clairvaux. L'un d'entre eux a assumé et réclama la peine de mort, l'autre clamera jusqu'au bout son innocence. Robert Badinter, avocat de Bontems, qui assista à l'exécution, fit de cette épreuve un argument décisif dans son action pour supprimer la peine capitale.

Claude Buffet est né le 19 mai 1933 à Reims (Marne). Engagé dans la Légion étrangère à 20 ans, il est envoyé en Indochine, déserte, est repris, placé en détention, et termine son engagement en Algérie et au Maroc. Libéré en août 1954, il accumule les petits boulots et les délits. Spécialisé dans les vols de sacs à main suivis de fuite dans une voiture volée, la presse l'appelle fin 1966 « l'agresseur des femmes seules ». Sa 43e agression, le 19 janvier 1967, fait de lui un criminel. Au volant d'un taxi volé la veille, il prend une « cliente », Mme Françoise Bésimensky, l'entraîne dans un coin isolé du bois de Boulogne et lui réclame son sac en la menaçant d'un pistolet. La jeune femme résiste, un coup part, la victime décède. Buffet maquille le crime en scène sadique, déshabillant en partie le cadavre et introduisant un poudrier dans son sexe. Interpellé le 8 février 1967, il avoue. Devant la cour d'assises de Paris, il réclame pour lui-même l'exécution capitale sous peine de récidive. Il est condamné le 15 octobre 1970 à la réclusion criminelle à perpétuité.

Roger Bontems est né le 20 septembre 1936 à Aydoilles (Vosges). Après la guerre d'Algérie, devenu moniteur parachutiste, il est victime d'un accident de moto et est réformé. En juin 1960, il est condamné à dix-huit mois de prison pour vol de voiture par le tribunal correctionnel d'Epinal. Trois autres condamnations délictuelles suivent. Le vol d'un taxi dont il blesse gravement le chauffeur en le jetant hors de son véhicule, suivi d'un vol à main armée avec un revolver factice le conduit devant la cour d'assises de Meurthe-et-Moselle. En 1965, il écope de vingt ans de réclusion criminelle.

Le 21 septembre 1971 au matin, les deux hommes détenus à la centrale de Clairvaux (Aube) se plaignent de douleurs à l'estomac et se font conduire à l'infirmerie, escortés par des gardiens. Peu après 7 h 30, à leur entrée dans les lieux, ils bousculent les gardiens, en entraînent un avec eux et se barricadent dans l'infirmerie. Les deux hommes sont armés chacun d'un couteau. Un petit canif pour Bontems, un couteau effilé d'une vingtaine de centimètres pour Buffet. Les deux armes ont été achetées sous le manteau dans la prison. Ils retiennent donc trois otages. Le gardien et le détenu infirmier sont attachés ensemble sur un matelas, l'infirmière ligotée à la table radio. Les trois otages ont dû prendre sous contrainte des somnifères. Les gendarmes investissent les alentours et les toits sans être repérés par les preneurs d'otages. Après de longues tractations, la nuit suivante à 3 h 55, plusieurs charges de plastic explosent contre la porte de l'infirmerie, l'assaut est donné, les deux hommes sont maîtrisés. L'infirmière et le gardien gisent morts dans une mare de sang, égorgés ; la femme présente deux plaies par arme blanche. L'affaire provoque une indignation nationale.

Le procès d'assises s'ouvre le 27 juin 1972, à Troyes, alors que la foule exprime la vindicte populaire envers les deux accusés. Buffet est défendu par Thierry Lévy et Rémy Crauste, Bontems par Robert Badinter et Philippe Lemaire. Buffet pérore et une fois de plus reconnaît les deux meurtres et réclame pour lui le châtiment suprême. « Tuer un être pour être tué à mon tour est la seule forme de suicide qui me soit permise parce que je suis croyant. » Par contre il nie être l'auteur du deuxième coup de couteau à l'infirmière, demandant à Bontems d'assumer cet acte. Seul témoin, le détenu infirmier a vu Buffet devant l'infirmière le couteau à la main, Bontems derrière elle. Le canif de ce dernier, sans traces de sang, a été retrouvé dans sa poche alors que le meurtre a eu lieu durant l'assaut, et un premier rapport d'expertise a

estimé que les trois blessures avaient été pratiquées avec la même arme. Problème, ce document a été frappé d'une nullité de forme (les experts avaient fait part d'une intention homicide, dépassant leur cadre technique) et ne peut être cité par la défense, et le second rapport d'expertise estime lui que la deuxième blessure de Mme Comte a été assénée avec une deuxième arme. Maître Badinter, pour contourner le code de procédure pénale, fait lire le premier rapport à l'audience par Bontems, provoquant un tollé. Les jurés estimeront que Bontems n'a pas porté ce deuxième coup, mais il sera tout de même condamné à mort comme Buffet (égalité des peines entre auteur principal et complice) le 29 juin 1972. Son pourvoi en cassation est rejeté à la fin de l'été. Buffet avait ignoré cette procédure. L'opinion publique est satisfaite. Un sondage réalisé en septembre, deux mois après la condamnation, montre que 53% des Français sont pour la peine de mort, 39 % contre et 8 % n'ont pas d'avis. Les deux hommes sont guillotinés le 28 novembre 1972.

Robert Badinter, révolté par l'injustice (« on n'exécute pas celui qui n'a pas tué »), écrira sur ce procès le livre *L'Exécution* (Grasset, 1973), puis continuera son combat pour l'abolition de la peine de mort. Un téléfilm (*L'Abolition*, France 2, janvier et février 2009), dans lequel Charles Berling joue le rôle de l'avocat, sera basé sur ce livre et sur *L'Abolition* (Fayard, 2000).

CI-CONTRE

Jean-Paul Belmondo (1933-2021) dans le rôle de Cartouche, film du même nom réalisé par Philippe de Broca (1933-2004) en 1962.

de CAÏN

C

à CRIPS AND BLOODS

CAÏN

CI-CONTRE
Caïn et Abel, huile sur bois, Paul Rubens (1577-1640).

Au commencement était le premier des assassins. Caïn est devenu à la fois la référence au meurtre primal et à la malédiction générique. Mais au-delà du meurtre, dépassant le vieux concept « œil pour œil, dent pour dent », son crime ouvre la voie à des interprétations philosophiques ou symboliques qui n'ont jamais cessé d'inspirer les auteurs. Toutes les mythologies gardent trace de conflits fratricides, mais la marque de Caïn reste celle qui s'est le plus imprimée dans la mémoire populaire.

Le premier fait divers de l'histoire est relaté dans les trois livres sacrés que sont la Bible, la Torah et le Coran. On y apprend qu'Adam et Eve, chassés du Paradis, ont deux garçons, Caïn et Abel, et qu'au cours d'une dispute Caïn a tué son frère. La Genèse (4, 1-26) en fait le récit sous la forme suivante :

« [3] Au bout de quelque temps, Caïn fit à l'Eternel une offrande des fruits de la terre ;

« [4] et Abel, de son côté, en fit une des premiers-nés de son troupeau et de leur graisse. L'Eternel porta un regard favorable sur Abel et sur son offrande ;

« [5] mais il ne porta pas un regard favorable sur Caïn et sur son offrande. Caïn fut très irrité, et son visage fut abattu.

« [6] Et l'Eternel dit à Caïn : Pourquoi es-tu irrité, et pourquoi ton visage est-il abattu ?

« [7] Certainement, si tu agis bien, tu relèveras ton visage, et si tu agis mal, le péché se couche à la porte, et ses désirs se portent vers toi : mais toi, domine sur lui.

« [8] Cependant, Caïn adressa la parole à son frère Abel ; mais, comme ils étaient dans les champs, Caïn se jeta sur son frère Abel, et le tua. »

Aucun des textes sacrés ne précise les moyens utilisés par Caïn pour occire le pauvre Abel. L'abondante littérature qui s'est intéressée à ce meurtre initial avance divers procédés comme l'égorgement, le coup de pioche, le coup de massue, l'étranglement, le poignard, et même la morsure.

Après ce crime, Caïn est condamné par Dieu à errer « à l'est d'Eden » sur une terre infertile, y prend femme et fonde une famille. Puis il bâtit une ville, la première jamais construite à la surface de la terre, qu'il baptise du nom de son fils, Hénoch.

Il est à noter que le mythe des frères rivaux est présent dans toutes les civilisations et sur tous les continents. Osiris et Seth dans la mythologie égyptienne, Shun et Yao dans la mythologie chinoise, Jacob et Esaü dans la Bible, Rémus et Romulus dans le mythe de la fondation de Rome ou Etéocle et Polynice dans la mythologie grecque n'en sont que quelques exemples.

Selon les lieux et les époques, l'image de Caïn va changer. Durant tout le Moyen Age, il est le maudit, le méchant, le diable. Pour les chrétiens, il est l'image du peuple juif qui a mis à mort le Christ dont Abel est une image annonciatrice. Au XIXe siècle, écrivains et poètes font de Caïn le symbole de la révolte contre Dieu. Voltaire, Hugo, Baudelaire glorifient l'insoumission à un Dieu injuste, seul responsable finalement de la mort d'Abel.

CANNIBALE

CI-CONTRE
Scène de cannibalisme des Tupinambas d'Amazonie, gravure, 1592, Théodore de Bry (1528-1598).

Manger son prochain autrement qu'en le dévorant des yeux est une pratique sans doute aussi vieille que l'humanité. Les archéologues assurent avoir identifié des traces d'anthropophagie sur des restes humains datant de huit cent mille ans en Espagne. Il faut toutefois attendre Christophe Colomb et sa découverte de l'île d'Hispaniola, en 1492, pour qu'apparaisse le mot cannibale. Lorsque l'explorateur rencontre les Taïnos, ces derniers lui désignent par « Caniba » ou « Cariba » leurs ennemis de l'est de l'île qui dévorent leurs victimes. Déformé en « Canibales », « Caribales » puis « Caraïbes », le terme va devenir l'appellation des populations indigènes des Petites Antilles, tandis que le mot « cannibale » désigne les peuples anthropophages du Nouveau Monde.

Les raisons invoquées par les mangeurs de chair humaine pour excuser leur péché mignon sont diverses – actes religieux, pratiques rituelles ou simple nécessité de survie. On estime que généralement deux facteurs sont intervenus en faveur de l'extinction de l'anthropophagie traditionnelle : la christianisation, mais également la prolifération de la maladie, notamment chez les Papous qui dévoraient les cerveaux de leurs ennemis.

Quelques criminels se sont essayés, sous diverses formes, au cannibalisme. Jusqu'à la fin du XVIIIe siècle, en Europe, l'anthropophagie est attribuée à la lycanthropie, cette diabolique transformation de l'homme en loup. Ainsi, en 1573, le Français Gilles Garnier a admis (sous la question) avoir dévoré « en état de loup » plusieurs enfants qu'il avait préalablement tués. En 1589, l'Allemand Peter Stubbe est jugé pour avoir, en tant que loup-garou, tué et mangé quatorze enfants, dont son propre fils, et deux femmes enceintes avec leurs fœtus. Il a été roué, décapité et brûlé.

Le cannibalisme de quelques grands criminels est souvent associé à la recherche d'un plaisir sexuel impossible ou sublimé. C'est le cas de cet autre amateur d'enfants, l'Américain Albert Fish, surnommé le croque-mitaine, qui a sévi entre 1924 et 1928 dans l'Etat de New York. Jugé pour avoir enlevé, torturé, violé, mutilé et mangé partiellement seize petites victimes, il a avoué une centaine de meurtres qui n'ont jamais pu être prouvés. Dans des lettres expédiées aux mamans de ses proies, Fish a raconté le détail des sévices infligés aux enfants et la façon dont il en a cuisiné certaines parties avant de les manger. Il a été exécuté le 16 janvier 1936.

L'Ukrainien Andreï Chikatilo fut un autre grand mangeur de chair humaine, seule façon pour cet impuissant d'éprouver un peu de plaisir. Le palmarès de « l'ogre de Rostov » compte au moins 52 victimes dont 35 enfants dont il a mangé les seins et les organes sexuels. Il a été jugé et exécuté d'une balle dans la nuque le 14 février 1994.

L'exemple le plus étonnant est sans doute celui d'Armin Meiwes, en mars 2001, à Rothenbourg, une ville moyenne du centre de l'Allemagne. La victime, Bernd Jürgen Brandes, un ingénieur de 43 ans, a répondu à une petite annonce cherchant un homme désirant « être mangé ». Les deux hommes ont dégusté ensemble le pénis de la victime préalablement frit et flambé. Puis Meiwes a tué Brandes et l'a découpé en morceaux qu'il a placés dans son congélateur pour une consommation ultérieure. Condamné à la perpétuité, Meiwes est devenu végétarien.

Le cannibale peut aussi vouloir assouvir une vengeance, comme pour le cas d'Anna Zimmerman, en 1981. Cette Allemande, mère de deux enfants, l'un des très rares cas de cannibalisme féminin, a tué son petit ami pour se venger de ses infidélités. Puis elle l'a congelé par morceaux qu'elle a ensuite cuisinés pour ses enfants. Le cannibalisme rituel est généralement lié à des pratiques sataniques. « Les éventreurs de Chicago », une petite bande composée de Robin Gecht, la tête « pensante » du gang, d'Ed Spreitzer et Andrew et Thomas Kokoraleis, a enlevé, violé et torturé 18 jeunes femmes, principalement des prostituées. Ensuite, ils leur coupaient un sein pour le dévorer pendant que Gecht leur lisait des textes sataniques.

Enfin, impossible de ne pas évoquer le cas du Japonais Isseï Sagawa. Le 11 juin 1981, à Paris, le jeune homme alors âgé de 32 ans, déclare sa flamme à Renée Hartevelt, une amie hollandaise de 25 ans.

Econduit, il tue alors sa belle d'une balle de 22 long rifle dans la tête, puis viole et dépèce le cadavre, dont il déguste quelques morceaux choisis. « Rien n'est aussi délicieux », selon lui. Arrêté trois jours après son crime, Sagawa revendique son acte comme un acte artistique. « Si j'avais eu un congélateur, affirme-t-il aux enquêteurs, vous ne m'auriez pas retrouvé. » Déclaré irresponsable sur le plan pénal, il est interné un an dans l'Unité pour malades difficiles de Villejuif, puis transféré au Japon où, après quelques mois d'internement hospitalier, il est libéré le 13 août 1985. Il vit toujours à Yokohama, sous contrôle policier, mais sans traitement médical. Il a mis à profit sa célébrité pour écrire plusieurs livres – tous centrés autour de son crime –, apparaître dans des publicités télévisées – pour des chaînes de restaurants de viande... –, et jouer dans des films érotiques – dont un mettant en scène une jeune fille hollandaise...

CAPONE, AL

CI-CONTRE
Alphonse Gabriel Capone dit Al Capone vers 1927.

Pour un criminologue, Al Capone (1899-1947), de son vrai nom Alphonse Gabriel Capone, dit « Scarface », gangster américain, parrain de Chicago entre 1925 et 1932, est « le » personnage emblématique de la Mafia américaine. Personne ne supplante ce criminel qui démontre à lui seul que la réalité peut dépasser la fiction.

Au commencement est la famille Capone, originaire de Naples. Le père, Gabriel, son épouse, Teresa et leurs deux enfants fuient la misère et débarquent aux Etats-Unis en 1894. La famille s'installe à Brooklyn et s'agrandit. Elle comptera neuf frères et sœurs. Alphonse, qui naît le 17 janvier 1899, est le quatrième de la fratrie.

Le jeune Capone commence sa carrière criminelle comme petit délinquant, dès l'âge de 14 ans, preuve de sa vocation précoce. Il fraye avec quelques bandes, rend des services à un voisin, le petit truand Johnny Torrio, se fait entailler la joue gauche au rasoir lors d'une rixe et gagne le surnom de « Scarface », le balafré. En 1918 il épouse une Irlandaise, Mae Coughlin.

Après la mort de son père, victime d'une crise cardiaque en novembre 1920, le jeune Capone rejoint Johnny Torrio à Chicago. Le voyou a pris de l'envergure et règne sur les jeux, la prostitution et le trafic d'alcool. Torrio confie au jeune Capone, qui n'a que 22 ans, la gérance d'un bar clandestin, le « Four Deuces », centre de commandement des activités mafieuses de Torrio. Capone se lie avec Jake Gusik, membre d'une famille juive de proxénètes, qui deviendra son ami et le comptable de l'organisation criminelle dite « Chicago Outfit ».

Mais le nouveau maire de Chicago, William Dever, décide de faire le ménage dans sa ville et fait fermer des milliers de bars clandestins. Capone et Torrio déménagent leur quartier général en périphérie de Chicago, hors de sa juridiction, vers le « Hawthorne Inn », à Cicero. Les affaires sont prospères et Capone vit confortablement avec sa famille dans une grande maison du quartier chic de Chicago. Le 1er avril 1924, Capone fait élire son candidat à la mairie de Cicero, postant des centaines d'hommes dans les bureaux de vote afin de terroriser les électeurs et faisant bourrer les urnes. La victoire de Capone, devenu à 25 ans le véritable maître de la ville, est assombrie par la mort de son frère Frank, qu'il a associé à son business et qui est abattu par des policiers venus pour tenter de lutter contre la fraude électorale.

La même année, Capone, qui ne plaisante pas avec l'amitié, abat de six balles le braqueur Jow Howard pour avoir osé une remarque antisémite en la présence de son ami Jake Gusik. Un sens de l'amitié qui n'obscurcit pas le sens des affaires. Lorsqu'un associé se comporte mal, la sanction est immédiate. C'est ce qui arrive, en 1925, à Dean O'Banion, abattu sans sommation. Ce meurtre déclenche une véritable guerre, Bugs Moran et Hymie Weiss, amis et associés de O'Banion, ayant décidé de le venger. Capone réchappe de justesse à une douzaine de tentatives de meurtre. Torrio, blessé lors d'une tentative d'assassinat, préfère prendre le large. Il passe la main à Capone et file s'installer en Italie. Pour en finir avec les amis de O'Banion, Capone donne l'ordre de l'éliminer, lui et ses hommes. Le 14 février 1929, jour de la Saint-Valentin, les tueurs de Capone déguisés en policiers ratent Bugs Moran, qui n'est pas là, mais exécutent six membres du gang Moran, dont George, le frère de Bugs. Ce « massacre de la Saint-Valentin » crée une vive émotion dans l'opinion. Le président Hoover lui-même demande des résultats. Eliot Ness, un jeune agent du Trésor, l'administration fiscale américaine, est désigné pour mener l'enquête, à la tête d'une brigade spéciale. Les « Incorruptibles » disposent en effet d'une nouvelle arme : une loi votée en 1927. Pour faire face aux bénéfices records et invisibles du trafic d'alcool, la Cour suprême américaine a décrété en effet l'obligation de déclarer l'ensemble de ses revenus, même si ces derniers sont illégaux. Cette décision va permettre aux services fédéraux de contrôler les justifications de train de vie. Le bureau du procureur fédéral à Chicago estime alors à plus de 100 millions de dollars le chiffre d'affaires de l'organisation de Capone. Même avec un montant estimé de 30 millions de dollars de pots-de-vin pour ...

CI-CONTRE

L'acteur Robert Stack (1919-2003), Eliot Ness sur le tournage du film *The Scarface Mob* en 1959.

… les forces de police de Chicago et des frais de fonctionnement important, la somme restante est énorme pour l'époque. Les agents de Ness se lancent dans un méticuleux travail de comptabilité. Ils profitent d'ailleurs de la première incarcération de Capone, en août 1929, condamné à neuf mois de prison pour port d'arme illégal. Le chef mafieux passe son incarcération au pénitencier de Pennsylvanie dans une cellule qu'il fait ouvertement décorer de manière luxueuse, avec moquette et meubles anciens de prix. Mais il ne réalise pas que, pendant ce temps, le filet se resserre autour de lui. Les agents fédéraux placent des écoutes téléphoniques sur les lignes des lieutenants de Capone, scrutent les dépenses, épluchent les factures. Ils constatent très vite que, malgré la crise économique de 1929, Capone est à la tête d'un véritable empire mafieux. Il a modernisé la pègre, utilisant dès leur diffusion le téléphone et l'automobile pour optimiser le partage d'information et la mobilité des activités criminelles. Il a fédéré le « Chicago Outfit » en une organisation puissante et diversifiée dont les activités s'étendent, par des partenariats croisés, de New York à Chicago en passant par le Canada ou les Caraïbes, et bien d'autres villes américaines comme Cleveland, Buffalo ou Kansas City.

Le travail de fourmi des hommes de Ness finit par payer. Ils établissent que les revenus « apparents » du parrain de Chicago se montent pour l'année 1929 à 1 035 654 dollars et 84 cents, soit un manque à gagner pour l'administration fiscale de 215 080,48 dollars d'impôts. Sommé de payer, il refuse et comparaît devant un grand jury en juin 1931. Eliot Ness, averti des pressions exercées sur les jurés, dont certains auraient été achetés, obtient du juge un échange de jurys avec une audience voisine. Le 17 octobre 1931, Al Capone est condamné à onze ans d'emprisonnement et 80 000 dollars d'amende pour fraude fiscale. Après avoir transité de la prison du comté de Chicago à celle d'Atlanta, d'où il poursuivait la direction de ses « affaires », il est finalement incarcéré à Alcatraz. En 1939, malade des suites de la syphilis, il est envoyé à Terminal Island, puis relâché, et il meurt en Floride, à Miami Beach, âgé de 48 ans, le 25 janvier 1947.

Dès la mise hors circuit de Capone, les membres du « Chicago Outfit » prirent le surnom de « Capones », et continueront d'appliquer à la lettre la citation que l'on prête à Al Capone : « On peut obtenir beaucoup plus avec un mot gentil et un revolver qu'avec un mot gentil tout seul. » Un des revolvers de Capone, un Colt 38, fut mis aux enchères avec cette citation le 22 juin 2011 pour une somme de 109 000 dollars (75 656 euros).

Al Capone, sa légende et plus largement les activités du « Chicago Outfit » feront l'objet de nombreuses adaptations au cinéma. Son rôle sera interprété par Neville Brand et William Forsythe dans les deux séries *Les Incorruptibles*, Robert De Niro dans le film du même nom de Brian De Palma (1987) (*voir* : Eliot Ness), Ben Gazzara dans *Capone* de Steve Carver (1975), Rod Steiger dans Al Capone de Richard Wilson (1959), Jason Robards dans *L'Affaire Al Capone*, de Roger Corman (1966), F. Murray Abraham dans le téléfilm *Dillinger et Capone* (1995), Eric Roberts dans le téléfilm *Le Dernier des Capone* (1990). Le plus célèbre des films inspirés par Capone demeure *Scarface*, de Howard Hawks (le titre complet est *Scarface, Shame of a Nation*, 1932), avec Paul Muni. Capone n'étant pas encore emprisonné au moment du tournage, son nom a été changé en Tony Camonte, mais son surnom a été conservé, ce qui le désignait tout aussi bien. Au nombre des classiques du cinéma, un autre film, sur le mode parodique, s'ouvre, quant à lui, sur le massacre de la Saint-Valentin, *Certains l'aiment chaud* de Billy Wilder (1959), avec George Raft et Marilyn Monroe.

CARBONE ET SPIRITO

CI-CONTRE
Portraits de François Spirito et Paul Carbone après leur libération sur le quai de la gare de Dijon en 1934.

Le duo célèbre de mafieux marseillais est le symbole de la structuration criminelle de l'entre-deux-guerres auparavant organisée autour d'une délinquance fragmentée de type « Apaches » dans les métropoles françaises. C'est probablement le dispositif d'internationalisation criminelle le plus élaboré de l'histoire criminelle contemporaine.

Paul Bonaventure Carbone, dit « Venture », est né le 14 février 1894 à Propriano en Corse, mais la famille s'installe vite dans le quartier du Panier à Marseille qui regroupe de nombreux insulaires. Le jeune Paul est d'abord un élève studieux, titulaire du certificat d'études, mais la mort de son père en 1906 l'oblige à enchaîner les emplois précaires, vendeur de journaux, docker, marin, pour aider sa famille à survivre. L'adolescent, costaud, sait vite jouer de sa force et de ses poings pour se faire respecter et donc connaître ses premières confrontations avec la police. A la suite d'une rixe dans laquelle un docker est blessé, il est incorporé dans les Bataillons d'Afrique, à la discipline de fer, destination normale à l'époque pour les délinquants. « Venture » prouve là encore sa forte tête, mais aussi son courage. Il se bat durant la Première Guerre au Maroc et à Verdun où il obtiendra la médaille militaire et une blessure. Au retour du conflit en 1919, il s'engage dans les Messageries maritimes qui lui permettent de faire plusieurs voyages en Orient et Extrême-Orient, organisant un modeste trafic d'opium et découvrant le milieu de la prostitution « délocalisée », notamment en Egypte. C'est d'ailleurs comme souteneur qu'il commence réellement sa carrière délinquante dans la capitale phocéenne, grimpant les échelons et finissant par expatrier sa gagneuse « Lola » au Caire, pour la rejoindre et entrer dans la communauté des proxénètes français de la capitale égyptienne dirigée par un nommé « Honoré le Fou ». C'est aussi là qu'il rencontre celui avec lequel il entretiendra une fidèle amitié.

François Spirito, lui, est né le 23 janvier 1900 à Itri, dans le sud de l'Italie. Battu par les carabiniers pour un simple vol de pommes alors qu'il est âgé de seulement 10 ans, il se fait la promesse d'être craint et respecté dès lors qu'il sera assez fort. Trois ans plus tard, sa famille débarque à Marseille et le jeune François se fait vite remarquer, lui aussi, pour ses aptitudes bagarreuses. Malgré ses cicatrices de variole sur le visage qui lui valent le surnom de « Lydro », le jeune homme est un séducteur qui deviendra vite un dandy, mince et élégant, que les filles appellent « le beau ficelle ». Amant d'une tenancière de maison close, c'est donc tout naturellement que la carrière de souteneur s'offre à lui. Il est inquiété un temps pour une escroquerie de 400 000 francs, sans suite, et pour le meurtre d'un concurrent algérien à Paris, mais se faisant passer pour fou, il échappe à la prison et retrouve vite sa liberté. Il gagne alors Le Caire, lui aussi accompagné de sa fille la plus rentable, Angèle dite « Nina ».

Carbone, à la suite d'un différend avec des proxénètes locaux, est enlevé et abandonné dans le désert, enseveli jusqu'au cou et barbouillé de miel pour le faire dévorer par les fourmis. Spirito le retrouvera au bout de deux jours, agonisant, ce qui scellera une fidélité indéfectible. Les deux hommes connaissent une réelle ascension au Caire, faisant venir de nombreuses filles de Marseille. Spirito est un temps expulsé d'Egypte en 1924, et les deux complices envoient leurs filles à Buenos Aires, nouant de nouveaux contacts outre-Atlantique, avec l'aide des deux frères de Carbone : Jean et François dit « Tchichakoff ».

En 1929, de retour en Egypte, ils sont propriétaire de la plus belle maison de passe du Caire, « La rose des sables ». Carbone gère l'entreprise alors que Spirito prospecte cette plaque tournante de l'opium pour se lancer dans le trafic de drogue.

Ils n'oublient pas Marseille, où ils prennent le contrôle d'un racket généralisé en plus de leurs opérations de traite des blanches en Egypte, à Tunis ou en Argentine. On retrouve à leurs côtés de futures pointures du banditisme marseillais dont certains deviendront leurs ennemis plus tard, particulièrement les frères Guérini, mais aussi Mathieu Zampa. A la fin des années 30, ils ont ainsi pris le contrôle également d'une bonne partie des maisons closes de ...

N° 2
ADMISSION

CI-CONTRE
Les acteurs Jean-Paul Belmondo (1933-2021) et Alain Delon (1935-) dans le film *Borsalino*, réalisé par Jacques Deray en 1970.

... Marseille à Nice, et régnant sur la production de faux documents en tous genres.

Les deux hommes sont également les maîtres des quais du port, et donc des trafics qui y transitent. Leur investissement dans l'importation d'opium en est facilité. Pour échapper au contrôle, ils généralisent une vieille technique : l'opium venu d'Asie et transitant par le Nil est acheminé, par des navigateurs corses, d'Egypte jusqu'au large des côtes marseillaises. Il est ensuite lâché en mer et les ballots récupérés par des pêcheurs. Mais la consommation d'opium pur étant en chute, les deux hommes se lancent avec détermination dans les toutes nouvelles drogues de l'époque, dont la cocaïne, connue comme anesthésiant dentaire, qui est achetée à des laboratoires suisses, officiellement pour exportation, et diffusée sur Marseille. De même, les deux hommes entrent en association dans une filière turque. La morphine et l'héroïne produites par le premier laboratoire marseillais au début des années 30 sont principalement destinées au marché américain, et c'est à ce titre que Spirito, en relation avec Vito Genovese, un envoyé de Lucky Luciano, organise le trafic d'héroïne vers les Etats-Unis. Dans le laboratoire installé dans une villa de Bandol, les deux compères engagent le chimiste Dominique Albertini, qui formera ensuite Joseph Cesari, considéré dans les années qui suivront comme le meilleur narco-chimiste du monde. Avec les premiers passeurs (les frères Ansaldi, Albert Bistoni et Joseph Orsoni), ce sont ainsi les rouages précurseurs de la véritable French Connection, célèbre dans les années 1950-1960, qui se mettent en place grâce aux orientations visionnaires de Carbone et Spirito.

D'autant que politiquement les deux hommes ont les mains libres. Ils ont largement contribué, en 1931, avec le même genre de méthodes d'intimidation que celles de Capone à Cicero en avril 1924, à l'élection de Simon Sabiani comme premier adjoint au maire de Marseille Georges Ribot, alors que les frères Guérini adoptent la cause socialiste. Sabiani, opportuniste politique né en 1888 à Casamaccioli, pratique sans états d'âme le clientélisme corse, et le soutien affiché à ses deux amis gangsters et aux troupes musclées qu'ils mettent à sa disposition. Mais à mélanger politique et affaires criminelles, il peut y avoir également des revers. La mort de l'escroc Stavisky, mouillant une bonne partie du gotha politique français, dévoile une corruption qui indigne la France. Cela conduit aux larges manifestations de février 1934, mais aussi celle rassemblant 50 000 militants socialistes et communistes à Marseille.

En plus des différents trafics sur lesquels ils règnent en maîtres, Carbone et Spirito se lancent dans celui des armes au bénéfice du régime du général Franco, forçant le blocus par la voie maritime à partir du port d'Anvers.

L'ascension des frères Guérini, pourtant, inquiète le duo. Une réunion est organisée en 1937 pour se partager les trafics sur Marseille : aux Guérini l'ensemble de la prostitution, aux deux amis tous les autres trafics. Aux élections municipales de 1935, c'est le candidat des frères Guérini, le socialiste Henri Tasso, qui s'est imposé face à Sabiani, qui rejoindra le PPF de Jacques Doriot dès l'année suivante. Carbone et Spirito se partagent désormais entre Marseille et Paris, où ils ont réussi à imposer leur autorité dans les maisons closes, les bars et les cercles de jeu. Là encore, ils fréquentent la haute société. Sous l'Occupation, Carbone et Spirito choisissent la collaboration, dans la lignée du PPF et de leur allié Simon Sabiani, pour consolider et faire prospérer leurs affaires. Les frères Guérini prennent la voie opposée, celle de la Résistance, dans laquelle Barthélemy, dit « Mémé », s'illustrera assez pour recevoir la croix de guerre. Le 16 décembre 1943, Paul Venture Carbone se trouve dans un train de permissionnaires de l'armée allemande, près de Chalon-sur-Saône. La Résistance fait sauter le convoi. Les deux jambes sectionnées, Carbone décède quelques heures plus tard. A ses obsèques à Paris seront présents des hommes d'affaires, un secrétaire d'Etat, des avocats, Mistinguett et Tino Rossi qui entonnera l'« Ave Maria ».

A la Libération, Spirito est condamné à mort par contumace pour faits de collaboration. Il prend la fuite en Espagne, puis en Amérique du Sud et aux Etats-Unis, où il écopera de deux ans de prison à New

York pour trafic d'héroïne. Expulsé en France à l'issue de sa peine, il échappe au procès et se « range des voitures » à Toulon. Il meurt dans un hôpital marseillais le 9 octobre 1967.

L'histoire de Carbone et Spirito a inspiré le célèbre film *Borsalino* réalisé par Jacques Deray en 1970, d'après *Bandits à Marseille* écrit par Eugène Saccomano, puis *Borsalino and Co* en 1974, avec les acteurs Alain Delon dans le rôle de Roch Siffredi et Jean-Paul Belmondo – pour le premier opus dans lequel il meurt à la fin – dans celui de François Capella, racontant l'ascension de deux truands marseillais devenus des parrains de la ville à partir des années 30.

CARTOUCHE

CI-CONTRE
Jean-Paul Belmondo (1933-2021) dans le rôle de Cartouche, film du même nom réalisé par Philippe de Broca (1933-2004) en 1962.

Voleur et assassin, mais bandit au grand cœur, Cartouche fut une sorte de Robin des Bois de la cour des Miracles. Chef d'une des plus importantes bandes criminelles, il va mettre à profit ses connaissances militaires pour voler, tuer et attaquer domiciles, banques et carrosses. Il est entré dans la légende en raison de ses exploits amoureux, générant une abondante filmographie.

Cartouche ne doit pas son surnom à l'emploi d'une arme à feu, mais à la déformation de son patronyme, Garthausen, devenu progressivement Gartouse, Gartouche puis Cartouche. Né en 1693 d'un père allemand, Louis Dominique Cartouche se montre vite attiré par la vie du hors-la-loi. Après de menus larcins, il quitte le domicile familial à l'âge de 11 ans pour échapper aux colères de son père. Initié aux « arts de la rue », notamment à l'escroquerie au jeu de cartes, par une bande qui l'accueille, il prend ensuite la tête d'une petite bande de malfaisants en Normandie.

Enrôlé sous les drapeaux, il sert comme racoleur militaire et noue des relations dans la soldatesque. Ce qui lui permet, une fois libéré de ses obligations, de constituer et de structurer son activité délinquante de manière militaire. De retour à Paris, il prend la tête d'une troupe estimée à une centaine d'individus, alors que sévit déjà la bande de Gruthus du Châtelet, dit « le Lorrain », ancien soldat des Gardes françaises. L'organisation de ces deux bandes s'appuie sur un réseau structuré de receleurs, d'armuriers et d'informateurs, notamment dans la corporation des « Oublieurs », ces pâtissiers ambulants qui vendent et livrent leurs produits dans les logis et assistent aux dîners chantants, occasion de repérer les lieux et les butins possibles.

La bande pille les bijouteries, cambriole les hôtels particuliers. Elle s'attaque aussi aux carrosses sur la route de Versailles et n'hésite pas à faire le coup de feu contre les forces de l'ordre. Mais Cartouche soigne sa popularité et fait redistribuer une partie des butins aux pauvres. On estime qu'à son apogée Cartouche se trouvait à la tête d'une véritable armée de 2 000 hommes. Il se charge d'ailleurs de faire régner l'ordre dans sa troupe. Les traîtres sont punis de mort, comme ce Rebaty, égorgé sur l'ordre de Cartouche après avoir été émasculé, avoir eu le nez coupé et le ventre ouvert. Son cadavre est abandonné avec une pancarte sur laquelle est écrit, avec le sang du condamné, « Ci-gît Jean Rebaty, qui a eu le traitement qu'il méritait. Ceux qui en feront autant que lui peuvent attendre le même sort ».

Cartouche est réputé séducteur et volage, n'hésitant pas à charmer ses victimes. S'il collectionne les maîtresses, il n'en épouse pas moins, le 30 mars 1720, Marie-Antoinette Néron, une ancienne complice.

Mais l'étau policier commence à se resserrer. Arrêté en décembre 1720, il réussit à s'échapper. Quelques mois plus tard, le régent Philippe d'Orléans ordonne sa prompte arrestation. Le 19 juillet 1721, une récompense est offerte pour sa capture. Dénoncé par son comparse Gruthus ou par une femme, selon les sources, l'un n'empêchant d'ailleurs pas l'autre, Cartouche est interpellé le 14 octobre 1721 au matin dans un cabaret. Il est d'abord exposé au Châtelet dans une cage puis transféré à la Conciergerie. Il nie jusqu'à son état civil, même sous la torture, lors de l'épreuve des brodequins. Le 27 novembre, jour de son exécution, voyant que sa bande ne le délivre pas comme en avait été fait le serment, il passe aux aveux et livre les informations sur ses complices. Mais ses dénonciations ne lui éviteront pas la sentence. Le lendemain, alors que l'encre de ses aveux est à peine sèche, il est reconduit sur l'échafaud et roué vif. Ses déclarations permettront 350 arrestations dans les mois qui suivent.

La vie de Cartouche a fait l'objet de nombreuses adaptations filmées, dont les plus connues sont : *Cartouche* (1962), film de Philippe de Broca, avec Jean-Paul Belmondo et Claudia Cardinale, *Cartouche* (1956), téléfilm avec Serge Reggiani, *Cartouche, le brigand magnifique* (2009), téléfilm de Henri Helman, avec Frédéric Diefenthal et Juliette Lamboley.

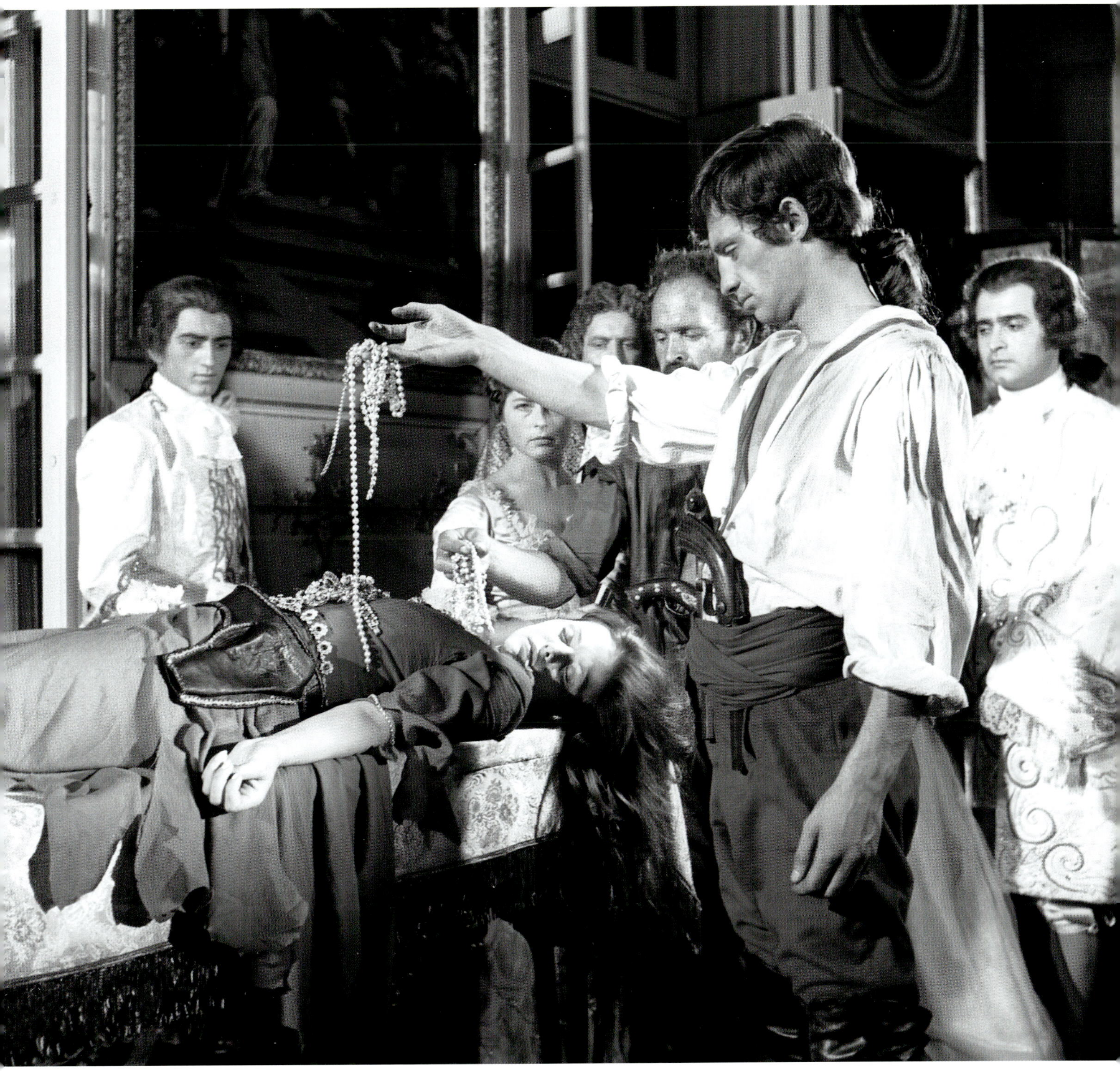

CASSIDY, BUTCH ET THE SUNDANCE KID

CI-CONTRE
Portrait de Robert LeRoy Parker (1866-1908), connu sous le nom de Butch Cassidy.

Voleurs de chevaux, pilleurs de trains et braqueurs de banques, Butch Cassidy et le Kid appartiennent à la légende du Grand Ouest américain. Ils ont bénéficié d'une renommée posthume et inattendue lorsque Hollywood s'est emparé de leurs aventures. Lorsqu'ils se rencontrent, un jour de 1896, Butch Cassidy et Sundance Kid ont déjà fait leurs preuves chacun de leur côté. Butch, qui s'appelle en réalité Robert LeRoy Parker, a 30 ans et déjà à son actif un joli palmarès : vols de bétail, vols de chevaux, attaques de banques et pillage d'un train. Il a sa propre bande, le *wild bunch*, que l'on peut traduire par la « horde sauvage ». « Butch », le boucher, surnommé ainsi parce qu'il a travaillé quelques semaines comme boucher, et parce qu'il s'est lié d'amitié avec un voleur du nom de Cassidy, Parker a choisi, pour ses activités criminelles, de se faire appeler Butch Cassidy. Arrêté en 1894 pour vols de chevaux, il purge une peine de dix-huit mois à la prison de Laramie.

The Sundance Kid a 19 ans, s'appelle Harry Alonzo Longabaugh et a gagné son surnom pendant les dix-huit mois qu'il a passés à la prison de Sundance, dans le Wyoming. Pour vol de chevaux, lui aussi. Il travaille ensuite quelques années dans un ranch canadien, avant de croiser la route de Butch, tout juste libéré de prison, et de se joindre à la bande. La suite est une longue succession d'attaques à main armée. Après chaque coup, les bandits prennent la fuite dans des directions différentes pour égarer leurs poursuivants, puis se retrouvent dans des propriétés isolées. L'un des faits d'armes de la bande resté célèbre est l'attaque d'un train de l'Union Pacific, le 2 juin 1899, près de Wilcox (Wyoming), au cours de laquelle tous les passagers sont délestés de leur argent. A plusieurs reprises, les voleurs pourchassés tirent sur leurs poursuivants et tuent des shérifs. La chasse s'intensifie et l'agence de détectives Pinkerton, mandatée par l'Union Pacific, lance ses hommes aux trousses de la wild bunch. Mais les accrochages se multiplient lors des attaques. Plusieurs membres du gang tombent sous les balles des représentants de la loi, d'autres sont capturés. La bande s'étiole et se disperse. Butch Cassidy et Sundance Kid embarquent le 20 février 1901 à New York, direction l'Amérique du Sud. Ils sont accompagnés d'Etta Place, institutrice et petite amie du Kid. Ils s'installent d'abord en Argentine, attaquent une banque et s'enfuient au Chili. En juin 1906, Etta Place rentre aux Etats-Unis et les deux hommes passent en Bolivie. Le 3 novembre 1908, deux Américains dérobent la paye des mineurs qui exploitent un filon d'argent en attaquant les convoyeurs de fonds à proximité de la ville de San Vincente. Localisés, ils sont cernés dans leur maison le 6 novembre. Après une fusillade nourrie, les soldats découvrent deux cadavres, avec de multiples blessures, l'un une balle dans le front, l'autre dans la tempe, laissant croire qu'un des deux hommes a achevé son complice avant de se suicider. C'est ainsi qu'il est convenu de mettre fin aux aventures de Butch Cassidy et Sundance Kid. Et que commence leur vrai mystère. D'ailleurs, les recherches effectuées par l'anthropologue médico-légal Clyde Snow en 1991 n'ont pas permis d'identifier les cadavres prétendument enterrés dans le cimetière de San Vincente. Alors, où sont passés Butch Cassidy et le Kid ?

La légende sud-américaine, en Argentine et au Chili, dans une culture orale parfois plus soucieuse de belles histoires que de preuves historiques, prétend que les deux hommes ont poursuivi leur activité criminelle de pilleurs de banques dans l'extrême Sud des deux pays au bénéfice des révolutionnaires anarchistes. D'autres pistes, en particulier celle avancée par la sœur de Butch, Lula Parker Betenson, prétend qu'il a été vu par ses proches aux Etats-Unis bien après 1908, notamment lors d'une réunion de famille en 1925. Une hypothèse, controversée, est qu'il se serait fait appeler William T. Phillips et se serait retiré à Spokane (Washington),

aurait écrit une fausse biographie à la troisième personne pour se réhabiliter et qu'il serait mort en 1937. Quant à Sundance Kid, un nommé Jerry Nickle prétend qu'il est son arrière-grand-père, qu'il serait retourné vivre dans l'Utah auprès de sa famille sous le nom de Bill Long, et mort en 1936. Le Dr John McCullough de l'université de l'Utah, anthropologiste médico-légal, aurait authentifié les restes de Bill Long comme ceux d'Harry Alonzo Longabaugh en 2007. Une seule chose est certaine. « Butch Cassidy et Sundance Kid » resteront pour longtemps encore dans la légende.

Le film resté lui aussi mythique sur les deux hors-la-loi est *Butch Cassidy et le Kid* (*Butch Cassidy and the Sundance Kid*), un western de George Roy Hill sorti en 1969 aux Etats-Unis, avec Paul Newman jouant Butch Cassidy, Robert Redford dans le rôle de Sundance Kid et Katharine Ross dans celui d'Etta Place. En hommage à ce rôle, Robert Redford donna le nom de Sundance à son ranch dans l'Utah. Le dernier film dédié à Butch Cassidy est *Blackthorn* – la dernière chevauchée de Butch Cassidy –, de Mateo Gil, sorti en salle en France le 31 août 2011.

CHAUFFEURS (LES)

CI-CONTRE
Couverture de la revue *Le Petit Journal* du 5 novembre 1908 titrée Les « chauffeurs » d'aujourd'hui.

Pendant des siècles, des bandes criminelles ont parcouru les campagnes françaises, volant, violant et assassinant à tout-va. Quelques-unes de ces redoutables hordes avaient adopté une même technique, afin de faire avouer à leurs victimes l'endroit où se cachaient leurs économies. Ils leur brûlaient les pieds dans la cheminée, sur les braises ou à l'aide d'un tisonnier. Cette torture a été utilisée dès le Moyen Age. Mais c'est à l'époque révolutionnaire que les « chauffeurs » sont devenus célèbres.

L'horreur populaire, née de la peur d'être ainsi malmené, à une époque où vivre dans les campagnes isolées était peu sûr. L'une des plus célèbres bandes de Chauffeurs a écumé le Hainaut belge et les départements du nord de la France à la fin du XVIIIe siècle. Pour faire avouer la cachette du magot, ils entourent les pieds des malheureux qu'ils dépouillent avec de la paille qu'ils enflamment. Vingt-deux de ses membres seront guillotinés le 6 novembre 1798 à Bruges.

Lors de la même période ont sévi les tristement célèbres criminels de la bande des « Chauffeurs d'Orgères » qui terrorisèrent la Beauce, écumant sept départements dont principalement l'Eure-et-Loir et le Loiret. Tous seront fusillés sur place sans autre forme de procès.

Reste également dans l'histoire des chauffeurs de cette même époque un des plus célèbres bandits allemands, Johannes Bückler, dit « Schinderhannes » (1778-1803), qui dévalisa avec sa bande la rive gauche du Rhin, alors sous administration française. Son habileté à déjouer les forces de police de l'occupant, ce qui lui valait le soutien des campagnes, et également à dévaliser les riches israélites en préservant les catholiques, en ont fait dans la mémoire populaire une sorte de Robin des Bois. Sous la menace de l'arrestation de sa maîtresse, Juliana Blasius, il livra ses complices et 19 d'entre eux furent exécutés. Il n'échappa pas, malgré sa collaboration, à la guillotine, s'allongeant sur la planche fatale le 21 novembre 1803.

Le XIXe siècle a aussi ses Chauffeurs. En octobre 1820, les membres d'une nouvelle bande de « Chauffeurs du Nord » sont reconnus coupables de 53 faits criminels allant du vol à la torture en passant par des viols. Ils seront guillotinés à Rosières-en-Santerre, dans le Nord. La Belle Epoque est marquée par une recrudescence des « Chauffeurs ». Parmi les plus notables, les « bandits d'Hazebrouck », dirigés par les frères Pollet. Criminels confirmés, Abel et Auguste fondent en 1905 cette bande, constituée de plusieurs dizaines de personnes. L'un de leurs méfaits les plus sanglants, « l'effroyable tuerie de Violaines », se déroule dans la nuit du 19 au 20 janvier 1906. Les malfrats ripaillent à proximité des cadavres de trois membres d'une famille tués et torturés de manière particulièrement horrible, gencives broyées, oreilles arrachées, doigts sectionnés et crânes fracassés. Interpellés sur dénonciation, 36 membres de cette bande terrible sont jugés en juin 1908 pour la bagatelle de 120 vols à main armée, six assassinats et sept tentatives. Quatre d'entre eux, dont les frères Pollet, sont décapités le 1er janvier 1909 à Béthune.

La même année cessent les activités des non moins redoutables « Chauffeurs de la Drôme ». Entre 1905 et 1908, la bande dirigée par Octave-Louis David torture, vole et tue dans les environs de Romans-sur-Isère. Arrêtés en octobre 1908, David et deux de ses complices sont reconnus coupables, sur les dix-huit meurtres reprochés, de onze assassinats, une tentative de meurtre sur un prêtre et sa servante, et huit cambriolages et agressions. Le nombre de leurs crimes fut sans doute plus élevé mais la justice ne les retint pas tous, faute de preuves et d'aveux. Les trois meneurs passèrent à « la Veuve » devant la porte de la prison de Valence.

Après la Seconde Guerre mondiale, les Chauffeurs font leur retour. Le « gang des Romanis » écume la Bourgogne, jusqu'à ce que son chef, Nicolas Stéphan, soit guillotiné à Chalon-sur-Saône le 14 février 1952. En Picardie, c'est la « bande d'Albret » qui sévit. Son meneur, Raymond Perat, passera entre les mains du bourreau à Laon le 4 juillet 1952.

Le Petit Journal

Le Petit Journal
CHAQUE JOUR – 6 PAGES – 5 CENTIMES
Administration : 61, rue Lafayette
Les manuscrits ne sont pas rendus

5 CENTIMES SUPPLÉMENT ILLUSTRÉ **5** CENTIMES

Le Petit Journal agricole, 5 cent. ~~ **La Mode du Petit Journal**, 10 cent.
Le Petit Journal illustré de la Jeunesse, 10 cent.
On s'abonne sans frais dans tous les bureaux de poste

ABONNEMENTS

	SIX MOIS	UN AN
SEINE et SEINE-ET-OISE	2 fr.	3 fr. 50
DÉPARTEMENTS	2 fr.	4 fr. »
ÉTRANGER	2 50	5 fr. »

Dix-neuvième Année — DIMANCHE 15 NOVEMBRE 1908 — Numéro 939

LES « CHAUFFEURS » D'AUJOURD'HUI
Comment procédaient les bandits de la Drôme

CHIKATILO, ANDREÏ, DIT « LE MONSTRE DE ROSTOV »

CI-CONTRE
Photographie de Andreï Chikatilo en 1994 au palais de justice de Rostov, Russie.

Au palmarès des tueurs en série, cet enseignant russe, avec plus d'une cinquantaine d'assassinats, tient une place honorable. Il se distingue, sur le plan quantitatif, par un autre chiffre, le temps qu'il a fallu à la police pour mettre fin à ses agissements, une douzaine d'années. Son cas semble du reste placé sous le signe des chiffres, puisque deux mathématiciens américains, qui ont observé ses agissements, ont cru pouvoir établir une loi sur la fréquence des passages à l'acte d'un *serial killer*. A noter, les documents francophones relatifs à ce tueur utilisent l'orthographe Tchikatilo.

Andreï Romanovitch Chikatilo naît en Ukraine en 1936 dans une famille d'ouvriers agricoles. Il est marié, a deux enfants, et de sérieux troubles sexuels.

Professeur de russe, il exerce dans la région de Rostov jusqu'en 1981, date à laquelle il est l'objet de plaintes pour agressions sexuelles sur certaines de ses élèves. Il doit quitter l'enseignement et travaille comme agent d'approvisionnement pour une usine. C'est à Chakhty, près de Rostov, qu'en 1980 Chikatilo, d'après ses aveux, commet son premier meurtre : une fillette de 9 ans, Yelena Zakotnova, qu'il a tenté de violer, puis qu'il a étranglée et poignardée, se débarrassant du corps dans une rivière. Malgré un faisceau d'indices le désignant, la police lui préfère un autre suspect, Alexandre Kravchenko, 25 ans, déjà jugé, adolescent, pour viol suivi de meurtre. Le malheur, pour lui et pour les futures victimes de Chikatilo, veut que Kravchenko, sous la pression de l'interrogatoire, finisse par avouer le meurtre. Il sera exécuté en juillet 1983.

De son côté, Chikatilo a découvert une jouissance extrême en tuant et torturant sa victime. Il n'aura, jusqu'à la fin de ses jours, qu'une obsession : en retrouver le merveilleux éblouissement. Le meurtre suivant, celui de la jeune Larisa Tkachenko, 17 ans, dans une forêt proche du Don, ne lui permet pas d'atteindre le plaisir espéré ; après l'avoir étranglée, il doit la violer avec un bâton, la mutiler avec ses dents pour arriver à ses fins. Son itinéraire criminel ne sera plus qu'une interminable recherche du plaisir dans la barbarie. Il tue ainsi une autre fillette en juin 1982 en s'acharnant sur le corps à coups de couteau, puis, entre juillet et décembre de la même année, dans des conditions comparables, il assassine six autres victimes. Il recrute indistinctement fugueurs, prostituées, jeunes enfants, sans distinction de sexe. Son mode opératoire se précise : il crève désormais les yeux de ses victimes. En prime, il mange leur chair, en particulier les seins des femmes, et les parties génitales. Il n'usurpe, en somme, pas le surnom de « monstre » que sans beaucoup d'imagination on va lui donner.

Avec un esprit de système tout soviétique, l'équipe du major Mikhail Fetisov, un des fins limiers envoyé de Moscou pour résoudre l'affaire, interpelle systématiquement tout ce que la région du Don connaît de déficients mentaux, pédophiles, pervers sexuels ou homosexuels. Quelques-uns avouent, mais les découvertes de cadavres tués sauvagement continuent tout au long de l'année 1984. Force est d'admettre que le meurtrier court toujours. Il va jusqu'à tuer trois personnes le même jour, le 19 juillet 1984, deux jeunes femmes de 19 et 22 ans et un garçon de 13 ans.

De son côté, Chikatilo est licencié pour vol, mais, très vite, il retrouve un emploi similaire. Son activité criminelle ne semble du reste pas perturbée par ces changements professionnels. Le 13 septembre 1984, à la gare de Rostov, il est interpellé en train d'engager des conversations avec des jeunes femmes. Il est effectivement porteur d'un couteau et d'une corde, il a de fâcheux antécédents de

pédophilie, son signalement correspond à un témoignage, mais les charges retenues contre lui ne sont pas jugées suffisantes. Il purge une simple peine de trois mois de prison pour le vol qui lui avait valu d'être licencié de son emploi précédent. Libéré en décembre 1984, il trouve un nouvel emploi, et cesse ses activités meurtrières jusqu'au 31 juillet 1985, date à laquelle il tue une nouvelle jeune fille, cette fois-ci dans les environs de Moscou.

La justice, qui tient une comptabilité précise des événements, estime pouvoir ranger dans le même dossier vingt-trois meurtres similaires. Au procureur qui supervise l'affaire est adjoint un psychiatre, le Dr Aleksandr Bukhanovski, chargé – c'est une première en Union soviétique – d'établir un profil du tueur en série. Il rédige un document de 65 pages, le décrit comme un homme d'environ 45-50 ans, d'une intelligence moyenne, susceptible d'être marié ou ...

CI-CONTRE
Photographie de Andreï Chikatilo en 1994 au palais de justice de Rostov, Russie.

… de l'avoir été, sadique, jouissant sexuellement de voir ses victimes souffrir, occupant un emploi lui donnant l'occasion de se déplacer en train, cela en considération de la dissémination des victimes dans toute la région de Rostov. Mais ces conclusions paraissent dans la presse, et Chikatilo prend alors soin, après une longue période d'inactivité, de tuer loin de la région où on le soupçonne, et en modifiant parfois son mode opératoire. Il en vient à découper certaines victimes en morceaux, à disséminer les corps, ce qui rend les recoupements malaisés. De plus, il alterne périodes meurtrières et temps, plus ou moins longs, d'abstinence criminelle.

La découverte, le 8 mars 1990, à Rostov, de la dépouille d'un garçonnet de 10 ans, éviscéré, ne laisse pas de doute sur le fait qu'il sévit encore. La police, vexée – c'est la *perestroïka*, les temps changent –, décide d'en finir. Est alors décidée une vaste opération de police pour « canaliser » le meurtrier. Puisque les gares de la région semblent à l'évidence son terrain de chasse préféré, il s'agit de disposer des forces de police nombreuses et voyantes dans les gares les plus importantes, et de ne laisser dans les plus modestes que des agents discrets, en civil.

C'est ainsi que le 6 novembre 1990, un policier en civil contrôle un suspect en train de se laver mains et visage près de la gare de Donleskhoz. Il a une trace rouge sur la joue – apparemment du sang –, ses vêtements sont maculés de traces d'herbe et de terre. L'agent est intrigué par le costume de ville du personnage, alors qu'il prétend être allé cueillir des champignons. Il note son nom, rédige un rapport de routine. Quelques jours plus tard, le 13 novembre, le corps mutilé de Svetlana Korostik, 22 ans, est retrouvé à proximité de la gare. Le nom de Chikatilo – le suspect de la gare – n'est pas inconnu. Les enquêteurs se souviennent qu'il a déjà été interrogé et suspecté, et impliqué dans des affaires d'agressions sexuelles sur mineurs. Les auditions de ses différents employeurs permettent de reconstituer ses déplacements professionnels et de faire le lien avec les cadavres retrouvés. Placé sous surveillance, il est interpellé le 20 novembre 1990. En garde à vue au KGB de Rostov, il est interrogé par le procureur Issa Kostoyev, par le major Fetisov et le psychiatre Aleksandr Bukhanovski. Après un peu de résistance, il finit par reconnaître, parmi ceux qui lui sont reprochés, trente-six assassinats – il en réfute deux –, et il avoue également vingt autres meurtres, fournissant aux enquêteurs des éléments inconnus. Plus tard, il les conduira aux cadavres que n'avait pas trouvés la police.

Au total, trois victimes de ses confessions n'ayant pu être retrouvées, il est jugé pour cinquante-trois assassinats dont tous ont fait l'objet d'une reconstitution avec son concours. Le procès commence à Rostov le 14 avril 1992. Chikatilo confirme ses déclarations et cherche à peine à se défendre. Tout au plus ponctue-t-il les débats de murmures incompréhensibles. Il chantonne, ou soupire bruyamment pour montrer qu'il s'ennuie. Le 15 octobre 1992, il est déclaré coupable de cinq agressions sexuelles, de cinquante-deux assassinats, et condamné à mort pour chacun d'eux. Un recours devant la Cour suprême est rejeté en 1993, la demande de grâce est refusée par le président Eltsine, et le 14 février 1994 Andreï Romanovitch Chikatilo est exécuté d'une balle dans la tête.

En 2012, Mikhail Simkin et Vwani Roychowdhury, mathématiciens de l'université de Californie, ont publié une étude fondée sur les meurtres de Chikatilo. Ils sont partis de l'hypothèse que les épisodes psychotiques poussant à tuer peuvent être causés par une réaction simultanée d'un grand nombre de neurones. Pour Mikhail Simkin, « La distribution des intervalles entre les meurtres suit une loi de puissance avec un exposant de 1,4. Nous proposons un modèle selon lequel le tueur en série commet des meurtres lorsque l'excitation neuronale dans son cerveau dépasse un certain seuil » (*Technology review*, 16 janvier 2012). Leur projection mathématique a montré une étonnante similarité avec la fréquence des meurtres commis dans la réalité par Chikatilo…

Un tel tueur ne pouvait évidemment pas laisser les auteurs indifférents. Dès 1995, le film *Citizen X* de Chris Gerolmo, sous forme de fiction, retrace la

longue traque de Chikatilo par la police soviétique. En 2008, le premier roman de Tom Rob Smith, traduit en 17 langues, *Enfant 44* (et sa suite, *Kolyma*, en 2009), qui évoque un tueur en série d'enfants dans l'URSS de Staline, est en réalité inspiré par ce *serial killer*.

COLONNA, JEAN-BAPTISTE, JÉRÔME, DIT JEAN-JÉ

CI-CONTRE
Le 1er novembre 2006, à Porto-Pollo en Corse, la voiture de Jean-Jérôme Colonna est extraite du ravin. Le parrain est mort sur le coup.

Les accidents de la route sont plus expéditifs que la justice. Poursuivi à plusieurs reprises, Jean-Jérôme Colonna, parrain présumé de la Corse-du-Sud, n'a jamais eu à rendre compte de ses activités réelles ou supposées devant un tribunal. En 2006, une sortie de route mortelle l'a définitivement soustrait aux griffes des magistrats.

Jean-Baptiste Jérôme Colonna, dit « Jean-Jé », est né le 24 juin 1939 à Sartène, en Corse-du-Sud. Sa carrière commence avec l'affaire du *Combinatie*, ce cargo parti de Tanger en octobre 1952, rempli de caisses de cigarettes. En accord avec le capitaine du navire, trafiquant notoire, une équipe de malfrats passe à l'abordage en pleine mer et pille le bateau. L'arnaque est à double détente, puisqu'elle doit permettre de toucher à la fois la prime d'assurance de la cargaison et le montant de la revente des cigarettes au marché noir.

Sauf que la marchandise, cachée quelque part en Corse, est dérobée par d'autres truands. Une guerre terrible éclate entre les deux clans. Elle va durer vingt ans et faire une trentaine de morts. Dont le père de Jean-Jé. Jacques Colonna est en effet tué par des hommes d'Antoine Paolini, alors qu'il se trouve au volant de sa traction avant, le 18 juillet 1955, sous les yeux de son fils alors âgé de seize ans. La thèse retenue est qu'il s'agit d'un dommage collatéral de la vendetta entre Antoine Paolini et Jean Colonna, l'oncle de l'adolescent et l'un des organisateurs du coup du *Combinatie*. Les tueurs auraient confondu les deux frères. Il est dit que Jean-Jé passera une dizaine d'années de sa vie à traquer les assassins de son père et à les tuer un par un.

La police française entend ensuite citer son nom dans un rapport des services américains de lutte contre le trafic de stupéfiants. Le 30 janvier 1975, Jean-Jé Colonna est interpellé chez lui, inculpé et incarcéré à Marseille pour trafic international de stupéfiants. Avec ses complices, ils sont accusés d'avoir exporté aux Etats-Unis, entre 1968 et 1971, environ 500 kilos d'héroïne. Mais le Corse n'attend pas son jugement. Il se fait la belle en juillet 1975, en pyjama, de l'Hôtel-Dieu où il s'est fait hospitaliser. Il vivra en cavale au Brésil, en Argentine et aux Etats-Unis, ne retournant en Corse que très discrètement pour de brefs séjours. Ses complices, jugés à Marseille le 13 janvier 1978, écopent de dix à quinze ans de prison. Lui est jugé par contumace et condamné à dix-sept ans, peine à laquelle s'ajoute un an et demi de prison pour son évasion. La cour d'appel d'Aix-en-Provence, qui se penche sur le dossier, confirme les peines des camarades de trafic de Jean-Jé Colonna, mais écarte son cas. Par miracle, les magistrats « oublient » de rejuger le dossier avec la forclusion de la prescription. Mi-1985, après une cavale de dix ans, Jean-Jé Colonna peut revenir libre sur son île avec un casier vierge.

Le 19 décembre 1990, Lucien Tirroloni, le président de la chambre d'agriculture de Corse-du-Sud, est abattu à Ajaccio par le passager d'une moto, qui tire 25 projectiles sur sa victime. La rumeur désigne rapidement Jean-Jérôme Colonna comme commanditaire de l'assassinat. Mais la mort des exécuteurs présumés, Dominique Paoli et Pierre-Noël Pantalacci, abattus le 21 décembre 1990, rend l'enquête impossible. En juin 2001, plusieurs de ses proches sont mis en examen pour proxénétisme aggravé, et son nom est cité également dans un dossier de suspicion de malversations au casino d'Ajaccio. Les perquisitions censées le mettre en cause font chou blanc. L'homme est judiciairement insaisissable.

Officiellement, depuis son retour en Corse, Jean-Jé Colonna aide sa femme, propriétaire de l'hôtel Miramar à Propriano et gérante de plusieurs supérettes. Il est également proche de Robert Feliaciaggi,

maire de Pila Canale, abattu en mars 2006 sur le parking de l'aéroport d'Ajaccio, meurtre attribué à la bande dite de la « Brise de Mer » (*voir* : Bar). Lors des obsèques, Jean-Jé, d'ordinaire invisible, est vu en train de discuter longuement avec les membres du gang dit « Du Petit Bar » (*voir* : Bar). D'où la preuve que certains veulent y voir qu'il était bien le parrain de la Corse-du-Sud, dirigeant leurs activités dans leurs oppositions crimino-politico-indépendantistes avec ceux du Nord.

Pour autant, malgré les rumeurs et une enquête fiscale qui dura dix ans, Jean-Jé Colonna ne put être mis en cause dans les opérations qu'on lui prêtait à l'époque.

Jean-Jé Colonna est donc mort avec un casier judiciaire vierge de toute condamnation définitive. Rien d'étonnant sans doute qu'une telle virginité pour celui qui déclarait, dans sa seule interview pour le mensuel *Corsica*, en août 2002 : « Je ne suis pas le parrain de la Corse. »

CORDAY, CHARLOTTE

CI-CONTRE
Charlotte Corday (1768-1793) lors de l'assassinat de Jean-Paul Marat (1743-1793), huile sur toile de Paul Baudry (1828-1886).

Charlotte Corday est une bien singulière meurtrière. Si le meurtre politique est aussi ancien que la politique elle-même, l'assassinat en baignoire est une première. Le meurtre de Marat rejoint au Panthéon symbolique le coup de couteau Hitchcockien de la douche dans *Psychose*. Symbole inutile de la Terreur, le meurtre de Marat apparaît aussi comme le premier acte de terreur de la Terreur, et Charlotte Corday, selon le positionnement politique des commentateurs, comme une tyrannicide ou une exécutrice des basses œuvres.

Le 13 juillet 1793, alors que le jour commence à baisser sur Paris, Marie-Anne-Charlotte de Corday d'Armont, 25 ans, tue Jean-Paul Marat d'un coup de poignard en plein cœur. La jeune femme, venue tout exprès de sa Normandie natale, a longuement prémédité son acte. Issue d'une famille modeste de la petite noblesse, éduquée au couvent de l'Abbaye-aux-Dames, à Caen, elle a lu Voltaire et Rousseau. Charlotte s'intéresse très tôt à la politique. Favorable aux idées révolutionnaires, elle se passionne dès 1789 pour les événements qui agitent la capitale. Mais elle s'insurge contre les massacres de Septembre, en 1792, durant lesquels 1 500 personnes sont exécutées sans jugement dans les prisons. Pour elle, c'est ce Marat le responsable. Les émeutes du 31 mai et du 2 juin, à Paris, qui dressent la Commune contre la Convention, jettent les députés girondins sur les routes de l'exode. Certains se réfugient à Caen. Charlotte les rencontre, écoute leurs récits et forge sa conviction. Plus que jamais, Marat est le symbole de l'illégalité de la prise de pouvoir des Jacobins, des massacres aveugles et de la Terreur. Elle doit agir.

Le 5 juillet 1793, elle fait ses adieux à une parente, disant qu'elle part en voyage, elle laisse également un billet au député Barbaroux : « Adieu, mon cher député, je pars pour Paris, je veux voir les tyrans en face... » Arrivée à Paris le 11 juillet, elle cherche à entrer en contact avec Marat. Mais ce dernier, malade, ne sort plus de chez lui.

Le 13 juillet 1793, elle achète un couteau sous les arcades du Palais-Royal et se rend ensuite au 20, rue des Cordeliers où habite Marat. Par deux fois elle est éconduite, mais parvient à faire passer un mot à Marat : « Je viens de Caen, votre amour pour la patrie doit vous faire désirer connaître les complots qu'on y médite. J'attends votre réponse. » Vers 19 heures, elle tente de nouveau sa chance. Alors que la maîtresse de Marat, Simone Evrard, lui barre l'entrée de l'appartement, Marat entend la conversation et accepte de recevoir la jeune femme. Il est dans une baignoire sabot, fiévreux, en train de corriger les épreuves du *Journal de la République française*. Après une quinzaine de minutes d'entretien, Charlotte Corday sort le couteau dissimulé dans son corsage et frappe une seule fois. Marat, touché en plein cœur, meurt en quelques instants.

Le procès de Charlotte Corday s'ouvre le 17 juillet à 8 heures. Elle est condamnée à mort et guillotinée le soir même.

Si cet acte est appris dans les écoles comme un symbole, il signe pourtant la condamnation des Girondins comme « contre-révolutionnaires » et une intensification de la Terreur. Surtout pour tuer un homme considéré comme mourant et dont la vie n'était qu'une question de jours, voire de semaines. Personne ne se réclamera du geste de l'héroïne inutile.

COUR(S) DES MIRACLES

CI-CONTRE
La Cour des miracles, illustration de *Notre-Dame de Paris* de Victor Hugo (1802-1885), par Célestin Nanteuil-Lebœuf (1813-1873).

On ne remerciera jamais assez Gina Lollobrigida et Hélène Ségara pour avoir, au-delà de la puissance du roman de Victor Hugo *Notre-Dame de Paris*, illustré la cour des Miracles. Partout dans les villes, ces premiers espaces de non-droit ont marqué le XVIIe et le XVIIIe siècle, avant que les grandes rénovations urbaines ne les fassent peu à peu disparaître. Loin d'une société désorganisée, la cour des Miracles disposait d'institutions et de structures, de chefs et de protecteurs. Si leur localisation et leur importance ont beaucoup évolué, elles n'ont pas totalement disparu. La cour des Miracles (en fait les cours, car elles étaient nombreuses) désigne sous l'Ancien Régime l'endroit d'une ville où se regroupent les mendiants, voleurs et prostituées. Le terme vient de la constatation que les faux estropiés, aveugles ou malades recouvraient, au retour dans leur quartier, à la nuit, la santé « comme par miracle ». Bien que sans doute plus ancien, le terme est attesté en 1617.

Si chaque ville connaît sa « cour des miracles », Paris, la capitale, en compte une douzaine, dont « la Grande Cour des Miracles », le Fief d'Alby, situé entre les actuelles rues du Caire et Réaumur. L'endroit est constitué de trois places, non pavées, insalubres, reliées par des ruelles, dans lequel les forces de l'ordre ne s'aventurent pas. On dit la cour des Miracles organisée comme une société à part, sous la coupe d'un « roi », nommé « le grand Coësre » ou « roi de Thunes », du nom d'un gueux ayant occupé la place trois ans. Il est assisté de cagoux (ou ducs), ses lieutenants, chargés de l'ordre (*sic*) et de l'intégration des nouveaux venus, tant du point de vue technique que du langage, l'argot, qui leur permet de communiquer en public discrètement. Puis vient dans la hiérarchie les voleurs de haut vol (souvent criminels) et les escrocs et souteneurs, mieux vêtus et expérimentés, qui mettent en coupe réglée les rues de la capitale. Tout en bas viennent les « délinquants et mendiants de rue », voleurs à l'étalage ou à la tire, malades contrefaits, joueurs de rue, prostituées. La journée, les lieux sont très calmes mais, à la tombée de la nuit, après que la communauté, à son retour, a « craché au bassinet » le pourcentage dû au « grand Coësre », les lieux résonnent de fêtes, de beuveries et de débauche.

Les tentatives pour réduire ces « cours des miracles » ont été nombreuses et peu suivies d'effets. En 1656, un édit royal, dit « du Grand Renfermement », enjoint aux mendiants de rejoindre les hôpitaux de Bicêtre, La Salpêtrière ou le refuge Sainte-Pélagie, les trois établissements formant l'« hôpital général des pauvres ». Faute de quoi, ils encourent dans un premier temps le fouet, puis, si récidive, les galères. La mesure n'a que peu d'effets.

Au printemps 1668, Nicolas de La Reynie, lieutenant de police, après trois tentatives repoussées par jets de pierres et de projectiles divers, prend les choses personnellement en main. Il se rend sur les remparts de Charles V accompagné d'un escadron de sergents à cheval, de troupes du guet et de sapeurs d'un régiment suisse. Il promet, à l'aide d'un porte-voix, d'ouvrir des brèches dans la défense, d'investir militairement les lieux et, sur les douze derniers prisonniers, d'en pendre six et d'envoyer l'autre moitié aux galères. Malgré le sauve-qui-peut général, la situation ne s'améliore qu'un temps. La Reynie fait pourtant disparaître une bonne partie des autres « cours des miracles parisiennes » en rasant les maisons.

Le 21 août 1784, un édit royal fait également raser de force les masures du Fief d'Alby pour en faire un « marché aux poissons », mais le quartier a si mauvaise réputation que, finalement, ce seront les forgerons qui s'y installeront. Néanmoins, il faudra attendre la rénovation haussmannienne pour purger définitivement le centre de Paris des quartiers populaires ouvriers, des populations les plus pauvres et de la délinquance.

Victor Hugo, dans *Notre-Dame de Paris* (1831), a été l'auteur le plus populaire à utiliser comme théâtre la « Grande Cour des Miracles », plaçant l'action dans le Paris du XVe siècle. Elle est également présente dans *Le Bossu* de Paul Féval (père) paru en 1858, et dont l'histoire se déroule principalement en 1699 et 1717.

CRIMINOLOGIE ET CRIMINOLOGUES

CI-CONTRE
Photographie du sociologue Émile Durkheim (1858-1917), collection de la Sociéte des Amis du Centre d'Études Sociologiques (SACES).

La définition de la criminologie – son statut de discipline autonome est encore, en France, contesté par certains – résulte d'un long processus cumulatif. Elle n'est pas la criminalistique, l'ensemble des méthodes mises en œuvre par la police et la justice afin d'apporter la preuve d'un crime (police scientifique, médecine légale, dactyloscopie, toxicologie, anthropométrie, police technique...). La criminologie, qui a pour objet de comprendre le phénomène appelé crime, s'est plutôt construite par addition de nouveaux champs.

Selon Emile Durkheim, le fondateur de la sociologie : « Nous constatons l'existence d'un certain nombre d'actes qui présentent tous ce caractère extérieur que, une fois accomplis, ils déterminent de la part de la société cette réaction particulière qu'on nomme la peine. Nous en faisons un groupe *sui generis*, auquel nous imposons une rubrique commune ; nous appelons crime tout acte puni et nous faisons du crime ainsi défini l'objet d'une science spéciale, la criminologie » (*Règles de la méthode sociologique*, 1895).

A partir des sections existantes au sein du Conseil national des universités (CNU), l'organe de gestion des carrières des enseignants du supérieur, les disciplines concernées seraient au nombre de 9 : 1) droit privé et sciences criminelles ; 2) droit public ; 3) histoire du droit et des institutions ; 4) science politique ; 5) sciences économiques ; 6) psychologie, psychologie clinique, psychologie sociale ; 7) philosophie ; 8) sociologie, démographie ; 9) histoire et civilisations des mondes modernes et contemporains.

Sans oublier les liens avec la psychiatrie ou la médecine...

D'où un conflit entre les partisans d'une criminologie encore à construire, et ceux qui en refusent l'institutionnalisation, traitant comme « mythe » la pluridisciplinarité dont elle se réclame : selon eux, ce ne pourrait être qu'une science appliquée.

La criminologie (terme dont on a débattu pour savoir s'il fallait l'attribuer à Garofalo ou Topinard) s'est d'abord construite au XIXe siècle, autour du débat suscité par l'Ecole positiviste italienne (pour ou contre le « criminel-né »).

Voici quelques-uns des principaux fondateurs de la criminologie :

Bentham, panoptique et utilitarisme

Jeremy Bentham (1748-1832) est surtout connu pour être le concepteur du *Panoptique* (titre de l'un de ses livres, publié en 1780), un dispositif architectural censé permettre au surveillant d'une prison d'observer les détenus de façon que ceux-ci se sachent constamment dans son champ de vision et sans qu'ils puissent le voir en retour. Mais Bentham élabore surtout une théorie du délit et de sa répression en accord avec sa philosophie : l'utilitarisme. Pour lui, nos actes sont déterminés par le calcul des joies et des peines.

Notre volonté de maximiser les premières et de réduire les secondes explique toute la vie sociale. Une éthique raisonnable devrait encourager ou prohiber les actions en fonction de leurs conséquences générales sur la satisfaction du plus grand nombre. Ainsi, Bentham est partisan de la décriminalisation de l'homosexualité qui ne provoque pas de dommage social. Le législateur doit, en revanche, interdire ce qui provoque le plus grand mal au plus grand nombre, sans réellement prendre en considération la responsabilité subjective du coupable.

Beccaria, des délits et des peines

Cesare Beccaria (1738-1794), docteur en droit à vingt ans (université de Pavie, 1758), se rattache à la philosophie des Lumières et est considéré comme le fondateur de l'Ecole classique. Son *Traité des délits et des peines* (1764) est connu par sa proposition d'abolir la peine de mort et le plaidoyer contre la torture. Mais Beccaria énonce aussi ses principes :

— « Pas de crime, pas de punition sans loi. »
— « La loi ne doit établir que des peines strictement et évidemment nécessaires, et nul ne peut être puni qu'en vertu d'une loi établie et promulguée antérieurement au délit et légalement appliquée. »
— « La punition doit être à la mesure du trouble provoqué par le crime. »
— « Nul homme ne peut être accusé, arrêté ni détenu que dans les cas déterminés par la loi et selon les formes qu'elle a prescrites. »
— « La loi n'a le droit de proscrire que les actions nuisibles à la société. »
— « Tout homme étant présumé innocent jusqu'à ce qu'il soit déclaré coupable, s'il est jugé indispensable de l'arrêter, toute rigueur qui ne sera pas nécessaire pour s'assurer de sa personne doit être sévèrement réprimée par la loi. »

Beccaria est un pionnier des politiques de prévention et considère, d'une façon qui n'est pas éloignée de Bentham, que « le but du châtiment ne peut être que d'empêcher le coupable de causer de nouveaux dommages et de dissuader les autres d'en commettre de semblables ». ...

... **Pinel et l'aliénation criminelle**

Philippe Pinel (1745-1826), père de la médecine mentale – la future psychiatrie –, clinicien ayant longtemps exercé à Bicêtre, est surtout connu pour avoir été le partisan d'une humanisation du traitement des aliénés mais aussi pour son projet de comprendre et de classer scientifiquement l'aliénation. Pinel travaille sur les causes, multiples selon lui, de ces manies qu'il croit guérissables. Il recommande surtout de traiter l'aliéné avec humanité en s'adressant chaque fois que possible à la part de raison et d'autonomie qui subsiste en lui. Outre le traitement moral, le cadre institutionnel (sans oublier l'agencement architectural, le décor, etc.) contribue à une guérison que l'on se doit de toujours espérer. Ce regard bienveillant sur le malade est une nouveauté pour l'époque, comme l'est ce souci de l'organisation de l'institution que l'on nommera plus tard psychiatrique. Hegel lui rend d'ailleurs hommage : « Il appartient surtout à Pinel d'avoir découvert ce reste de raison dans les aliénés, de l'y avoir découvert comme contenant le principe de leur guérison et d'avoir dirigé leur traitement d'après ce principe. »

Gall et la phrénologie

Oubliée aujourd'hui, la phrénologie ou craniologie est un *Art de reconnaître les instincts, les penchants, les talents et les dispositions morales et intellectuelles des hommes et des animaux par la configuration de leur cerveau et de leur tête*, titre du livre du fondateur de la discipline, Franz Joseph Gall (1758-1828). La voie lui avait été ouverte par la physiognomonie de Lavater (1741-1801) qui tentait d'établir un rapport entre traits du visage et caractère. Gall en vint à imaginer (en observant la morphologie de certains de ses étudiants dotés d'une mémoire remarquable) que le développement de zones du cerveau devait se traduire par des protubérances crâniennes. Ce serait aussi le cas pour le crime. « L'instinct meurtrier ou carnassier est une force primitive innée, par conséquent une qualité fondamentale résultant d'une partie cérébrale particulière, placée immédiatement au-dessus des oreilles, chez la plupart des carnassiers ou omnivores. »

Quételet et la statistique morale

Lambert-Adolphe-Jacques Quételet, Belge né en 1796 et mort en 1874, s'attaque au problème des régularités annuelles statistiquement constatées, dans lesquelles peut être située celle du taux de criminalité, de suicides, ou de nuptialité... qu'il considère comme « caractéristiques morales » : leur régularité doit avoir des causes « de l'ordre des faits physiques » dans l'ordre du social.

CI-CONTRE
Gravure représentant Franz Josef Gall (1758-1828), d'après l'œuvre de C. Carloni, 1826.

Il note ainsi que « la société cause le crime, les coupables ne sont que les instruments par lesquels il est exécuté ». Puisque le crime est mathématiquement produit par un certain état de la société, il y a bon espoir de le modifier en changeant les institutions. Quételet préconise une approche « techno-préventive » (rendre le crime techniquement plus difficile) et apparaît comme un précurseur de la prévention situationnelle.

Guerry et la cartographie criminelle

André-Michel Guerry (1802-1886), avocat et statisticien, fonde avec le Belge Quételet la « statistique morale » et cherche à établir une géographie de la criminalité. En 1835, il publie son œuvre principale : *Essai sur la statistique morale de la France*. Il y remarque, par exemple, que les régions riches sont victimes de plus de crimes contre la propriété que d'autres, plus pauvres, mais à plus fort taux de criminalité générale.

Lombroso et l'homme criminel

Cesare Lombroso (1835-1909) fut le criminologue le plus célèbre de son siècle. Avec ses disciples, Ferri et Garofalo, il constitue une Ecole italienne de la criminologie que l'on nomme aussi positiviste, influencé à la fois par le positivisme de Comte et par les idées darwiniennes. Dans son livre le plus célèbre, *L'Homme criminel* (*L'Uomo delinquente*, 1876), il soutient que celui-ci pourrait se reconnaître à des caractéristiques physiques. Cela confirmerait qu'il est bien davantage déterminé par son hérédité et n'a guère été libre de devenir autre chose que délinquant. Lombroso cherche des corrélations entre des traits observables, si possible morphologiques, et une prédisposition à accomplir des actes criminels. Interprétant Darwin à sa façon, il en déduit que le « criminel-né » est surtout proche du primitif ou de l'animal et donc, *in fine*, moins évolué que l'homme dit « normal ».

Ferri et la sociologie criminelle

Enrico Ferri (1856-1929), disciple de Lombroso, d'abord avocat, puis menant ...

… parallèlement une carrière de chercheur et professeur (à l'université de Rome et à celle de Bruxelles) et une carrière politique, est l'auteur de *La Sociologie criminelle* (1884). Il se concentre bien davantage que son maître sur les facteurs sociologiques et économiques de la criminalité, complétant en quelque sorte le positivisme biologique du premier par un positivisme psychologique et social qui exclut quasiment la question du libre arbitre.

Garofalo et l'invention de la criminologie

Raffaele Garofalo (1851-1934), magistrat et criminaliste italien, est l'auteur, en 1885, du *Manifeste du positivisme pénal* (introduction à la défense sociale) et de *La Criminologie :* étude sur la nature du crime et la théorie de la pénalité. Il se dit lui-même proche de Lombroso et de Ferri « par la communauté de bien des idées ». Face au premier qui étudie « l'homme criminel » en tant que type humain, et à rebours des juristes qui rabattent la notion de crime sur celle d'incrimination (est crime ce que la loi nomme tel), Garofalo préconise une approche sociologique et positiviste à la fois. Le titre, *La Criminologie*, de l'un de ses ouvrages cités, fixe la dénomination de ce qui auparavant était considéré comme « anthropologie criminelle ».

Topinard et l'homme criminel-non né

Le docteur Paul Topinard (1830-1911), médecin et anthropologue, proche de Broca, est un des premiers à utiliser le terme de criminologie, mais en attribue la paternité à Garofalo. Sur la question de l'inné ou de l'hérédité, Topinard soutient que, « dans tout problème d'hérédité, il y a deux forces contraires, l'une de conservation des caractères les mieux fixés, l'autre de transformation des caractères nouveaux. Pour que celle-ci soit efficace, il faut un concours répété de circonstances favorables ».

Durkheim et la sociologie du crime

Emile Durkheim (1858-1917), fondateur de la sociologie moderne, s'intéresse à la « normalité » du crime (« Le crime est normal, parce qu'une société qui en serait exempte serait tout à fait impossible ; telle est le première évidence que fait surgir la réflexion sociologique »).

En expliquant le fait social (le crime) par des causes sociales, Durkheim contredit le naturalisme de Lombroso et de ses élèves : le crime peut traduire un état d'anomie lorsque les normes dominantes suscitent de la déviance. L'existence du crime entraîne sa répression publique, occasion de réaffirmer ses normes et l'adhésion qu'elles suscitent : pas de pacte social sans crime. Ce dernier, à travers le châtiment et rappel de la loi, est un facteur de rassemblement et de conformité. Toute société taxe de crime des déviances qui reflètent sa nature. Elles varient considérablement : en fait, ce qui paraît « normal » ou fonctionnel à Durkheim, c'est qu'il existe, toujours et partout, un certain taux de crime, mais aussi que sa nature évolue.

Tarde et la criminalité comparée

Gabriel Tarde (1843-1904), magistrat et sociologue, souvent considéré comme le rival malheureux de Durkheim, analyste des lois de l'imitation, est un vigoureux critique de l'Ecole italienne. Tarde traite le criminel en « homme normal », nullement en « primitif » ayant subsisté jusqu'à son époque. Au type criminel de Lombroso, il oppose le « type professionnel » du criminel qui, après tout, exerce un métier, « une manière de vivre au détriment des autres », peut-être attractif par ses gains et avantages, mais qui réclame aussi une intégration. Tarde précède également la théorie de l'occasion criminelle en liant, par exemple, l'augmentation des vols à la production croissante de biens susceptibles d'être dérobés.

CI-CONTRE
Portrait de Raffaele Garofalo (1851-1934).

Lacassagne et l'anthropologie criminelle

Alexandre Lacassagne (1843-1924), médecin toxicologue, titulaire de la chaire de médecine légale de Lyon, est un des fondateurs de l'anthropologie criminelle. On cite également souvent son adage : « La société a les criminels qu'elle mérite puisque les criminels tiennent leurs dispositions de la société dans laquelle ils ont été élevés. » En fait, il souhaite surtout équilibrer l'influence respective des naturalistes et des sociologues ; il développe même une typologie sociale distinguant les individus chez qui prédomine la zone frontale, occipitale ou pariétale du cerveau, et qui sont, selon chaque cas, criminels « de pensée », « d'acte » et enfin « de sentiment ou d'instinct ».

De Greeff et le passage à l'acte

Etienne De Greeff (1898-1961), Belge, devient médecin en 1924 et professeur de criminologie à Louvain en 1930. Il est connu pour ses études sur le passage à l'acte comme interaction entre un individu cherchant à s'adapter et une situation de vie qu'il subit. Le criminel est passé à l'acte parce que sa vision du monde et ses valeurs ont changé et qu'il y voit une réponse adaptée : en ce sens, il n'est pas fondamentalement différent de l'homme dit « normal ». De Greeff ne nie pas la différence : le secret du criminel réside dans sa manière profonde d'éprouver le monde, plutôt que dans l'addition des facteurs criminogènes. Il considère l'acteur délinquant comme « coincé » entre la pression sociale et celle de l'instinct, avec ses deux grandes composantes : instinct de défense et instinct de sympathie, qui déterminent deux dispositions différentes.

Sutherland et le comportement criminel

Edwin Sutherland (1883-1950), membre de l'Ecole de Chicago, élu président de l'American Sociological Association en 1939, est surtout connu pour sa théorie du comportement criminel par apprentissage qu'il publie dans son ouvrage, *Criminology*, en 1924. Ce texte sera réédité plusieurs fois dans les années 30 sous le titre *Principes de criminologie*. Parti (dans la première édition) de la simple idée que le conflit des cultures (surtout chez les migrants) pourrait être un facteur explicatif parmi ...

CI-CONTRE
Article de presse annonçant le décès de l'intellectuel Michel Foucault (1926-1984).

… d'autres, Sutherland développe progressivement une théorie souvent dite de « l'association différentielle » dans la perspective de l'interactionnisme. L'idée est que « le comportement criminel est appris dans l'interaction avec d'autres personnes par un processus de communication. Une part essentielle de cet apprentissage se déroule à l'intérieur d'un groupe restreint de relations personnelles ». Le criminel acquiert aussi une véritable identité criminelle incluant le choix des buts, l'adoption d'attitudes et la rationalisation de son acte (autojustification). Pour Sutherland, ce sont les « définitions » (capacités, motivations, rationalisations, etc.) favorables à la délinquance qui l'emportent sur celles en faveur de la loi.

Egalement inventeur de l'expression « criminalité en col blanc », Sutherland a mené une étude critique en comparant cette forme de délinquance rarement punie – et socialement très bien acceptée dans certains milieux – avec celle de la délinquance ordinaire de rue.

Pinatel et la personnalité criminelle

Jean Pinatel (1913-1999), inspecteur général de l'Administration pénitentiaire, est passé de la science pénitentiaire à la criminologie, qu'il enseigna à l'Institut de criminologie de Paris. En 1950, il organise le Congrès international de criminologie et devient l'un des premiers historiens de la discipline. Pinatel travaille surtout sur l'hypothèse d'une « personnalité criminelle » définie sur le plan psychologique par quatre caractères qu'il nomme : « l'égocentrisme, la labilité, l'indifférence affective et l'agressivité » et d'où résulte un « état dangereux » pour la société. Pinatel propose de distinguer trois niveaux différents appelant chacun une explication spécifique entre la criminalité, le criminel et le crime. Pour lui, « la criminalité est constituée par l'ensemble des infractions qui se produisent dans un temps et dans un lieu donné » et « le criminel, ou si l'on préfère l'auteur de l'acte délictueux, doit être étudié individuellement ».

Foucault, surveiller et punir

Michel Foucault (1926-1984) occupe une place difficilement contestable dans la pensée contemporaine où il est constamment invoqué en philosophie, sociologie, histoire, mais aussi dans les disciplines juridiques, voire en psychiatrie.

Dans son ouvrage *Surveiller et punir*, sous-titré *Naissance de la prison* (Gallimard, 1975), il présente l'institution pénale comme une des techniques modernes instaurant un « biopouvoir » et une société de discipline. Il part de « l'éclat des supplices » sous l'Ancien Régime, dont le caractère public et effrayant était destiné à affirmer la puissance de l'autorité et valait pédagogie des fautes et du châtiment. Dans la société de type « disciplinaire » qui succède à l'utilisation spectaculaire du corps torturé, la peine est censée corriger : les institutions disciplinaires s'inscrivent dans un projet général de quadrillage de la société et d'intériorisation des normes. Elles prétendent à un effet thérapeutique par le développement de la détention.

Pour Foucault, le système pénal engendre la délinquance dont le pouvoir a besoin, à la fois comme justification de sa propre existence et comme domaine d'exercice de sa capacité coercitive. La délinquance devient une catégorie épistémologique (avec son étiologie, ses catégories, ses remèdes), donc l'objet d'un savoir source de pouvoir, et un lieu d'exercice de la gestion des masses. La fonction de la prison serait surtout de crédibiliser la notion de délinquance, de la classer en sous-catégorie et de la graduer comme elle adapte les peines.

La thèse de Foucault relève du constructivisme sociologique : la « réalité socialement construite », c'est-à-dire créée et institutionnalisée, englobe la plupart des pratiques sociales. Les institutions créent des réalités comme la « science » ou le « crime ». Cette théorie n'implique pas que la définition du crime suppose sa désignation comme tel par la loi (ce qui est une évidence), mais que le pouvoir produise littéralement les conduites que l'on nomme « crimes » pour se perpétuer.

Wilson et les vitres brisées

James Q. Wilson, Américain né en 1931, spécialiste des sciences politiques, a publié *Crime and Human Nature* (1985) en collaboration avec Richard Herrnstein. Ils s'inscrivent dans le courant « développementaliste » soutenant à la fois le rôle de facteurs génétiques (d'intelligence ou morphologiques) dans le crime (en concurrence avec des facteurs sociaux) et l'importance de la perception des conséquences de son crime par celui qui s'engage dans cette voie. Un trait caractériel latent (impulsivité, faible autocontrôle) pourrait prédisposer au crime

La mort de Michel Foucault

La disparition d'un « archéologue » des comportements et des systèmes humains

« Archéologue » des comportements et des sytèmes humains, le philosophe Michel Foucault est décédé lundi à Paris.

Agé de 57 ans, il avait été admis jeudi dernier à la clinique des maladies du système nerveux de la Pitié-Salpétrière.

Michel Foucault était l'archetype de l'intellectuel français, passionné par l'explication des comportements et des systèmes humains qu'il s'agisse de la folie, de la médecine, de la prison ou, plus récemment, de la sexualité.

Chef de file du mouvement structuraliste aux côtés de Claude Levi-Strauss et Jacques Lacan, il s'était donné pour tache de lire autrement l'histoire de l'homme, en agissant en « archéologue du savoir ». Sa démarche se situait au carrefour de la philosophie, de l'histoire et des sciences.

Ainsi, dans son dernier ouvrage, « Histoire de la sexualité », dont les tomes II - « L'usage des plaisirs » - et III - « Le souci de soi » -, publiés par Gallimard, viennent de sortir en librairie, Foucault montre que l'idée de sexualité en tant que telle est très récente et qu'avant le début du XIXe siècle la sexualité se confondait avec la morale.

Ainsi encore, dans son « Histoire de la folie à l'âge classique » (1961), devenu l'un des livres de référence des étudiants en sciences humaines avec les « mots et les choses » (1966), Foucault explique comment le « fou » a peu a peu été récupéré par la médecine qui est allée jusqu'à inventer une nouvelle discipline, la psychiatrie, pour le définir en tant qu'objet d'étude.

Il a suivi la même démarche dans son livre « Surveiller et punir » (1975) pour expliquer l'apparition de la prison et du besoin d'emprisonner.

Né à Poitier, le 15 octobre 1926, Michel Foucault s'était d'abord intéressé à la psychologie et à la psychanalyse avant de se tourner vers la philosophie et de l'enseigner à l'université de Clermont-Ferrand de 1960 à 1968. Nommé professeur au Collège de France, il occupait la chaine d'histoire des systèmes de pensées.

L'œuvre de Michel Foulcaut a essentiellement permis d'éclairer l'histoire de domaines jusqu'ici délaissés par les chercheurs, notamment la folie, la prison, l'hôpital. Ces univers ne passionnaient d'ailleurs pas le philosophe que du seul point de vue théorique puisq'après les événements de mai 1968, Michel Foucault créa le « groupe information prison », qui voulait agir en faveur des détenus, en leur permettant de notamment s'exprimer sur l'univers carcéral.

Toutefois, bien qu'appartenant à ce cercle d'intellectuels français qui prirent une part active au militantisme d'après 1968, Foucault ne s'engagea jamais aussi loin que Jean-Paul Sartre par exemple. Professeur à l'université de Vincennes pendant les années les plus chaudes de cet établissement, Michel Foucault ne s'écarta jamais des préoccupations philosophiques et historiques qui étaient les siennes.

LA BOURSE ET LES MARCHES Envolées du dollar (8,61 F.)... et des « fran

lorsque les contrôles sociaux s'affaiblissent et que l'occasion se présente.

Wilson est aussi connu pour avoir écrit avec George L. Kelling dans l'*Atlantic Monthly* de mars 1982 un article, « Broken Windows : The Police and Neighbourhood Safety ». Partant d'une expérience de patrouille à pied de la police du New Jersey dans les années 1970, patrouille qui n'avait pas réduit le taux réel de crimes mais eut un effet psychologique positif sur les habitants en réduisant leur sentiment d'insécurité, les chercheurs constataient qu'« une vitre brisée non réparée est un signal que personne ne s'en soucie vraiment et que casser d'autres fenêtres ne coûte rien ». L'idée de la « vitre brisée » que nous venons d'évoquer fut développée par Kelling avec Catherine Coles dans *Fixing Broken Windows : Restoring Order and Reducing Crime in Our Communities*, publié en 1996. La théorie est la suivante : si, dans un bâtiment, on ne répare pas une vitre brisée, la tentation va être beaucoup plus forte de casser d'autres carreaux, de pratiquer le vandalisme, de squatter... Au contraire, résoudre ce problème mineur à ses débuts, sanctionner les petites incivilités ou les petits désordres, assurer un bon entretien de l'environnement urbain, rassure les honnêtes gens et décourage l'escalade de la désobéissance et de la délinquance. Cette théorie du cercle vicieux contre le cercle vertueux, ou des grands crimes naissant des petits désordres, est souvent associée à la notion dite de « tolérance zéro ».

Newman et l'espace défendable

Oscar Newman (1935-2004), architecte et urbaniste américain, est l'auteur de *Defensible Space* publié en 1972, qui popularisa le concept-titre d'espace « défendable ». Il est devenu si populaire qu'il a suscité un acronyme aux USA : Crime Prevention Through Environmental Design (CPTED), la prévention du crime par le plan environnemental, devenue une sous-branche de la criminologie. Elle vise à réduire délinquance et sentiment d'insécurité par l'organisation adaptée de l'environnement urbain. Il faut, pour l'auteur, « restructurer l'environnement physique d'une communauté de telle façon que les résidents contrôlent les zones qui entourent leur maison. Cela comprend les rues et les espaces autour de leurs maisons aussi bien que les couloirs et parties communes ». Newman est un des inspirateurs de la lutte contre le crime par la « prévention situationnelle » avec Jane Jacobs.

CRIPS AND BLOODS

CI-CONTRE
Graffitis dénonçant la guerre des gangs, Los Angeles, Californie.

Lors de mon premier voyage à Los Angeles, ignorant des spécificités de cette agglomération aux contours de pièce de puzzle de 100 kilomètres de long, je demandai à résider dans un très bel hôtel du « centre-ville ». Aussitôt arrivé, je décidai de me lancer dans une petite visite à pied du secteur. A peine sorti, je vis un véhicule de police foncer sur moi, monter sur le trottoir, et un officier me demander assez brutalement si je ne suis pas mentalement dérangé, avant de m'embarquer dans le véhicule pour un retour *manu militari* dans mon hôtel. Je venais de tester inconsciemment une des frontières des territoires Crips and Bloods de l'époque. Nous étions à la fin des années 80.

D'après Robert Walker, les Crips (dont le nom viendrait de *cripple* – boiteux, en référence à un des premiers membres blessé à la jambe par une bande adverse) ont été créés à Los Angeles au tout début des années 70, après les « émeutes de Watts », notamment par Raymond Lee Washington et Stanley « Tookie » Williams, et regroupent plutôt des Afro-Américains (35 000 membres environ, dont un tiers à Los Angeles). Les Crips avaient d'ailleurs comme emblème une canne, élément d'un accoutrement que chacun portait afin de ressembler aux Black Panthers, auxquelles Raymond Lee voulait s'identifier. La police, la presse, puis les gangs ont repris le terme. Une autre explication du terme Crips viendrait de la première bande créée par Washington et William, « The Baby Avenue » ou « Avenue Cribs », illustrant la volonté du premier de créer une nouvelle organisation pour prendre la relève des Black Panthers. Cribs aurait évolué en « Crips » avec le temps.

Les Bloods, Afro-Américains aussi, ont vu le jour en réaction aux Crips. Les gangs sont agglomérés de manière assez souple, quartier par quartier, chacun, comme au Palio de Sienne, disposant de sa couleur de référence (bleue pour les Crips et rouge pour les Bloods). Les fondateurs avaient 14 ou 15 ans et se sont rencontrés dans leurs lycées respectifs (Fremont, Locke ou Washington) de South Central. Leur expansion rencontra de fortes oppositions, notamment celle du moins connu Piru Gang, issu de la classe moyenne ou des Bishops. Les opposants choisirent alors une dénomination commune : Bloods (20 000 membres estimés dans 33 Etats). Le terme « Bloods » viendrait de l'affiliation, ou de l'inspiration, de « l'United Blood Nation », un gang de prison originaire de Rikers Island à New York dont le but premier était de protéger les membres incarcérés se reconnaissant dans cette communauté afro-américaine de prisonniers.

Les Crips et les Bloods sont des « groupes parapluies » qui regroupent non des affidés mais des gangs ; chacun des gangs se reconnaît dans les « valeurs » Crip ou Blood pour des raisons confuses, souvent historiques, mais hors des alliances ponctuelles ou de circonstance, ils se combattent autant entre Crips – ou Bloods – qu'entre Crips and Bloods...

A partir des années 80, les deux gangs ont commencé à se répandre au-delà de la Californie pour développer le trafic de crack et de cocaïne. Ils seraient présents dans au moins 32 Etats et une centaine de grandes villes américaines selon les derniers rapports officiels. Les Bloods semblent mieux implantés sur la côte Est des Etats-Unis grâce à leur connexion avec un gang Blood (autoproclamé) implanté dans la prison de Rikers Island à New York (une des plus grandes du monde). Mais ce réseau est bien moins structuré que pour les gangs du 18th Street ou le MS-13. Les noms et les couleurs ont été repris, jusque dans l'Est, mais rien n'indique des liens organiques. Il n'y a pas de chaîne de commandement. Ainsi, leur « présence dans x Etats... » ne peut pas être interprétée comme celle des gangs latinos qui contrôlent leurs filiales.

Les Crips et les Bloods ont obtenu la reconnaissance du cinéma et de la télévision, souvent mis en scène dans de nombreux films, dont un leur a été entièrement consacré : *Crips and Bloods, Made in America* en 2008, de Stacy Peralta, ou *Why we Bang*, un documentaire produit *in vivo* en 2006 de Orlando Myrics, Cecil Holmes et Clifford Jordan.

Phone
292-8676
LEARN!
BE SOME LIGHT TO A TROUBLED WORLD. GANG ACTIVITY CAUSES DARKNESS IN DEATH
BLOODS & CRIPS UNITE IN PEACE.
DO IT FOR THE CHILDREN
SALVATION

de DAHLIA NOIR (LE)

DE

à EUROPOL

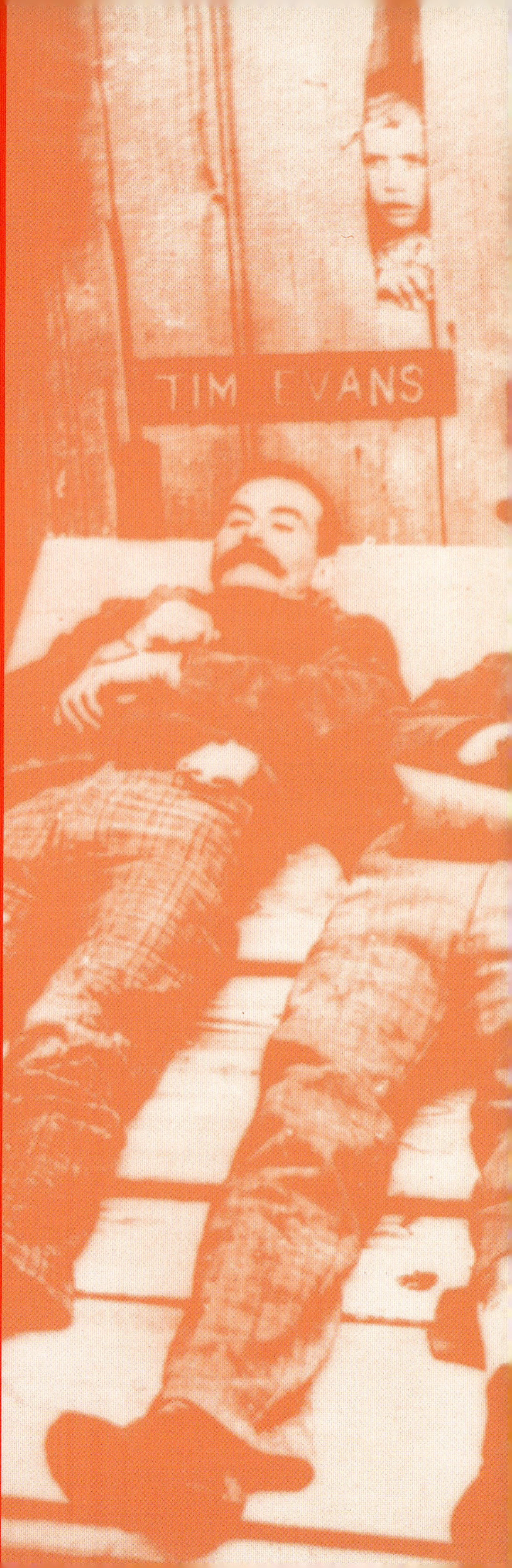

CI-CONTRE
La bande de Dalton meurt dans l'attaque d'une banque à Coffeyville, Kansas, le 5 octobre 1892. Seul Emmett Dalton survit et rejoint le pénitencier de Lansing (Kansas).

OB DALTON
GROT DALTON
DICK BROADWE

DAHLIA NOIR (LE)

CI-CONTRE
Affiche du film *Le Dahlia noir* (*The black Dalia*) du réalisateur Brian de Palma avec les acteurs Scarlett Johansson, Josh Hartnett, Aaron Eckhart, Hilary Swank, 2006.

Parmi les 40 000 variétés recensées de dahlias, quelques-unes comme le tamburo fleurissent en noir. Mais le vrai dahlia noir ne pousse qu'en Californie. Ce nom désigne en effet une affaire criminelle célèbre, le meurtre non élucidé d'Elizabeth Ann Short en janvier 1947. Le corps de la jeune femme âgée de 22 ans fut retrouvé, mutilé et coupé en deux au niveau de la taille, dans un terrain vague de Los Angeles. Ce crime connut un retentissement national aux Etats-Unis, mobilisant la police sur l'une des plus longues enquêtes de son histoire. Ce fait divers est par la suite devenu une énigme policière internationale grâce aux œuvres de fiction qu'il inspira, notamment le célèbre roman éponyme de James Ellroy en 1987.

Le 15 janvier 1947, vers 10 h 30 du matin, une promeneuse découvre le corps nu et mutilé d'une femme, gisant sur un terrain vague dans le sud de Los Angeles. La victime a été soigneusement éviscérée et coupée en deux de façon chirurgicale. Les cheveux encore mouillés et l'absence de sang en quantité sur les lieux prouvent que le meurtre a été commis ailleurs et que le corps a été soigneusement lavé à grande eau avant d'être abandonné. Selon le médecin légiste, Elizabeth Short a été torturée pendant plusieurs jours. Ses poignets et chevilles portent des marques laissées par des liens. Elle a été violée, sodomisée *post mortem* et découpée par une main experte. Son visage porte de multiples lacérations, dont deux partent de chaque coin de la bouche, lui élargissant son sourire dans un rictus macabre.

Les deux grands journaux de la ville, le *Los Angeles Herald Express* et le *Los Angeles Examiner* s'emparent de l'affaire, popularisant le surnom qui fera la gloire posthume de la victime : le Dahlia noir. L'origine exacte de cette appellation reste incertaine et ferait référence, selon les sources, aux vêtements et à la chevelure noirs de la victime, ou au film *Le Dalhia bleu*, sorti en 1946 aux Etats-Unis, l'histoire d'un homme accusé du meurtre de sa femme. A noter que le dahlia bleu n'existe pas dans la nature.

La victime, Elizabeth Ann Short, rêvait de devenir starlette. Originaire de Boston et élevée par sa mère avec ses quatre sœurs, elle part vivre avec son père à Vallejo, en Californie, à l'âge de 19 ans. Mais la cohabitation est difficile et elle déménage pour Los Angeles. Elle travaille sur une base de l'armée américaine, sort beaucoup. Le 23 septembre 1943, elle est arrêtée pour consommation illégale d'alcool – elle a moins de 21 ans, l'âge légal pour ce genre de boisson. La police fait à cette occasion des clichés anthropométriques montrant une belle jeune fille au sourire charmeur et aux longs cheveux noirs. Elle gagne sa vie comme serveuse et tente de se faire connaître dans le cinéma. Elle est vue vivante pour la dernière fois le 9 janvier 1947.

Plusieurs théories ont été échafaudées à propos de l'auteur possible de ce meurtre. Son petit ami de l'époque, Jack Anderson Wilson, fut soupçonné. Puis l'aspect chirurgical des mutilations laissa penser à un possible médecin. Vingt-deux suspects, des étudiants en médecine, des psychotiques et même deux serial killers sont soupçonnés avant d'être mis hors de cause.

Quarante ans après ce crime, en 1987, le romancier James Ellroy, dont la mère fut assassinée lorsqu'il était enfant, publie *Le Dahlia noir*, fiction inspirée par cette affaire. En 2003, Steve Hodel, un ancien policier du LAPD devenu détective privé, signe *L'Affaire du Dalhia noir*, livre dans lequel il explique que l'auteur du meurtre d'Elizabeth Short est son propre père, le chirurgien George Hill Hodel. L'ex-enquêteur s'appuie sur un carnet retrouvé dans les affaires de son père après sa mort, en 1999, pour en faire un tueur en série, auteur de huit meurtres de femmes seules dans les alentours de Los Angeles entre juillet 1943 et octobre 1949. Parmi lesquelles, peut-être, la propre mère d'Ellroy. L'écrivain a d'ailleurs préfacé l'ouvrage de Steve Hodel en ces termes : « J'étais celui qui pose les questions. Il fut celui qui répondit. J'étais le sceptique. Il fut celui qui prouva. »

the Black Dahlia

DALTON (FRÈRES)

CI-CONTRE

La bande de Dalton meurt dans l'attaque d'une banque à Coffeyville, Kansas, le 5 octobre 1892. Seul Emmett Dalton survit et rejoint le pénitencier de Lansing (Kansas).

Les frères Dalton sont connus en France comme les quatre personnages de la bande dessinée *Lucky Luke* de Morris, toujours vêtus de leur tenue de bagnard à rayures jaunes et noires. Beaucoup plus bêtes que méchants, les quatre frères, Joe, William, Jack et Averell, rangés par ordre de taille, finissent chacune de leurs aventures le boulet au pied, dans un pénitencier. Mais, en fait, ces quatre idiots sympathiques ne sont que les cousins des « vrais » frères Dalton de la BD, apparus dans le tome VI des aventures de *Lucky Luke*, *Hors la loi*, avant d'être tués dans les dernières pages lors d'une attaque de banque. Face aux réactions des lecteurs, qui avaient apprécié ces personnages, le scénariste Goscinny, faute de pouvoir les ressusciter, a inventé les cousins chargés de les remplacer.

Mais les Dalton ne sont pas une invention de Morris. Le père de *Lucky Luke* s'est inspiré d'une vraie fratrie criminelle. Robert, dit « Bob », Grat, William, « dit Bill », et Emmett Dalton ont écumé l'Ouest américain entre 1890 et 1892, attaquant principalement des banques et des trains. Leur histoire commence comme celle de braves gens. La famille est installée dans le nord-est de l'Oklahoma, en territoire indien, puis après 1856 à Coffeyville, dans le Kansas. Les parents Dalton, Lewis et Adeline, ont quinze enfants, dix garçons et cinq filles. Les plus âgés aident aux travaux de la ferme. Deux des garçons, Frank et Robert, sont même « Deputy US Marshal » à Fort Smith (Arkansas). Frank tient ses frères dans le droit chemin, jusqu'au jour où il est tué dans un échange de coups de feu avec un voleur de chevaux, en novembre 1887.

Les frères Dalton versent alors dans la délinquance. Bob s'associe avec Emmett et trois bandits. Ils commencent par dévaliser une maison de jeu à Silver City (Nouveau Mexique). Par la suite ils sont rejoints par Grat et trois autres complices. Une partie de la bande est accusée du pillage d'un train en Californie. Grat est arrêté et condamné à vingt ans de pénitencier. Lors de son transfert en train, il réussit à sauter par la fenêtre dans la San Joaquin River. Il retrouve ses frères et ils retournent en Oklahoma.

Entre mai 1891 et juillet 1892, ils pillent quatre trains en territoire indien et volent des chevaux. Le 15 juillet 1892, à Adair (Oklahoma), le gang échange 200 coups de feu avec les 11 gardes d'un train lors de l'arrêt en gare. Trois gardes sont blessés et un médecin est tué par une balle perdue.

Les Dalton décident alors d'attaquer simultanément deux banques en même temps à Coffeyville le 5 octobre 1892. Trahis par leur informateur, ils sont accueillis à la sortie des banques par une grêle de balles. Dans la fusillade, le marshal est tué, de même que Grat et Bob Dalton et deux de leurs complices. Emmett Dalton survit malgré 23 blessures par balles. Condamné à une peine perpétuelle au pénitencier de Lansing (Kansas), Emmett est libéré au bout de quatorze ans. Il s'installe en Californie et devient auteur de livres de mémoires et acteur. Il meurt à 66 ans en 1937. William « Bill » Dalton a fait partie un moment de la bande parallèle dirigée par Bill Doolin. Bill Dalton est tué le 8 juin 1894.

Inédit en France, le film *When the Daltons Rode* (1940), de George Marshall, retrace de façon très libre l'itinéraire des quatre frères. *Les Dalton*, sorti en 2004, réalisé par Philippe Haïm, est directement inspiré de l'œuvre de Morris.

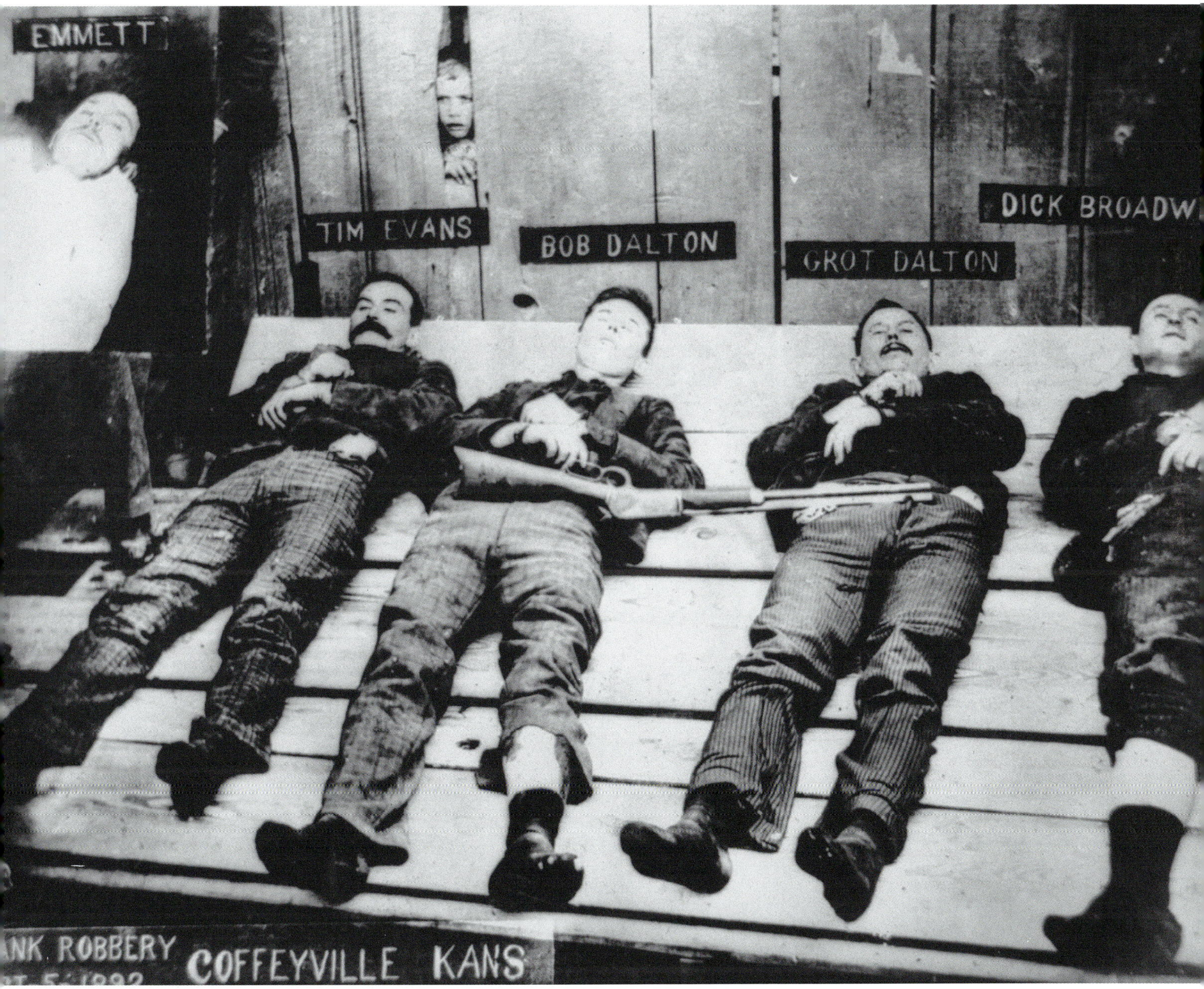
EMMETT
TIM EVANS
BOB DALTON
GROT DALTON
DICK BROADW
NK ROBBERY
COFFEYVILLE KANS

DESHAYES, CATHERINE, DITE « LA VOISIN »

CI-CONTRE
Portrait de Catherine Deshayes (1640-1680) surnommée La Voisin dans « l'affaire des poisons », gravure anonyme.

Catherine Deshayes, dite « la Voisin », est l'icône représentant les empoisonneuses, faisant jeu égal avec « la Brinvilliers » dont elle fut la complice par assistance technique dans la confection des potions mortelles.

Née vers 1640, Catherine Deshayes épouse très jeune le sieur Antoine Montvoisin, bijoutier dont elle a une fille. Devenue veuve très rapidement, elle gagne sa vie en lisant les lignes de la main, en pratiquant des avortements et en vendant toutes sortes de poudres et élixirs. L'engouement des nobles de l'époque pour tout ce qui touche à l'occultisme sert son petit commerce, auquel elle ajoute bientôt les messes noires. Mais le lieutenant général de police de Louis XIV, Nicolas de La Reynie, en charge de « l'affaire des poisons » (*voir* : Brinvilliers), poursuit son enquête sur la série d'empoisonnements qui secouent la cour du Roi-Soleil depuis 1672. En 1679, il fait arrêter Marie Bosse, accusée d'avoir vendu des poisons à des épouses souhaitant faire disparaître leurs maris. Laquelle dénonce aussitôt la Voisin comme son fournisseur. Elle est interpellée à son tour, la veille du jour où elle devait remettre au roi un placet en faveur d'un militaire nommé Blessis, son amant. La Voisin est brûlée vive le 22 février 1680.

Après l'exécution de sa mère, Marie Marguerite Montvoisin fait des révélations. Selon elle, le placet qui devait être remis au roi devait être l'occasion de l'empoisonner, à la demande d'un gentilhomme anglais moyennant la somme de 100 000 livres. Elle met également en cause Mme de Montespan, maîtresse officielle du roi, dont elle eut huit enfants, dont cinq légitimés en Parlement. Les noms illustres mis en cause dans ce dossier sont nombreux, notamment la maîtresse officielle du roi, pour ne prendre que les plus en vue. Malgré le secret de l'instruction, la « Chambre de l'Arsenal » fait parler dans toutes les cours d'Europe.

La jeune Mlle de Fontanges, nouvelle favorite du roi, tombe malade et quitte la Cour au mois de juillet 1680 pour l'abbaye de Chelles puis celle de Port-Royal. Elle décède le 28 juin 1681, officiellement, de malheureuses couches. Mais le soupçon d'un empoisonnement plane au-dessus de cette disparition. D'ailleurs, une lettre du roi ordonne au duc de Noailles, resté près d'elle par ordre, « Sur ce que l'on désire de faire ouvrir le corps, si on le peut éviter, je crois que c'est le meilleur parti ».

L'enquête de La Reynie est d'autant difficile qu'elle touche directement au cœur du pouvoir et aux intrigues compliquées de la Cour. Beaucoup de noms illustres apparaissent au détour de l'enquête, parmi lesquels Mme de La Mothe, le maréchal de Luxembourg, Mme le Féron, Racine lui-même, les nièces de Mazarin, la duchesse de Bouillon, les comtesses de Soissons, de Polignac et de Gramont, la maréchale de La Ferté, la duchesse de Vivonne... Dans ses comptes rendus au roi, La Reynie doit user de toute son adresse épistolaire pour aviser des avancées des interrogatoires sans nommer quiconque ne serait pas formellement prouvé coupable. De plus, Mme de Montespan est en quelque sorte intouchable par son statut. Il fallait donc en finir. Le 21 juillet 1682, sur instruction royale, la Chambre de l'Arsenal cesse ses travaux. Elle a mené 210 séances. Il y eut 246 accusés au total pour 36 condamnations à mort. Plusieurs dizaines d'autres furent bannis dans les colonies françaises ou retenus sans jugement, « par ordre du roi » – parmi lesquels la fille de la Voisin et en général tous ceux qui avaient cité le nom de Montespan –, dans les forteresses royales.

Historiquement, cette « affaire des poisons » est aussi à l'origine d'un édit de juillet 1682 relatif aux poisons et substances vénéneuses, première réglementation des ventes apothicaires.

La trame historique légèrement romancée a été reprise par le cinéaste Henri Decoin, dans le film *L'Affaire des poisons* (1955).

LE PORTRAIT DE LA VOISIN.
Source de tant de maux maudite creature
Qui par mille poisons déstrusois la Nature,
Si la parque en fillant tes detestables jours
A fait regner la Mort, en prolongeant leur cours,
Vn suplice effroyable et plein d'Ignominie
A sceu trancher le fil de ton énorme vie.
Chasteau, ex. C.P.R.

DÉTECTIVE PRIVÉ

CI-CONTRE
Fiche de recherche du bandit « Butch Cassidy » (1866-1908) établie par l'agence Pinkerton National Detective.

Tout d'abord, il convient de faire la distinction entre le détective « privé » et le détective tout court, qui dans les fictions anglo-saxonnes est un véritable enquêteur de police. Contrairement aux policiers, dont le travail est réglementé autour d'un même principe à peu près partout dans le monde, la profession de « détective privé » supporte, elle, une définition très aléatoire en fonction des Etats. Elle est ainsi aujourd'hui très réglementée dans des pays comme la France, l'Espagne ou l'Autriche, un peu moins encadrée en Suisse ou aux Etats-Unis, libre comme au Luxembourg ou au Cameroun, ou interdite comme au Mali...

Le folklore véhiculé par le cinéma ou la littérature, souvent inspiré des années 1950-1960 américaines, est donc très éloigné de la réalité du travail moderne de ces « enquêteurs de droit privé ». Aux USA, si certains Etats ne demandent aucune autorisation, d'autres sont très exigeants en imposant des conditions d'honorabilité contrôlées par la justice et/ou le FBI, et une formation complète correspondant à trois ans d'expérience. L'université du Texas dispense à Dallas et à Houston une formation d'enquêteurs privés (Private Investigators) assimilée à quatre années d'expérience qui permet d'accéder à un examen d'Etat. De même certaines certifications sont délivrées par des organismes professionnels comme la qualité d'enquêteur juridique par la NALI (National Association of Legal Investigators). Il faut dire que les Etats-Unis baignent dans la proximité avec les agences privées depuis leur origine, la célèbre agence Pinkerton ayant fait échouer le complot de Baltimore en 1861 contre Abraham Lincoln et étant associée aux services secrets américains durant la guerre civile (1861-1865). L'agence Pinkerton, souvent à la demande des compagnies de chemins de fer, participa de manière active à la traque de bandits de grands chemins à travers les Etats, bien avant la création du FBI, allant jusqu'à tenter de les localiser à l'étranger, comme ce fut le cas pour Butch Cassidy et Sundance Kid quand ils prirent la fuite en Amérique du Sud. De plus, il faut préciser que, dans le droit américain, le système de type accusatoire favorise les contre-enquêtes dans le domaine pénal (en plus du domaine privé), souvent à la demande des avocats de la défense, et prennent donc leur place en tant que réels auxiliaires de justice.

En France, la profession, récemment, a vu de nombreuses modernisations de son statut et un notable renforcement de son encadrement. La loi du 18 mars 2003 a confirmé le caractère libéral de la profession qui travaille essentiellement dans le domaine des enquêtes d'ordre privé, celles du registre judiciaire restant, sauf exception, l'apanage des services de police et de gendarmerie. L'activité, principalement déployée dans le domaine des procédures civiles ou commerciales, est désormais encadrée par une autorité publique indépendante : le Conseil national des activités privées de sécurité (CNAPS) créé le 14 mars 2011.

Cette évolution, si elle peut paraître contraignante, est un réel atout pour la profession. En effet, si les enquêteurs privés ne s'immiscent que rarement dans le domaine pénal (fraudes aux assurances ou contre-enquêtes après jugement définitif ou abandon d'une enquête de police le plus souvent), il est prévisible qu'elle évolue vers un statut supplémentaire à venir d'un volet comprenant une spécialisation en tant qu'auxiliaires de justice, extension naturelle du rôle des enquêteurs privés comme acteurs des droits de la défense.

En effet, le Conseil national des barreaux préconisait dès 1997 la possibilité pour les avocats de faire appel au secteur privé afin de rechercher des preuves à décharge de leurs clients et faire prendre en charge ces frais par l'aide judiciaire pour les revenus les plus modestes, sollicitation revenue sur le devant de la scène en 2006 à la suite de l'affaire d'Outreau et exprimée par le barreau de Paris.

Photograph of GEORGE PARKER.

Description.

NAME, GEORGE PARKER, alias "BUTCH" CASSIDY, alias GEORGE CASSIDY, alias INGERFIELD.

AGE, 36 years (1901). HEIGHT, 5 ft., 9 inches.

WEIGHT, 165 lbs. BUILD, Medium.

COMPLEXION, light. COLOR OF HAIR, flaxen.

EYES, blue. MUSTACHE, sandy, if any.

NATIONALITY, American. OCCUPATION, cowboy, rustler.

CRIMINAL OCCUPATION, bank robber and highwayman, cattle and horse thief.

MARKS, two cuts scars back of head, small scar under left eye, small brown mole calf of leg.

"BUTCH" CASSIDY is known as a criminal principally in Wyoming, Utah, Idaho, Colorado and Nevada and has served time in Wyoming State penitentiary at Laramie for grand larceny, but was pardoned January 19th, 1896.

Description of HARRY LONGBAUGH.

NAME, HARRY LONGBAUGH, alias "KID" LONGBAUGH, alias HARRY ALONZO.

AGE, 35 to 40 years. HEIGHT, 5 ft. 9 inches. WEIGHT, 165 to 170 lbs.

COMPLEXION, dark (looks like quarter breed Indian). COLOR OF HAIR, black. BUILD, rather slim.

EYES, black. MUSTACHE, if any, black. NOSE, rather long.

FEATURES, Grecian type. NATIONALITY, American. OCCUPATION, cowboy, rustler.

CRIMINAL OCCUPATION, highwayman and bank burglar, cattle and horse thief.

HARRY LONGBAUGH served 18 months in jail at Sundance, Cook Co., Wyoming, when a boy, for horse stealing. In December, 1892, HARRY LONGBAUGH, Bill Madden and Harry Bass "held up" a Great Northern train at Malta, Montana. Bass and Madden were tried for this crime, convicted and sentenced to 10 and 14 years respectively; LONGBAUGH escaped and since has been a fugitive. June 28, 1897, under the name of Frank Jones, Longbaugh participated with Harvey Logan, alias Curry, Tom Day and Walter Putney, in the Belle Fouche, S. D., bank robbery. All were arrested, but Longbaugh and Harvey Logan escaped from jail at Deadwood, October 31, 1897, and have not since been arrested.

GEORGE PARKER, alias "BUTCH" CASSIDY, HARRY LONGBAUGH and a third man were implicated in the robbery of the First National Bank of Winnemucca, Nevada, on September 19, 1900.

DILLINGER, JOHN

CI-CONTRE

John Dillinger quitte une salle de cinéma de Chicago aux bras de deux dames. Il est tué quelques minutes plus tard par des agents du FBI.

Alors que la grande dépression des années 30 frappe durement le peuple américain, quelques hors-la-loi narguent le système en s'emparant, armes à la main, de l'argent des banques. Il n'en faut pas plus pour qu'ils deviennent de véritables légendes aux yeux d'une opinion déboussolée. John Dillinger fut sans doute l'un de ces héros qui suscita le plus d'émotions dans l'opinion. Il restera dans l'histoire comme un des gangsters ayant si bien tenu tête aux agents fédéraux que sa traque devint une obsession pour leur patron, John Edgar Hoover, qui inventa pour lui le terme « d'ennemi public n° 1 ».

Le début de sa carrière délinquante est fort modeste. John Herbert Dillinger, né le 22 juin 1903 à Indianapolis, braque une épicerie l'année de ses 21 ans. C'est en prison dans l'Indiana que Dillinger va devenir chef de bande. Il se lie avec des criminels confirmés. Libéré sur parole le 10 mai 1933, il braque presque aussitôt un établissement bancaire à Bluffton (Ohio). Arrêté le 22 septembre, il est incarcéré dans la prison du comté de Lima dans l'attente de son jugement. Quatre jours plus tard, huit de ses amis d'incarcération s'enfuient de la prison d'Etat de l'Indiana grâce à des fusils introduits dans l'établissement par des amis de Dillinger. Deux gardes sont abattus. Le 12 octobre, quatre hommes dont trois des évadés, se présentent à la prison de Lima, soi-disant pour reconduire Dillinger à la prison de l'Indiana. Ils abattent le shérif de garde lorsque ce dernier leur demande leurs documents officiels et s'enfuient avec Dillinger. Le 14 décembre, un des hommes de la bande tue un policier à Chicago. Un mois plus tard, le gang tue un autre policier dans la même ville lors du vol à main armée de la First National Bank of Chicago.

Le 23 janvier 1934, la police de Tucson (Arizona) appréhende Dillinger et trois de ses complices. Dillinger est incarcéré dans la prison de Crown Point, réputée sûre, dans l'attente du procès pour le meurtre du deuxième policier de Chicago. Il arrive une fois encore à s'échapper, le 3 mars 1934, en menaçant ses gardiens avec une arme de poing.

Le mois suivant, en avril, Dillinger est repéré dans une maison de la station estivale de Little Bohemia Lodge, au nord de Rhinelander (Wisconsin). Le FBI donne l'assaut. Les fédéraux sont accueillis par des rafales d'armes automatiques. Un agent fédéral est tué, plusieurs policiers blessés. Dillinger et ses hommes poursuivent leurs méfaits à travers le pays, affrontent la police à plusieurs reprises. Le 21 juillet 1934, une tenancière de maison close de Chicago, Anna Sage, se manifeste auprès du FBI. De son vrai nom Ana Cumpănaş, Roumaine immigrée au Etats-Unis en 1914 et sous le coup d'une procédure d'expulsion, elle souhaite négocier avec le FBI des informations sur Dillinger contre l'arrêt de cette procédure et une récompense. Après un accord concernant l'argent et une promesse d'intervention, Anna déclare alors qu'elle doit aller au cinéma le lendemain avec une de ses amies, Polly Hamilton, et John Dillinger qu'elle a rencontré précédemment dans son établissement. Elle s'engage à porter une robe orange pour que les agents puissent la reconnaître aisément le soir de la projection.

Le 22 juillet, à 22 h 30, Dillinger sort du cinéma *Biograph Theater* avec ses deux compagnes. Un peu plus loin, sur le trottoir, trois agents fédéraux ouvrent le feu. Il est déclaré mort à 22 h 50. C'est la fin du règne du gangster et de sa bande. Au total, 27 personnes ont été condamnées pour leurs actions ou diverses complicités. Cette affaire, notamment à cause de la perte de trois agents spéciaux au total dans la traque du gang Dillinger et de la nécessité d'adapter la législation et la compétence du FBI à la criminalité organisée, a été un des éléments importants conduisant vers une professionnalisation accrue et une meilleure coordination de l'activité des agents de cette agence d'Etat.

Le dernier film inspiré par Dillinger est *Public Enemies* de Michael Mann, avec Johnny Depp (2009). Avant lui, il y avait notamment eu *Dillinger, l'ennemi public n° 1*, de Max Nosseck, avec Lawrence Tierney en 1945, *Dillinger, de John Milius,* avec Warren Oates en 1973.

7300

DOMINICI, GASTON

CI-CONTRE
Gaston Dominici (1877-1965) lors de son procès, le 18 novembre 1954, au tribunal de Digne-les-bains (04).

En juillet 1952, une famille d'Anglais, les Drummond, arrive en France pour les vacances. Ils rejoignent Villefranche-sur-Mer où ils ont loué une villa avec des amis. Sir Jack Drummond, 61 ans, directeur d'un laboratoire pharmaceutique de Nottingham, est un nutritionniste de renommée internationale. Il est accompagné de son épouse Ann, 47 ans, et de leur fille Elizabeth, 10 ans.

Le 4 août 1952, en fin de journée, les Drummond, qui reviennent de Digne, arrêtent leur voiture, une Hillman verte, sur le bord de la nationale 96, sur la commune de Lurs, dans les Alpes de Haute-Provence (à l'époque les Basses-Alpes). L'endroit est à proximité immédiate de la Durance, à un peu plus de cent cinquante mètres d'une ferme modeste, « La Grand'terre », dans laquelle vit et travaille la famille Dominici, composée de Gaston, 75 ans, sa femme Marie, 73 ans, le fils Gustave, 33 ans, son épouse Yvette, 20 ans, et leur fils Alain, un bébé de 10 mois.

Vers 1 heure du matin, plusieurs coups de feu, six ou sept selon les témoins, sont entendus. Au matin, on découvre les corps des Drummond. Jack et son épouse ont été abattus à coups de carabine. Leur fille Elizabeth a été tuée à coups de crosse. Commence alors une enquête qui va durer deux ans, faite d'une interminable succession de témoignages incohérents, d'aveux et de rétractations à géométrie variable de la part de l'ensemble des protagonistes. Le clan Dominici se distingue par ses récits changeants concernant les événements et les alibis des membres de la famille.

En face, les investigations policières ne sont pas des plus rigoureuses. La scène de crime est piétinée par le passage de nombreux curieux, les corps des victimes sont enlevés avant même l'arrivée des enquêteurs, de nombreux éléments matériels ne sont pas pris en compte.

Pendant un an, le commissaire Sébeille et ses hommes vont interroger des dizaines de personnes, des voisins de la ferme, un camionneur et son frère, des vacanciers, un randonneur. Ils amassent les détails, enregistrent les versions changeantes de certains témoins et des membres de la famille Dominici. Le 12 novembre 1953, c'est le coup de théâtre. Les deux fils Dominici, Gustave et Clovis, dénoncent leur père comme l'auteur de la tuerie. Gaston passe aux aveux deux jours plus tard, puis se rétracte avant de confirmer ses aveux précédents, tout en expliquant qu'il n'est pas le meurtrier mais qu'il agit pour protéger ses petits-enfants.

Le 17 novembre 1954, Gaston comparaît devant la cour d'assises de Digne. Après douze jours d'audience, le patriarche de La Grand'terre, 77 ans, est reconnu coupable et condamné à mort. Aussitôt, il dénonce son fils Gustave et son petit-fils, Roger Perrin. Dans le climat de passion soulevé par l'affaire, le ministère de la Justice ordonne, chose rare, une contre-enquête qui va durer deux ans. Après avoir repris un à un les éléments du dossier, le juge referme le dossier par un non-lieu, le 13 novembre 1956. La peine de mort de Gaston Dominici a été commuée en réclusion à perpétuité en 1957 par le président Coty. « Le plus vieux condamné de France » est gracié et libéré par le général de Gaulle le 14 juillet 1960, à l'âge de 83 ans. Après avoir été recueilli par l'une de ses filles, il meurt seul, le 4 avril 1965, à l'hôpital-hospice de Digne.

Le journaliste William Reymond, reprenant les confessions d'un repris de justice allemand Wilhelm Bartkowski en novembre 1952, assure que que sir Jack Drummond était un agent anglais resté actif depuis la guerre pour exfiltrer des scientifiques d'Allemagne de l'Est et qu'il fut victime avec sa famille d'une suppression par des agents au service de l'Est. Le petit-fils de Gaston Dominici, Alain, le bébé de 10 mois de Gustave et d'Yvette au moment des faits, comptait sur ces révélations pour obtenir une révision du procès de son grand-père. Il a été débouté dans cette demande formulée à la garde des Sceaux Marylise Lebranchu en 2001. Mais l'affaire de Lurs continue d'agiter les passions.

Si les films évoquant l'affaire ne manquent pas, *L'Affaire Dominici*, de Claude Bernard-Aubert (1973), se distingue par l'interprétation magistrale de Jean Gabin dans le rôle principal.

ECORCHEURS (LES)

CI-CONTRE
Guerre civile entre Armagnacs et Bourguignons, gravure de Ridan Path, 1885.

Le Moyen Age n'ayant pas encore inventé « Pôle Emploi » et les stages de reconversion, les « gens de guerre » ont exercé leur métier avec une redoutable constance, y compris en temps de paix. Les Ecorcheurs furent de ceux-là. Après avoir servi le roi Charles VII dans sa lutte contre les Bourguignons, alliés des Anglais, quelques capitaines et non des moindres, comme Etienne de Vignoles, Antoine de Chabannes et Poton de Xaintrailles, tous anciens compagnons de Jeanne d'Arc au siège d'Orléans, se sont retrouvés sans emploi et sans solde après la paix d'Arras signée en 1435. Ils se sont donc mis « à leur compte », à la tête de bandes armées fortes de plusieurs milliers d'hommes.

Organisées comme des armées régulières et commandées par des hommes expérimentés, les Ecorcheurs vont ravager de nombreuses provinces du royaume. En 1436, ils dévastent la plaine de la Saône. Le 1er novembre 1438, ils exterminent les habitants du village bourguignon de Germagny, brûlés vifs dans l'église du village où ils s'étaient réfugiés. Cinq siècles plus tard, la division SS « Das Reich » fera la même chose à Oradour-sur-Glane. Partout, ils pillent, violent, tuent. Ils torturent les paysans tombés entre leurs mains pour leur faire avouer la cachette du magot. Ils enlèvent les bourgeois pour les libérer contre rançon. Lorsque la famille ne paie pas, l'otage est exécuté. Partout, ils font régner la terreur, ne quittant une région qu'après l'avoir totalement dévastée pour aller semer la désolation dans une autre. Si les Ecorcheurs ne connaissent pas de limite dans le registre des atrocités, ils doivent leur nom à une pratique que l'époque juge « insultante » : lors des campagnes militaires, ils renvoient les soldats ennemis tombés entre leurs mains entièrement nus, un bâton à la main.

Leur férocité vaut aux Ecorcheurs une notoriété inégalée. Ils n'ont cependant pas été les seuls ni les premiers du genre. Avant eux et depuis le XIIe siècle, des formations sans scrupules et à la cruauté terrible ont parcouru le royaume et certains pays frontaliers. Basques, Navarrais, Mainades, Triavordins, Paillards, Brabançons, Cotereaux et surtout les terribles Routiers ont laissé dans les chroniques les sombres échos de leurs exactions. Toutes ces bandes de brigands sont très actives au XIIIe siècle, lors de la guerre des Albigeois, aux côtés de Simon de Montfort et de Raymond de Toulouse. Le XIVe siècle et ses grands conflits comme la guerre de Cent Ans ne font qu'amplifier le phénomène. Après les traités de paix de Brétigny et de Calais en 1360, les compagnies ne sont plus soldées et se retirent dans leurs places fortes en vivant de pillages. La plus connue de ces formations irrégulières a compté jusqu'à 15 000 hommes et fit régner la terreur sur près de la moitié de la France de l'époque, allant jusqu'à menacer la ville de Lyon.

L'étoile des Ecorcheurs va pâlir sous l'influence de Charles VII. Le souverain est sensible au drame que vivent ses sujets. Mais il est également conscient du risque que fait peser la présence sur son sol de troupes armées susceptibles de se retourner contre son pouvoir à peine affirmé. Pour s'en débarrasser, il envoie ces compagnies combattre en Suisse et soumettre la ville de Metz, alors en révolte. Des ordonnances sont prises contre le brigandage, le paiement régulier des soldes est mieux assuré. En 1445, l'ordonnance de Nancy démantèle les compagnies, les meilleurs éléments sont incorporés au service du roi, les autres expulsés. Ces « bandes », encadrées correctement, à la discipline satisfaisante et au recrutement mieux surveillé, vont progressivement devenir des troupes régulières. Louis XI met ainsi à son service la bande de Picardie en 1480, qui deviendra bien plus tard le plus ancien régiment d'infanterie de France.

François Ier, dans un édit de 1523, promulgue la peine de mort pour quiconque lèvera des troupes armées sans son aval. Sous son règne, les bandes de Picardie, Guyenne, Champagne et Piémont deviennent quatre régiments réguliers. Des compagnies d'Ecorcheurs, la Renaissance fait ainsi la base d'une armée expérimentée disciplinée et efficace. Le règne sauvage de ces troupes sans contrôle se termine sous Henri II.

ESCOBAR, PABLO

CI-CONTRE

Portrait de Pablo Escobar Gaviria en 1977. Photographie de l'agence policière de contrôle de Medellín.

Il fut le plus grand trafiquant de cocaïne de tous les temps. Pablo Emilio Escobar Gaviria, patron du cartel de Medellín, en Colombie, a régné pendant près de vingt ans sur un empire de la drogue et du crime. Mais sa fortune, estimée à 40 milliards de dollars, ne lui a pas évité la mort. Il a été abattu par un commando de la police colombienne le 2 décembre 1993.

Issu d'une famille pauvre, Pablo Escobar est le troisième d'une famille de sept enfants. Son père est paysan, sa mère institutrice. A vingt ans, il est déjà un criminel accompli. Travaillant de temps à autre comme garde du corps, il tâte du kidnapping, ce qui lui permet d'encaisser de copieuses rançons. Il décide alors de se lancer dans le commerce de la cocaïne, un trafic rentable et sans grand risque selon lui. Il débute sous la coupe de l'un des grands contrebandiers de l'époque, le multimillionnaire Alvaro Prieto. En 1975, il a gagné assez d'argent pour se mettre à son compte et développe son propre business. Il va donner à l'exportation illégale de cocaïne vers les Etats-Unis un côté quasi industriel, la plus importante au monde. Au summum de son efficacité, l'organisation fait passer 70 à 80 tonnes de cocaïne par mois aux Etats-Unis, grâce à ses quinze avions, ses six hélicoptères, ses bateaux et ses deux sous-marins télécommandés. En 1982, il est élu député à la Chambre des représentants du Congrès de Colombie sous l'étiquette du Parti libéral. Mais son implication dans le trafic de drogue est bientôt un secret de polichinelle au niveau international. Il est donc exclu de la députation en 1984 et ses biens promis à la confiscation. Escobar entre alors dans une véritable guerre ouverte contre le gouvernement. Il édicte le principe « *plata o plomo* », de l'argent ou du plomb. Les représentants de l'autorité ont le choix d'accepter des pots-de-vin ou de mourir sous les balles des hommes du cartel. Durant le règne d'Escobar, des milliers de policiers, juges, hommes politiques ou journalistes sont assassinés. Tout comme trois des cinq candidats à l'élection présidentielle de 1989. Le cartel serait par ailleurs responsable des attentats contre le vol d'Avianca 203 et contre le siège du « Département administratif de sécurité », faisant 63 morts. On lui prête également d'avoir favorisé en sous-main l'attaque de la Cour suprême colombienne par un groupe de la guérilla de gauche M19, au cours de laquelle la moitié des juges furent tués.

Sur ses terres, Escobar soigne sa popularité. Dès 1982, il finance sur sa fortune personnelle l'opération « Medellín sans taudis », fait bâtir des logements, des équipements sportifs, des dispensaires, des hôpitaux et des églises. Mais la chance va tourner pour Pablo Escobar. Le 15 février 1990, lors d'un sommet antidrogue à Carthagène, le président Bush et ses homologues de Colombie (Barco), de Bolivie (Paz Zamora) et du Pérou (Garcia) décident d'éradiquer le cartel. En avril, l'armée donne l'assaut à son repaire, qui fait 510 morts, mais Escobar s'échappe. Le gouvernement dirigé par le président César Gaviria négocie avec lui sa reddition et l'arrêt de toutes activités criminelles contre une détention aux conditions préférentielles et l'assurance d'une peine réduite. Le trafiquant, après avoir déclaré la fin de la vague d'actes de narco-terrorisme (qu'il avait déclenchée pour faire pression sur le gouvernement lors des négociations…), se rend le 19 juin 1991, après avoir eu l'assurance de ne pas être extradé vers les Etats-Unis. Il est incarcéré à la prison spéciale d'Envigado, surnommée « la Cathédrale », qu'il fait aménager et décorer selon ses goûts. Evidemment, Escobar continue à diriger ses affaires de cette cage dorée. Lorsque le gouvernement décide de le changer d'établissement, il s'évade. Sa tête est alors mise à prix pour 6 millions de dollars US. Un groupe spécial de recherche est mis sur pied à Medellín le 22 juillet 1992. Il est localisé le 2 décembre 1993, dans une maison du quartier Los Olivos à Medellín, en compagnie de son fidèle garde du corps, Alvaro de Jesus Agudelo, dit « El Limon ». Lors de l'assaut, les deux hommes sont abattus. Pablo Escobar est atteint par une douzaine de projectiles, dont un, mortel, en pleine tête. Les proches d'Escobar préfèrent croire qu'il s'est suicidé pour être fidèle à sa maxime : « Mieux vaut une tombe en Colombie qu'une cellule au Etats-Unis. »

CARCEL DTTO JUDICIAL
MEDELLIN
128482

EUROPOL

CI-CONTRE
3 décembre 2016. L'Office européen de police «Europol» diffuse les portraits des criminels les plus recherchés et les plus dangereux d'Europe.

L'Office européen de police Europol a été créé en 1994 « afin de traiter les renseignements relatifs aux activités criminelles en Europe ». Son siège est à La Haye, aux Pays-Bas. Son personnel comprend des représentants des services répressifs nationaux (police, douanes, services de l'immigration, etc.) et son conseil d'administration compte un représentant par Etat membre de l'Union européenne.

L'idée d'Europol a vu officiellement le jour en 1992 avec la signature du traité de Maastricht. Avant cette date, la collaboration judiciaire et policière entre les Etats européens était « officiellement officieuse », notamment à travers le « groupe TREVI » (acronyme de « Terrorisme, Radicalisme, Extrémisme et Violence Internationale ») formé en 1976 au Luxembourg. Constitué de sous-groupes, son objectif était la coopération dans le domaine de la lutte antiterroriste, qui était prioritaire, mais aussi de la sûreté aérienne, des trafics de stupéfiants, du crime organisé, des filières d'immigration, du hooliganisme. Les deux groupes chargés de la sûreté nucléaire et des mesures en cas de catastrophes naturelles ne se sont jamais réunis.

Le « sous-groupe » TREVI 92 a été créé en avril 1989 pour se concentrer sur les implications en matière de sécurité du Marché unique européen, engageant des travaux qui aboutiront en décembre 1991 à Maastricht au rapport précurseur sur « Le développement d'Europol ». La même année, lors du sommet européen de Luxembourg, le chancelier allemand avait appelé à une agence de police européenne sur le modèle du FBI américain. L'article K1 du traité de Maastricht définit les modalités de la coopération officielle européenne, avec comme premier effet la création de l'unité « Drogues » Europol (UDE) en 1993, qui sera opérationnelle en janvier 1994. Toujours en 1993, le 29 octobre, le Conseil européen a décidé qu'Europol devrait s'établir à La Haye.

L'objectif d'Europol est d'aider les Etats membres de l'Union européenne à coopérer plus étroitement et plus efficacement dans la prévention de la criminalité internationale organisée et la lutte contre ce phénomène, notamment dans les domaines suivants : le trafic illicite de stupéfiants, les filières d'immigration clandestine, le trafic de véhicules volés, la traite des êtres humains, y compris la pornographie enfantine, le faux-monnayage et la falsification d'autres moyens de paiement, le trafic de matières radioactives et nucléaires, le terrorisme.

Europol apporte son concours aux Etats membres de l'Union européenne en facilitant l'échange d'informations entre eux, en fournissant des analyses opérationnelles et en contribuant aux opérations conduites par les Etats membres, en apportant son expertise et son assistance technique aux enquêtes et opérations menées au sein de l'Union européenne, sous le contrôle et la responsabilité juridique des Etats membres concernés, en établissant des rapports de type stratégique (ex : évaluations de la menace) et des analyses d'activités criminelles à partir d'informations et de renseignements communiqués par les Etats membres ou par d'autres sources.

Europol a également pour mission de créer et de gérer un système informatisé permettant l'introduction, l'accès et l'analyse de données pertinentes. Une autorité de contrôle commune, composée de deux experts en protection des données par Etat membre de l'Union européenne, veille à la bonne utilisation de toutes les données à caractère personnel détenues par Europol. Europol est responsable devant le Conseil « Justice et Affaires intérieures », c'est-à-dire devant l'ensemble des ministres de la Justice et des Affaires intérieures de l'Union européenne.

Après des années de tâtonnements bureaucratiques, Europol s'est lancé dans l'analyse et la recherche, en modernisant ses rapports sur le crime organisé (OCTA) et sur le terrorisme (TESAT), et surtout en organisant en juin 2011 le premier sommet européen de police à La Haye.

EUROPE'S MOST WANTED FUGITIVES
Search
EU
MOST
WANTED
1
2
3
4
5
7
8
9
10
11
13
14
15
16
17
19
20
21
22
23

CI-CONTRE

Des agents américains appliquant la loi contre l'alcool de contrebande dans les années 1930.

de **FALCONE, GIOVANNI ET BORSELLINO, PAOLO**

F

à **FOURNIRET, MICHEL**

FALCONE, GIOVANNI ET BORSELLINO, PAOLO

CI-CONTRE
Attaque Via d'Amelio à Palerme, Italie, le 19 juillet 1992. Paolo Borsellino meurt dans l'explosion d'une voiture piégée au passage de son véhicule.

L'aéroport international de Palerme, en Sicile, a été baptisé « Falcone e Borsellino » en leur honneur. Les juges italiens Giovanni Falcone et Paolo Borsellino ont porté de rudes coups à leur ennemi, la Mafia sicilienne. Devenus symboles de la lutte contre la pieuvre, les deux amis ont payé de leur vie leur engagement. Giovanni Falcone a été assassiné le 23 mai 1992. Paolo Borsellino a été tué deux mois plus tard.

Giovanni Falcone et Paolo Borsellino ont eu des parcours très similaires. Nés tous les deux à Palerme, à seulement quelques mois d'écart, ils sont devenus magistrats après de brillantes études de droit. Ils vont travailler ensemble à partir de 1979, lorsque Borsellino rejoint le pool anti-Mafia dans lequel Falcone travaille depuis 1975.

Cette cellule porte un coup important à l'organisation Cosa Nostra, en recueillant les confessions du repenti Tommaso Buscetta. Cela permet à Falcone et Borsellino d'organiser le célèbre et vaste procès de Palerme en 1986 contre 465 accusés, dont le parrain Toto Riina. Les audiences se terminent le 16 novembre 1987 avec un bilan impressionnant : 360 condamnations et 2 665 années d'emprisonnement prononcées au total.

Giovanni Falcone devient tout à la fois un héros pour la population et la cible prioritaire pour les assassins de Cosa Nostra évidemment. Dans le même temps, au niveau politique, certains n'hésitent pas à le diffamer, lors de ce que l'on appelle la « saison des poisons » (*Stagione dei veleni*). Le juge Falcone est marginalisé au sein du palais de justice de Palerme et même de la magistrature. En 1987, il postule pour la direction du pool anti-Mafia, mais c'est un autre juge, Antonio Meli, qui est nommé par le Conseil supérieur de la magistrature italienne. Son ami Borsellino, qui a été nommé l'année précédente procureur en chef de Marsala, proteste en vain contre ce choix, qui sonne comme un désaveu de ses pairs. Le 13 mars 1991, Falcone est nommé directeur des Affaires pénales du ministère de la Justice, à Rome. Se consacrant toujours à la lutte anti-Mafia, il affiche alors un nouvel objectif, la mise sur pied d'une brigade anti-Mafia, une sorte de FBI italien. Il n'en aura jamais l'occasion. Le 23 mai 1992, sur l'autoroute entre l'aéroport Punta Raisi et Palerme, une charge de cinq cents kilos d'explosifs détruit sa voiture à hauteur de Capaci, le tuant avec sa femme Francesca Morvillo, elle-même juge, et ses trois gardes du corps.

Un mois après cet assassinat, Borsellino prononce un discours véhément dans l'atrium de la bibliothèque de Palerme. Il déclare que Falcone a commencé à mourir quatre ans avant l'attentat, quand il a été marginalisé au sein même du palais de justice de Palerme « à cause de quelques Judas ». Dans sa dernière interview, le juge Borsellino avoue qu'il sait – il connaît une si longue liste de juges et de policiers morts sous les coups de Cosa Nostra – qu'il n'est qu'un cadavre qui marche. Le 19 juillet 1992, il meurt dans l'explosion d'une voiture piégée au passage de son véhicule, Via d'Amelio à Palerme, moins de deux mois après Falcone. Parmi les victimes, ses cinq gardes du corps et la première femme carabinier.

Le parrain du clan mafieux des Corleonesi, Toto Riina, a été condamné en 2002 pour avoir commandité les meurtres des deux juges, ainsi qu'une centaine d'autres. Néanmoins, si ce sont bien des hommes de Cosa Nostra qui techniquement ont commis ces deux meurtres, la thèse d'une implication de l'Etat et des services secrets italiens devient actuellement de plus en plus présente dans les débats voulant relancer en particulier l'enquête sur la mort du juge Paolo Borsellino. C'est la thèse défendue par le journaliste Attilio Bolzoni, du quotidien *La Repubblica*, spécialiste depuis trente ans de Cosa Nostra, et qu'il a étayée dans une longue interview accordée le 7 juillet 2010 à *L'Express*.

VIGILI DEL FUOCO

FAMILLES MAFIEUSES DE NEW YORK (LES)

CI-CONTRE

Lucky Luciano (1897-1962) de son vrai nom Salvatore Lucania sortant du tribunal de New York le 18 juin 1936.

Au début de l'histoire des organisations criminelles aux Etats-Unis se trouve un certain nombre de bandes, dont les plus connues ont inspiré Martin Scorsese pour son film *Gangs of New York*. Le quartier dit des « Five Points » du Manhattan des années 1850-1860 se partageait entre les « Plugs Ugies », les « Roach Guards », ou les Irlandais des « Dead Rabbits » et des « Whyos ». Dans le même temps arrivaient de nombreux immigrés italiens, souvent d'origine sicilienne, dont évidemment une frange délinquante était liée avec la Mafia originelle. Ce fut le cas au milieu du XIXe siècle principalement à La Nouvelle-Orléans et à New York, et quelques années plus tard à Chicago. Il est d'ailleurs communément admis que c'est à partir de La Nouvelle-Orléans que la nouvelle Mafia italo-américaine, jouant sur le rejet de la communauté anglo-française déjà installée, essaima dès la moitié du XIXe siècle.

A New York, le passage au XXe siècle marque l'ascension des immigrés mafieux, avec l'association du parrain Antonio Morello et d'Ignazio Saietta dit « Lupo » (le Loup), connu pour sa cruauté. C'est aussi le temps des affrontements entre bandes, en pleine rue, opposant les gangs de Monk Eastman (né Edward Osterman en 1873 à Brooklyn) et le « Five Points Gang », majoritairement composé d'Italiens. C'est également le début des compromissions avérées entre les milieux politiques et criminels, le « Five Points Gang » collaborant aux actions électorales du Parti démocrate de la ville, alors sous la férule de Tammany Hall, maire depuis 1950. La mort du gangster Monk Eastman, abattu en 1920, la ville tenue par la famille Morello et l'ascension des figures montantes du « Five Points Gang », Johnny Torrio, Lucky Luciano et Al Capone, préfigurent la structure de la Mafia d'inspiration sicilienne.

La Prohibition, entre 1920 et 1933, joue un grand rôle dans cette évolution, par le développement notable des revenus de l'alcool de contrebande et la nécessité d'une organisation quasi industrielle.

Reste à faire évoluer la structure sicilienne « traditionnaliste » vers un développement des ambitions de la nouvelle génération de gangsters. Les « jeunes » veulent s'émanciper d'une tutelle trop formelle de Cosa Nostra et gagner leur indépendance, dans ce pays où tout est à construire. Entre le clan « conservateur » de Salvatore Maranzano et le clan « progressiste » de Joe Masseria, dit « The Boss », héritier de Morello depuis 1920, ouvert aux non-Siciliens, dans les rangs duquel se trouvaient Al Capone, Lucky Luciano, ou Vito Genovese, la bataille va faire rage. C'est la « guerre des Castellammarese ». Le conflit prend fin avec le meurtre de Masseria organisé par ses propres fidèles, Lucian et Genovese, en avril 1931. Maranzano se déclare alors « Capo di tutti capi » (chefs de tous les chefs) et reprend l'organisation hiérarchique inspirée de la Légion romaine qui régissait la Mafia sicilienne. Il divise ses troupes en cinq familles : la famille Genovese, dirigée par Lucky Luciano ; la famille Colomba, dirigée par Joe Profaci ; la famille Lucchese, dirigée par Gaetano Gagliano ; la famille Gambino, dirigée par Vincent Mangano, et la famille Bonanno, dirigée par Joseph Bonanno. Ce qui semble un partage des responsabilités d'apparence raisonnable se révélera être un marché de dupes et ne durera que quelques mois. Les jeunes gangsters, se sentant plus américains que siciliens, souhaitent pouvoir s'associer avec leurs complices Meyer Lansky ou Bugsy Siegel, ce qui n'est pas possible à cause de l'antisémitisme affirmé de Maranzano. De plus, ce dernier projette de faire assassiner Luciano, Capone et Genovese, les plus ambitieux, par un tueur à gages irlandais, Vincent « Mad Dog » Coll. Luciano, anticipant cette opération, fait assassiner Maranzano par une équipe de tueurs juifs dirigée par Bo Weinberg. Plusieurs dizaines de membres du clan Maranzano sont tués le même jour.

...

CI-CONTRE

Des agents américains appliquant la loi contre l'alcool de contrebande dans les années 1930.

... Les mains libres, les tenants de l'école traditionnelle étant éliminés, Lucky Luciano, conseillé par Meyer Lansky, peut imposer la vision des « Américains » d'origine italienne en activant ce qu'ils avaient créé en 1929 à Atlantic City, la « Commission », autre nom du « syndicat du crime », qui s'ouvre aux non-Siciliens et déclare obsolète le règne d'un seul parrain sur la Mafia nord-américaine. Il impose une direction collective, l'autonomie et le respect du territoire de chaque faction, la collaboration plutôt que l'affrontement, la recherche de médiation en cas de conflits, et la régulation collégiale des secteurs les plus rentables, avec la mise en place d'un fonds commun pour les investissements spéciaux et le paiement centralisé des pots-de-vin aux autorités les plus importantes. Un véritable « conglomérat » criminel utilisant les règles de l'économie de marché.

A la fin de la Prohibition, en 1933, la Commission est composée de sept responsables, les « Big Seven », véritable conseil d'administration des activités criminelles. Lucky Luciano est responsable de la prostitution avec Vito Genovese comme adjoint chargé des stupéfiants. Frank Costello dirige les jeux, les opérations de corruption et plus généralement les relations avec les politiques. Meyer Lansky veille aux finances et à la gestion des fonds communs. Bugsy Siegel supervise l'organisation des rackets et de la distribution d'alcool. Albert Anastasia est affecté au contrôle des docks et du syndicat professionnel affilié. Joe Adonis est en charge du secteur de Broadway et seconde Anastasia. Louis « Lepke » Buchalter s'occupe du racket des branches professionnelles, vêtements, camionneurs, boulangerie et cinémas, et des opérations de chantage. Il gère également une large équipe de tueurs, majoritairement constituée de gangsters juifs opérant sur ordre de la Commission, nommée par la presse, lors de sa chute en 1940, la « Murder Incorporated ».

Les cinq familles de New York se partageant l'influence sur la Mafia avec les 21 autres familles de Cosa Nostra aux Etats-Unis sont donc, depuis cette période :

La famille Bonanno

Elle provient de la filière Maranzano, reprise après la mort de ce dernier par Joe Bonanno. Famille la plus influente de la Commission, elle a perdu une grande partie de son poids après le départ de Joe Bonanno, contraint de quitter les affaires pour avoir eu l'idée de supprimer les parrains des quatre autres familles. Une faction de la famille Bonanno a été infiltrée au milieu des années 1970 par l'agent spécial du FBI Joseph Pistonne, dit « Donnie Brasco ». En perte apparente de vitesse, son dernier chef connu est Vincent Asaro depuis 2009.

La famille Colombo

Egalement dite « famille Profaci », elle a été fondée par Joe Profaci en 1928. Elle est présente dans l'industrie pornographique et on lui doit la production du célèbre film de ce genre, *Deap Throat* (*Gorge profonde)*, sorti en 1972. C'est la moins influente des cinq familles, mais elle a su garder une certaine distance dans les conflits, d'où sa solidité. Son dernier parrain identifié est Carnime « Junior » Persico.

La famille Genovese

Surnommée la Rolls-Royce du crime organisé, c'est de loin la plus puissante. Son empire dépasse largement New York pour s'étendre à Buffalo ou Philadelphie par exemple. Son « arbre généalogique » mafieux prend ses racines dans l'agglomération de gangs par Morello au début du XXe siècle, repris par Joe Masseria en 1920, puis par Lucky Luciano, secondé par Vito Genovese et Frank Costello. Le parrain actuel semble être Danny Leo.

La famille Gambino

Héritière en 1957 de la famille Mangano, c'est également une organisation puissante, à l'origine du « Club City Democratic ». Sous une apparente

défense des valeurs citoyennes américaines, ce Club couvrait les activités de la « Murder Incorporated ». Albert Anastasia prend le contrôle de la famille en 1951 en faisant assassiner le parrain, Vincent Mangano. Il est à son tour exécuté le 25 octobre 1957 par son adjoint Carlo Gambino (avec le soutien de Vito Genovese) qui s'empare du commandement. A la mort de Gambino, victime d'une crise cardiaque en 1976, Paul Castellano lui succède, mais son entourage est infiltré par le FBI qui réussit à placer un micro à son domicile, ce qui conduit à l'inculpation pour trafic de drogue de 17 d'entre eux en 1983. Une procédure plus récente du FBI conduit le 7 février 2008 à l'arrestation de 54 personnes de cette famille lors de l'opération « Old Bridge ». Elle serait dirigée depuis 2008 conjointement par Daniel Marino (incarcéré depuis 2010 pour un double homicide), Giovanni « John » Gambino et Bartolomeo « Bobby » Vernace.

La famille Lucchese

Dite famille Gagliano avant 1953, elle prit le nom de Lucchese Gaetano « Tommy » lorsqu'il assura la succession de Gaetano « Tommy » Gagliano en 1953. Lucchese réussit l'exploit de passer quarante-quatre ans dans la Mafia avec une seule condamnation et laissa sa place, après sa mort naturelle le 13 juillet 1967, à Carmine Tramunti, âgé de 70 ans, chargé de l'intérim en attendant la sortie de prison de l'héritier désigné, Anthony « Tony Ducks » Corallo. Néanmoins, le vieux parrain fut incarcéré en 1974 dans une affaire corollaire de la French Connection. Elle serait actuellement sous la coupe de Vittorio « Vic » Amuso.

La Mafia new-yorkaise a été l'objet de nombreuses fictions. Parmi les plus connues, citons *Cosa Nostra*, de Terence Young en 1972, avec Charles Bronson et Lino Ventura, racontant la genèse du « syndicat du crime ». La même année, Francis Ford Coppola réalise *Le Parrain* (*voir* : Films noirs), avec Al Pacino et Marlon Brando, qui sera suivi par deux autres opus, en 1974 et 1990. *Les Affranchis*, de Martin Scorsese, sort en 1990, d'après la famille Lucchese. *Donnie Brasco*, sorti en 1997, avec Al Pacino et Johnny Depp, raconte l'infiltration de l'agent spécial Joe Pistone.

FBI, FEDERAL BUREAU OF INVESTIGATION

CI-CONTRE
Edgar Hoover (1895-1972), fondateur du Federal Bureau of Investigation (FBI) qu'il dirigea de 1924 à 1972.

Le Bureau of Investigation (BOI), ancêtre du Federal Bureau of Investigation (FBI), est né en 1908 sous la plume de Charles Bonaparte, grand-neveu de l'Empereur et alors procureur général des Etats-Unis. Mais son concepteur fut le président Theodore Roosevelt, ancien préfet de police de New York, et successeur du président McKinley assassiné par un anarchiste en 1901. Roosevelt veut se doter d'un instrument capable de lutter contre une criminalité qui passe d'un Etat à l'autre à la vitesse des nouveaux moyens de transports (1908 est aussi l'année de la mise en production à la chaîne de la Ford T) en se jouant des frontières administratives. Par ailleurs, la croissance démographique et l'urbanisation, les conflits sociaux, poussent le gouvernement fédéral à développer son action et ses pouvoirs pour lutter contre le crime et l'anarchisme. Le premier Bureau of Investigation ne compte que dix agents. Ses missions se limitent aux lois définissant les délits fédéraux : fraudes bancaires, naturalisations, lutte antitrust, fraudes sur les propriétés, inspection du travail. Son action se renforce après la publication du Mann Act contre l'esclavage sexuel des femmes du fait de leur transport entre différents Etats de l'Union. En 1917, le BOI est chargé du contre-espionnage intérieur et de la lutte contre le sabotage, puis en 1919 de la lutte contre les vols de véhicules. En 1924, Edgar J. Hoover devient le patron du BOI et son plus emblématique directeur. Il le restera quarante-huit ans. Il décide de doter le Bureau d'outils modernes, notamment le registre des empreintes digitales ou encore le laboratoire, et de le développer sur le terrain. En 1932, après l'affaire de l'enlèvement et du meurtre du bébé Lindbergh, le Congrès donne de nouveaux pouvoirs au BOI pour lutter contre les kidnappings, puis contre les évasions de criminels échappant aux frontières des Etats, notamment John Dillinger. Le BOI devient USBI en 1932, puis FBI en 1935. Durant la Seconde Guerre mondiale, le FBI se focalise sur les organisations communistes et fascistes, et sur le contre-espionnage, notamment allemand et japonais. Fin 1943, le FBI compte 4 000 agents spéciaux et 9 000 autres personnels. A partir de 1946, le Bureau féderal se concentre essentiellement sur l'anticommunisme et participe activement au maccarthysme.

Jusqu'en 1957, malgré les opérations menées pour identifier les acteurs du crime organisé, le directeur du FBI niera l'existence de la Mafia. La découverte de la « conférence des Appalaches » par la police forcera le FBI à la reconnaître publiquement. En 1970, le Racketeer Influenced and Corrupt Organizations (RICO Act) permet de poursuivre les associations de malfaiteurs et le crime organisé en tant que tel. Le Bureau dispose alors de plus de 6 700 agents, 9 300 personnels de support et 58 bureaux régionaux. Durant la même période, le FBI s'intéresse aux mouvements contre la guerre du Viêtnam, aux nouvelles sectes, aux Blacks Panthers ou aux indépendantistes portoricains, en utilisant de très contestables outils d'infiltration mais surtout de provocation. Après la mort de Hoover, le FBI est fortement contesté pour la gestion du dossier du Watergate par son directeur par intérim, Patrick Gray.

Dans les années 1980, sous la conduite du juge Webster, le FBI est confronté à la montée des nouvelles formes de terrorisme international tout en se focalisant sur le contre-espionnage, notamment d'origine soviétique. Le FBI doit également partager ses efforts avec la DEA (Drug Enforcement Administration) pour lutter contre les trafics de stupéfiants. En 1986, pour la première fois, le Congrès autorise le FBI à sortir des frontières des Etats-Unis dans le cadre de la lutte antiterroriste lorsque des citoyens américains sont victimes à l'étranger. Et pour la première fois un directeur du FBI devient en 1987 directeur de la CIA. Mais l'année 1991, le point culminant des statistiques criminelles américaines, rappelle le FBI à ses objectifs initiaux, notamment en mettant en place des groupes communs contre les gangs avec les polices locales.

Dans les années 90, le FBI est confronté aux attentats contre le World Trade Center en 1993 et l'immeuble fédéral d'Oklahoma City en 1995, à Unabomber en 1996, à la montée des cartels colombiens, mexicains, du crime organisé russe, aux attentats contre les soldats et ambassades américaines au Yémen et en Afrique. Jusqu'à la tragédie du 11 Septembre qui bouleversera totalement son activité, notamment en raison de la parution du Patriot Act lui offrant des compétences légales exceptionnelles dans un pays d'habeas corpus.

En 2011, le budget du FBI est de 8 milliards de dollars. Il emploie 35 000 personnes dont 14 000 agents spéciaux, dans 56 bureaux régionaux.

Des dizaines de films ou séries télévisées eurent des agents pour héros, mais on retiendra surtout *X Files*, *Criminal Minds*, *Numbers* ou *Without a Trace*. Et, bien sûr, l'exceptionnel *Silence des agneaux* qui souligne le rôle du laboratoire du FBI.

FILMS NOIRS

CI-CONTRE
La Griffe du passé (*Out of the past*) de Jacques Tourneur (1904-1977) avec Jane Greer (1924-2001) et Robert Mitchum (1917-1997), 1947.

Le film noir est devenu avec le temps un genre classique et très populaire – et c'est sans doute la raison pour laquelle on peut aussi se découvrir subitement « amoureux du crime ». Il eut pourtant des débuts difficiles. Genre décrié, voire méprisé par la critique, accusé d'immoralité, le film noir a eu bien du mal à prendre la relève du film de gangsters, et malgré certaines œuvres nominées aux Oscars, comme *Le Faucon maltais* en 1941, *Laura* et *Assurance sur la mort* en 1944. Les spécialistes reconnaissent que les racines du film noir sont variées, mais que « le genre s'est fortement inspiré du polar *hard boiled* ("dur à cuire"), incarné par des romanciers tels Dashiell Hammett, Raymond Chandler, James Mc Cain, David Goodis et Cornell Woolrich ».

L'image du « film noir » met en scène le plus souvent des paysages urbains, renvoyant au style des photographies de Weegee avec une lumière dominante en clair-obscur et des angles inattendus pour l'époque, contre-plongées, longs travellings, utilisation du flash-back ou des vues subjectives pour se mettre à la place du personnage. L'image est totalement au service des thèmes récurrents du film noir. Du point de vue artistique, l'influence des impressionnistes allemands, sans doute importée par des réalisateurs venus d'Europe comme Fritz Lang, Max Ophüls ou Otto Preminger, et le réalisme poétique se retrouvent dans les fondements de ces films. L'héritage de l'existentialisme et des théories freudiennes est également palpable, et on retrouve comme thèmes principaux ceux du « passé hanté », du héros avec des histoires lourdes et souvent sombres. Les protagonistes doivent l'affronter comme une sorte de rédemption, même si c'est par la violence. C'est le cas – impossible pour chaque thème de les citer tous – dans l'emblématique *La Griffe du passé* (*Pendez-moi haut et court*, à l'origine *Out of the past*) réalisé par Jacques Tourneur, dans lequel Robert Mitchum, une des figures du genre, incarne la personne de Jeff Bailey/Makham, un garagiste apparemment sans histoire des montagnes californiennes, rattrapé par son passé de gangster.

L'axe central de la causalité, le « cauchemar fataliste », est omniprésent dans le film noir. L'enchaînement des événements emporte les personnages vers une conclusion inexorable malgré leurs efforts. Lorsque le looser Harry Fabian, interprété par Richard Widmark dans *Les Forbans de la nuit* (*Night and the City*, 1950 – Jules Dassin), tente d'organiser un combat de lutte en doublant la Mafia ayant la mainmise sur ses activités, il s'enferme dans un engrenage mortel.

Autres grands classiques du film noir, les thèmes du crime parfait, dont l'archétype est sans doute *Le Facteur sonne toujours deux fois* (*The Postman Always Rings Twice*, 1946, Tay Garnett, avec Lana Turner et John Garfield), et du hold-up comme moyen de réaliser un meurtre, principe de *Pour toi j'ai tué* (*Criss Cross*, 1949, Robert Siodmak), avec Burt Lancaster et Yvonne De Carlo, dans lequel le héros organise le braquage de son propre fourgon blindé par le nouveau mari de sa femme afin de le tuer et de pouvoir s'enfuir avec elle et l'argent du butin, ce qui évidemment ne se déroulera pas comme prévu.

L'amour en fuite est également présent, avec dans la période classique le tandem désespéré d'une passion conduisant à l'exclusion sociale et à la cavale. On relève dans cette catégorie *Les Démons de la nuit* (*They Live By Night*, 1948, Nicholas Ray), avec deux jeunes amants se trouvant pris dans un engrenage délinquant.

Idem bien évidemment pour la corruption et l'appât du gain à tout prix, fil conducteur qui donnera notamment à ce genre *La Soif du mal* (*The Touch of Evil*, 1958, Orson Welles).

Dans les films noirs, caractérisés par une sorte de poésie verbale masculine, souvent désabusée, la violence est omniprésente, qu'elle soit suggérée ou montrée de manière bien réelle. Autre particularité que l'on peut remarquer dans une majorité de ces films, la voix off du narrateur occupe une place importante, jusqu'à devenir quasiment le personnage principal. Dans ces thèmes se débattent principalement trois typologies de héros. « Celui qui cherche la vérité », parmi lesquels ...

RKO PRESENTS
Robert MITCHUM · Jane GREER
in
"Out of the Past"
with
KIRK DOUGLAS · RHONDA FLEMING
RICHARD WEBB
STEVE BRODIE · VIRGINIA HUSTON
PRODUCED BY WARREN DUFF
DIRECTED BY JACQUES TOURNEUR
SCREEN PLAY BY GEOFFREY HOMES
RKO RADIO

CI-CONTRE
Andy Garcia, George Clooney et Julia Roberts dans *Ocean's Eleven*, réalisé par Steven Soderberg, 2001.

… on trouve évidemment les détectives, dont les plus connus sont sans doute Philip Marlowe et Sam Spade, des policiers ou hommes de loi mais aussi des voyous, ou des personnages ordinaires entraînés par le destin. « Le traqué » est également un grand classique du genre mais, surtout, on retrouve dans la majeure partie de cette production la « femme fatale », qu'elle soit simplement séductrice, veuve noire ou femme-araignée.

Puis viennent, dans l'histoire du cinéma, ce que l'on nomme le « néo-noir », dont la sortie du film *Chinatown*, de Roman Polanski, en 1974, est considérée comme le renouveau du genre. Tout aussi mythiques et plus récents, on trouve les incontournables *Reservoir Dogs* et *Pulp Fiction* (1992 et 1994, Tarantino), *Seven* (1995, Fincher) ou *The Usual Suspects* (1995, Singer), ces œuvres relançant le genre noir au cinéma qui connaît depuis une production constante et moderne dont le succès ne se dément pas.

D'autres œuvres cinématographiques, si elles ne se rangent pas à proprement parler dans la catégorie du film noir, n'en sont pas moins inspirées par le crime. Elles méritent à ce titre de figurer dans une sorte de filmographie idéale dont chacun peut à loisir constituer la liste. La mienne contiendra à coup sûr les quelques longs métrages appartenant à mon oscarisation personnelle.

Nikita

Thriller franco-italien de Luc Besson (1990), *Nikita* est, pour beaucoup de cinéphiles, un film culte. Le scénario est haletant, les images superbes, Anne Parillaud parfaite – ce rôle lui a valu le César de la meilleure actrice. Tous les ingrédients d'un succès ont été réunis. Mais ce qui, probablement, explique la réussite spectaculaire de cette œuvre (plus de 3 millions de spectateurs à sa sortie) et la place qu'elle s'est acquise auprès d'un large public, est ailleurs.

Tout commence avec le cambriolage d'une pharmacie par une bande de toxicomanes en manque. L'expédition tourne mal, la police intervient et une jeune femme de 19 ans abat froidement l'un des policiers. Arrêtée, elle déclare s'appeler Nikita. Condamnée à la prison à perpétuité, elle reçoit une nuit dans sa cellule la visite de deux hommes qui lui font une mystérieuse piqûre : déclarée suicidée par injection létale, elle est officiellement enterrée. Sauf qu'elle se réveille dans un centre d'entraînement des services secrets, où son agent traitant, Bob, lui explique la nouvelle chance qui s'offre à elle, à condition qu'elle accepte de devenir un agent spécial. Si elle refuse, il ne lui sera pas difficile de reprendre sa place officielle, au cimetière de Maisons-Alfort, allée 8, tombe n° 30. Pendant plusieurs années, elle bénéficie d'un entraînement musclé, varié, très complet, où le maniement des armes, les techniques de combat au corps à corps font bon ménage avec l'apprentissage des bonnes manières, que lui transmet notamment Jeanne Moreau, admirable dans son rôle d'« ancienne ». « Il y a deux choses, lui explique-t-elle, qui sont sans limite : la féminité et les moyens d'en abuser. » Riche de ces préceptes et de cette formation, surveillée par son agent traitant, Nikita commence enfin la vie à laquelle on la destine, tout en rebondissements, missions terriblement périlleuses, meurtres, exécutions. Et avec ce qu'il faut – personne n'en est à l'abri – de péripéties sentimentales. Le ressort profond du succès du film réside sans doute dans ce qu'il donne à voir l'âme de ce personnage qui n'a plus rien à perdre, qui est déjà au-delà de la vie, et qui tient cependant à la vie.

Nikita a eu un tel succès qu'il en a été réalisé plusieurs *remakes*, et que des séries télévisées, aux Etats-Unis ou au Canada, ont été dérivées de l'histoire.

Ocean's Eleven

C'est connu, les vols ou les hold-up réputés impossibles sont une source d'inspiration inépuisable, à la fois pour les véritables malfaiteurs, mais également pour les auteurs de fiction et scénaristes de films. La trilogie cinématographique *Ocean's Eleven* en est un exemple parfait, alliant esthétisme, casting soigné, action et humour, alchimie, qui a permis à cette série de devenir presque culte.

Le premier, réalisé par Steven Soderbergh et sorti dans les salles obscures en 2001, est en fait une réadaptation d'un film éponyme (*Ocean's Eleven*, en français *L'Inconnu de Las Vegas*) réalisé en 1960 par Lewis Milestone, avec Frank Sinatra dans le rôle de Danny Ocean.

Dans la version moderne, Danny Ocean, interprété par George Clooney, sortant de prison, décide de réunir une équipe pour dévaliser simultanément les trois plus gros casinos de Las Vegas, le Bellagio, le Mirage et le MGM Grand Las Vegas. En plus de l'audace de ce triple vol, il souhaite récupérer son ex-femme, tombée amoureuse du propriétaire des trois établissements, Terry Benedict. Il recrute donc un casting impressionnant à tous les sens du terme, dans lequel chacun possède un don particulier : Rusty Ryan (Brad Pitt), un bluffeur-né ; Linus Caldwell (Matt Damon), un pickpoket hors pair ; Basher Tarr (Don Cheadle), expert en explosifs ; Reuben Tishkoff (Elliott Gould), spécialiste des systèmes de sécurité et comptable de l'équipe ; Livingston Dell (Eddie Jemison), génie informatique ; Les frères Virgil et Turk Malloy (Casey Affleck et Scott Caan), capables de changer d'identité à la demande et pilotes d'élite ; Frank Catton (Bernie Mac), chargé d'infiltrer le milieu des casinos ; Saul Bloom (Carl Reiner), dont c'est la tâche également, en se faisant passer pour un client ne regardant pas à la dépense ; Yen (Shaobo Qin), acrobate et contorsionniste, capable de s'introduire dans l'endroit le plus inaccessible. Pour compléter la distribution très riche du film, Andy Garcia joue le rôle du propriétaire des cercles de jeu et Julia Roberts, Tess Ocean, la femme de Danny.

Le deuxième volet des aventures de l'équipe de Danny Ocean, *Ocean's Twelve,* sorti en 2004, retrouve les onze comparses alors qu'ils sont éparpillés de par le monde à jouir du butin de leur ...

CI-CONTRE

Uma Thurman, John Travolta dans *Pulp fiction* de Quentin Tarantino, 1994.

… triple casse. Mais un cambrioleur français de génie, François Tourlour, *alias* « le Renard de nuit », pour montrer qu'il est meilleur qu'eux va diffuser leurs identités à leur victime Terry Benedict. Ce dernier leur demande, sous deux semaines, de lui rembourser le montant du butin, soit une coquette somme de 97 millions de dollars, sous peine d'être tous exécutés. Une seule solution pour pouvoir rembourser : accepter le défi proposé par « le Renard de nuit », et, dans un périple qui les conduira d'Amsterdam à Rome puis à Paris, avec un crochet par la Sicile, dérober le premier titre d'action émis, et un fabuleux œuf de Fabergé, là aussi dans des circonstances rocambolesques, et avec aux trousses une mystérieuse inspectrice de police, Isabel Lahiri, qui semble en savoir beaucoup trop sur Rusty Ryan (Brad Pitt)…

Enfin, la troisième et dernière aventure, *Ocean's Thirteen*, toujours du même réalisateur, sort en salle en 2007. Pour venger Reuben Tishkoff (Elliott Gould), qui a été trahi par le magnat du jeu Willy Bank, Danny Ocean convoque sa bande et décide d'utiliser tous les moyens, même les plus improbables, pour ruiner Bank, tout en faisant financer leur opération par leur ennemi d'hier, Terry Benedict.

Le Parrain 1, 2, 3

La trilogie du *Parrain* est certainement l'un des deux monuments du cinéma traitant du milieu de la Mafia, avec *Scarface* (*voir* : Capone, Al). Servie

par une distribution prestigieuse, elle relate la vie romancée, mais inspirée de la réalité, de l'une des cinq familles (*voir* : Familles mafieuses de New York) de la Mafia de New York.

Les trois films réalisés par Francis Ford Coppola sont tirés d'un roman éponyme de Mario Puzo. Le premier volet de cette trilogie est sorti dans les salles le 15 mars 1972, les deux autres en 1974 et 1990. *Le Parrain* a ainsi marqué les esprits durant presque deux décennies et reste une production incontournable des films sur la Mafia.

Marlon Brando, immortel acteur, restera le modèle cinématographique du parrain, dans le rôle de Don Vito Corleone qu'il joua dans le premier opus, tant sa présence est juste. Al Pacino, lui aussi habitué dans sa longue carrière des films noirs et des rôles de gangsters, trouvera toute sa mesure dans le rôle du plus jeune fils du parrain qui souhaite, à son retour de la Seconde Guerre mondiale, ne rien savoir des activités de sa famille.

Les deux premiers volets cumulèrent les Oscars et le troisième les nominations, tant la qualité globale de la réalisation subjugua public et professionnels. Difficile de narrer par le menu le déroulement des trois films tant la trame est dense et l'intrigue émaillée de rebondissements et de trahisons. Il serait d'ailleurs criminel de gâcher le plaisir de ceux qui ne connaissent pas encore cette épopée mythique – et qui ne manqueront pas de chercher à la découvrir – en dévoilant les tenants et les aboutissants de cette saga.

Pulp Fiction

Monument du cinéma, ce film de Quentin Tarantino mêle avec une adresse rare plusieurs destins de gangsters et de petits malfrats dans une narration débridée de plusieurs histoires entremêlées et délirantes. Sorti en 1994, avec un casting impressionnant, bourré de références à la culture et au cinéma américain, on trouve, autour de trois histoires principales se déroulant de manière non chronologique, tout à la fois des scènes de violence très crues mais aussi un humour noir et absurde, marque du réalisateur.

Les trois arches narratives qui se croisent pour ne plus faire qu'une seule trame sont :

— Les relations ambiguës d'un gangster, Vincent Vega (joué par John Travolta), qui doit, sur instruction de son patron Marsellus Wallace (Ving Rhames), tenir compagnie à sa femme Mia (Uma Thurman) afin qu'il ne lui arrive rien lors d'une soirée où elle est seule. Ce volet compte quelques scènes cultes, John Travola s'autoparodiant en dansant comme dans le film *Saturday Night Fever* (sorti en 1977, qui lui avait conféré une dimension de star internationale), ou lors de la réanimation de Mia après une overdose, après qu'il lui avait planté une seringue d'adrénaline en plein cœur…

— L'arnaque d'un boxeur en fin de carrière, Butch Coolidge (interprété par Bruce Willis), qui double le patron de la pègre Marsellus Wallace. Contrairement aux instructions reçues du voyou, il gagne son dernier combat et s'enfuit avec l'argent des paris. Dans sa fuite, il oublie dans sa chambre d'hôtel une montre en or lui venant de son père, vétéran du Viêtnam, à laquelle il tient plus que tout. Revenant sur ses pas, il tombe sur le gangster, mais les deux se retrouvent prisonniers d'un prêteur sur gages et son complice, deux pervers sexuels, dont l'un viole Marsellus Wallace alors que Coolidge parvient à se libérer.

— Enfin, la troisième partie narre les aventures de tueurs à gages, Vincent Vega et son équipier, Jules Winnfield (joué par Samuel L. Jackson), chargés de récupérer pour leur patron une mystérieuse mallette. Lors de leurs opérations, ils sortiront étonnamment indemnes d'une volée de balles tirées à courte distance qui poussera Jules à vouloir décrocher du métier de tueur. Cette partie, outre l'apparition dans un second rôle de Quentin Tarantino lui-même, comporte également l'apparition succulente d'un « nettoyeur », Winston Wolfe, dont le rôle est assuré par Harvey Keitel, requis pour « effacer » le meurtre accidentel d'un témoin par Vincent Vega…

Pulp Fiction a été récompensé en 1994 de la Palme d'or au Festival de Cannes, et, l'année suivante, de l'Oscar du meilleur scénario original. …

CI-CONTRE
Lino Ventura (1917-1987) et Bernard Blier (1916-1987) dans *Les tontons flingueurs* de Georges Lautner (1926-2013), 1963.

... En 2007, il a été considéré par l'AFI (American Film Institute) comme le 94e meilleur film américain de tous les temps et le 7e meilleur film de gangsters.

Thelma et Louise

Action admirablement rythmée, intrigue prenante, deux femmes dans les rôles principaux – subliment interprétées par Susan Sarandon et Geena Davis, l'une et l'autre nominées pour l'Oscar de la meilleure actrice –, éloge de l'amitié et de l'émancipation féminine, critique du système judiciaire américain pour les affaires de viol, subtil mélange d'une action dramatique et de scènes humoristiques, *road movie* d'anthologie, ambiance de *western* contemporain, inoubliable Ford *Thunderbird* 1966 verte et décapotable de Louise, symbole tout à la fois du film, de la société américaine, de la liberté, paysages somptueux, baiser final entre les deux femmes à l'instant de se jeter dans le Grand Canyon, pour ne pas se rendre à la police : les raisons d'aimer *Thelma et Louise* ne manquent pas. Distingué en 1991 par l'Oscar du meilleur scénario, ce film de Ridley Scott est, pour beaucoup, un « film culte ».

Sur le strict plan de la criminologie, le film est instructif du processus par lequel des personnes « normales » basculent dans des comportements violents et criminels.

A sa sortie, on a reproché à ce film sa violence, son parti pris féministe : il est devenu un classique.

Les Tontons flingueurs

Un des critères de la gloire est que la personne ou l'œuvre qui en est revêtue peut subir n'importe quelle avanie, son prestige n'en est pas altéré. On peut griffonner des moustaches à la Joconde, coiffer Napoléon d'un entonnoir, décorer des vide-poches à l'effigie du général de Gaulle, cela ne change rien. La gloire résiste à tout. Il en est ainsi des *Tontons flingueurs*, film de Georges Lautner, avec d'inoubliables dialogues de Michel Audiard, qui, depuis sa sortie en 1963, a été mis à toutes les sauces. Le film résiste à tout, aux parodies, aux détournements, aux caricatures, et même à l'adulation des « Tontonophiles » qui se réunissent régulièrement pour se lancer des répliques du film comme on se lance des défis.

Le film est une adaptation très libre du roman d'Albert Simonin, *Grisbi or not Grisbi*, troisième volet d'une trilogie qui comprend *Touchez pas au grisbi* et *Le cave se rebiffe*. L'histoire du film diffère de celle du roman, le truand Max le Menteur y devient Fernand Naudin, mais surtout le film est une comédie qui pastiche souvent les films noirs américains.

L'argument n'importe guère. Rangé des voitures, menant une vie respectable de négociant en machines agricoles, un ex-truand, Fernand Naudin (Lino Ventura), monte à Paris au chevet d'un de ses amis, Louis « le Mexicain » (Jacques Dumesnil), gangster revenu des Etats-Unis pour mourir en France. Il confie à Fernand, son seul ami, la gestion de ses « affaires », forcément illégales, et l'éducation de sa fille, Patricia (Sabine Sinjen), qui doit ignorer la nature exacte des activités de son père. La passation de pouvoirs se fait sous le regard goguenard d'un notaire de la pègre, maître Folace (Francis Blanche), et au mécontentement d'une partie des hommes du Mexicain. Ainsi, les frères Raoul (Bernard Blier) et Paul (Jean Lefebvre) Volfoni veulent-ils profiter de ce décès pour reprendre à leur compte les activités du disparu, maison close, tripot, distillerie clandestine. D'autres voyous, Théo (Horst Frank) et Tomate (Charles Régnier), se mêlent de cette succession agitée pour tenter de mettre la main dessus.

S'ajoute aux rebondissements l'arrivée d'Antoine Delafoy (Claude Rich), fiancé de Patricia, qui complique encore la tâche de Fernand Naudin. Personnage discret, mais récurrent et hilarant, Robert Dalban dans le rôle de Jean, imperturbable majordome, apporte un humour décalé faussement british.

Le charme de ce film est d'accommoder les ingrédients d'un film noir de gangsters à l'américaine à la sauce comique, et d'assaisonner le tout avec dialogues et répliques de légende. Rapide florilège :

Bernard Blier : « Moi quand on m'en fait trop, j'correctionne plus, j'dynamite, j'disperse, j'ventile… »

Venantino Venantini : « La psychologie, y en a qu'une : défourailler le premier. »

Lino Ventura : « Les cons ça ose tout. C'est même à ça qu'on les reconnaît. »

Francis Blanche : « C'est curieux, chez les marins, ce besoin de faire des phrases. »

Il est amusant de se souvenir que ce qui est devenu une référence du cinéma français a commencé par inquiéter les producteurs. Gaumont ne croyait pas au film et s'est tourné, pour le financer, vers des confrères allemand et italien. *Les Tontons flingueurs*, du reste, n'a pas connu à sa sortie un accueil extraordinaire : le nombre des entrées en salle a d'abord été très modeste. C'est avec le temps, régulièrement diffusé à la télévision, connaissant un vrai succès en DVD, que le film est devenu un mythe. Et quand, ici ou là, pour mille raisons, on s'est mis à le moquer – pasticher un pastiche, quel comble ! –, la gloire, inaltérable, était arrivée.

FOURNIRET, MICHEL

CI-CONTRE
Fouille du parc du chateau de Sautou, propriété de l'« Ogre des Ardennes ». Deux corps d'enfant y sont retrouvés en 2004.

Tueur et violeur en série, Michel Fourniret a sévi entre 1987 et 2003, en France et en Belgique. Redoutable prédateur, il chassait les jeunes filles avec l'aide de son épouse. Rassurée par la présence féminine, la proie se laissait approcher avant d'être enlevée, violée et tuée. Condamné à la perpétuité réelle pour neuf meurtres en 2008, il est soupçonné dans plusieurs autres affaires.

De l'enfance de Michel Fourniret, né le 4 avril 1942 à Sedan, dans les Ardennes, on ne sait rien ou presque. Une mère présentée comme caractérielle, un père ouvrier métallurgiste, des parents qui se séparent et les trois enfants, Huguette, André et Michel, confiés à la garde du père. Michel, le plus jeune, est alors obnubilé par la pureté de la Vierge.

A l'âge d'accomplir ses obligations militaires, Michel Fourniret sert dans les commandos de l'air en pleine période de la guerre d'Algérie. Il devient ensuite ouvrier fraiseur et menuisier. Marié en 1964, divorcé en 1967 après sa première condamnation avec sursis pour agressions sur mineures, il se remarie en 1970, union dont naîtront trois enfants.

Entre 1966 et 1973, il est condamné plusieurs fois pour voyeurisme et violences, faits commis à Nantes et à Verdun. Mais sa carrière criminelle prend un tour plus sérieux en mars 1984, lors de son incarcération pour une dizaine de faits de viols et d'agressions sur mineures dans la région parisienne. Condamné à cinq ans de prison et trois ans de mise à l'épreuve, son épouse obtient le divorce. Il se console en faisant la connaissance de Monique Olivier – rencontrée par le biais de petites annonces – durant son séjour derrière les barreaux à Fleury-Mérogis. Libéré en octobre 1987, il s'installe avec elle à Saint-Cyr-les-Colons, dans l'Yonne. Trois mois plus tard, il enlève et tue sa première victime, Isabelle Laville, une lycéenne, avec la complicité active de sa nouvelle compagne. Le couple circule entre Yonne et Ardennes, dans une itinérance ponctuée d'enlèvements, de meurtres et de viols. Puis c'est au tour de Fabienne Leroy, jeune femme de 20 ans, enlevée à Chalons-en-Champagne, violée et tuée par balle. Puis Jeanne-Marie Desramault, étudiante de 22 ans, kidnappée le 18 mars 1989 à Charleville-Mézières, violée et assassinée. En décembre 1989, Fourniret et sa femme enlèvent Elisabeth Brichet, une jeune Belge de 12 ans, dans les environs de Namur. Violée et tuée.

En 1990, Fourniret élimine Farida Hamiche, la compagne de son ancien compagnon de cellule Jean-Pierre Hellegouarch. Ce dernier, toujours incarcéré, s'était rappelé à son bon souvenir en lui envoyant sa petite amie, afin que tous deux aillent récupérer un magot caché dans un cimetière des Yvelines. La cache contient lingots et pièces d'or de provenance incertaine, mais qui aurait pu faire partie du butin du gang des postiches. La mission terminée, Fourniret exécute Farida et récupère ainsi le précieux métal, qu'il revend à Bruxelles. En 1990, avec cet argent, il achète un petit manoir du XIXe siècle à Donchéry, dans les Ardennes. Il le revendra deux ans plus tard, lorsque Hellegouarch, libéré de prison, comprendra qu'il s'est fait doubler.

Le 24 novembre 1990, les Fourniret sont à Nantes. Ils croisent Natacha Danais, 13 ans. Son corps est retrouvé quelques jours plus tard, poignardé, dans les dunes à 70 kilomètres de là.

Curieusement, pendant les dix années qui suivent, la série macabre s'interrompt. Elle ne reprend qu'en 2000, avec l'enlèvement et l'assassinat de Céline Saison, 18 ans, à Charleville-Mézières. En 2001, Fourniret s'empare à Sedan de Mananya Thumpong, 13 ans, Française d'origine thaïlandaise, la viole et la tue.

Le 26 juin 2003, il enlève la petite Marie-Ascension, âgée de 13 ans, à côté de Namur. Elle arrive à se libérer de ses liens et à s'enfuir par les portes arrière de la camionnette dans laquelle il l'emmène. A 62 ans, c'est la fin du parcours pour celui que la presse va bientôt appeler le « monstre des Ardennes ». Lui et son épouse sont interpellés par la police belge. L'enquête menée conjointement des deux côtés de la frontière permet d'exhumer les corps de plusieurs victimes enterrées dans leurs propriétés. Une autre victime de 16 ans, jeune fille au pair chez le couple, aurait été tuée par Fourniret

d'après Monique Olivier, mais là non plus le corps n'a pas été retrouvé ni la victime identifiée. Fourniret s'est attribué également, mais sans éléments probants, la responsabilité dans le meurtre de Marie-Angèle Domèce, handicapée mentale de 19 ans disparue en juillet 1988 à Auxerre, de Joanna Parrish, 20 ans, retrouvée violée et étranglée en mai 1990 près d'Auxerre, et d'Estelle Mouzin, 9 ans, disparue le 9 janvier 2003 à Guermantes (Seine-et-Marne). La justice est sceptique sur ces revendications.

Le procès s'est tenu du 27 mars au 28 mai 2008 à la cour d'assises de Charleville-Mézières. Fourniret a refusé de s'exprimer. Il a été condamné à la réclusion criminelle à perpétuité réelle, et sa complice Monique Olivier à perpétuité avec une période de sûreté de vingt-huit ans.

CI-CONTRE

Des membres du gang MS13 purgent une peine de prison au pénitencier national de Tamarac, au Honduras, le 9 décembre 2001.

de **GACY, JOHN WAYNE**

GH

à **HOLMES, SHERLOCK**

MS 13

GACY, JOHN WAYNE

CI-CONTRE
Photographie de John Wayne Gacy Jr. (1942-1994) déguisé en « Pogo le clown ».

John Wayne Gacy Jr est né le 17 mars 1942 à Chicago (Illinois), de John Gacy, d'origine polonaise, et de Marian Elaine Robinson, d'origine danoise. Son père, alcoolique et violent, ne cesse de le rabaisser, le trouvant efféminé et faible, le battant et l'insultant. Qu'importe, John Wayne Gacy aime profondément son père et souhaite avant tout lui prouver qu'il est capable de réussir de grandes choses, ce qui le guidera toute sa vie.

En 1978, John Wayne Gacy est un membre actif et reconnu du quartier de Chicago où il demeure. Patron d'une entreprise de rénovation depuis 1974, il est également un des responsables de sa circonscription pour le parti démocrate. Il habite un pavillon qu'il a partagé un temps avec sa mère, puis avec son épouse, Carol Hoff, dont il vient de divorcer le 2 mars 1976. Il est très apprécié, notamment par ses voisins, le couple Edward et Lillie Grexa. Ouvert et convivial, il a organisé plusieurs barbecues dans son jardin ou des soirées déguisées à thèmes. L'homme, travailleur, participe de manière active à la vie de la communauté, donnant de son temps libre pour amuser les enfants hospitalisés, déguisé en « Pogo le clown ». Altruiste, il le semble aussi dans la gestion de son entreprise, embauchant en priorité des jeunes garçons en rupture de ban pour les réinsérer, même si la démarche est ingrate. Beaucoup d'entre eux, peu reconnaissants des efforts de leur patron, quittent la société de rénovation du jour au lendemain sans prévenir. Il lui est même également arrivé, depuis qu'il vit seul, d'héberger les plus nécessiteux d'entre eux dans sa propre maison. Il est également responsable du défilé organisé chaque année à Chicago par la communauté polonaise. A ce titre, cette même année 1978, il a rencontré la femme du président Jimmy Carter, Rosalynn, et la photo dédicacée sur laquelle il lui serre la main en posant vers l'objectif est la pièce maîtresse de la décoration de son bureau. S'il n'était malheureusement pas décédé à la période de Noël 1969, son père aurait pu enfin être fier de lui et de sa réputation.

Le 11 décembre 1978, dans la petite ville voisine de Des Plaines, le jeune Robert Piest, âgé de 15 ans, a rendez-vous avec un homme qui lui propose un petit boulot. Sa mère, inquiète de ne pas le revoir, appelle la police. Le lieutenant Kozenczak identifie rapidement l'homme qui a donné rendez-vous à Robert : John Wayne Gacy. L'enquêteur plonge dans les dossiers et ce qu'il découvre au sujet de ce citoyen, sur ses nombreuses mises en cause récentes et les multiples erreurs de la police de Chicago, le stupéfie.

John Wayne Gacy a eu une autre vie dans le passé. En 1965, il a épousé Marlynn Myers, dont le père possédait plusieurs franchises de restaurants « KFC ». Il s'est alors établi à Waterloo, dans l'Iowa, près de sa belle-famille, pour diriger un de ces établissements. Membre de la « patrouille des commerçants de Waterloo », un groupe citoyen d'aide aux forces de police, il est également vice-président du club local des Jaycees, membre actif et bénévole dans des associations catholiques, et même « homme de l'année 1967 » de la ville. Mais tout dérape le 2 mai 1968. L'un de ses jeunes employés, Donald Vorhees, porte plainte pour des agressions sexuelles répétées sous contrainte depuis août 1967. Gacy est inculpé pour sodomie sur mineur. L'enquête montre que, pour Gacy, ce n'est pas une première. Il a coutume d'inviter les adolescents travaillant dans son établissement dans sa cave transformée en salle de billard. Là, il les fait boire, les force à lui faire des fellations lorsqu'ils perdent. L'une de ses victimes a bien tenté de porter plainte pour viol en 1967, mais Gacy, qui l'a licenciée, a fait passer la dénonciation pour une vengeance. L'affaire a été classée sans suite.

Jugé sociopathe par les experts mais responsable de ses actes, Gacy écope de dix ans de prison et est incarcéré à la prison d'Etat de l'Iowa. Prisonnier modèle, employé aux cuisines, jouant l'aumônier, déguisé en Père Noël pour ses codétenus, il met toutes les chances de son côté pour bénéficier d'une mise en liberté surveillée. Stratégie payante. Il est libéré le 18 octobre 1970, après seulement vingt et un mois d'incarcération. Il s'installe alors à Chicago et entame sa nouvelle vie d'entrepreneur. Parallèlement, il poursuit sa chasse homosexuelle. Le 12 février 1971, il est inculpé pour agression ...

8213
Pogo

CI-CONTRE

Les enquêteurs transportent les restes d'un corps retrouvé sous le sol du garage de la maison de John Wayne Gacy le 22 décembre 1978 à Chicago.

... après avoir tenté de se faire pratiquer une fellation par un adolescent. Mais la victime ne se présente pas à l'audience et les charges sont abandonnées. Personne ne vérifie les antécédents de Gacy. Un oubli qui évite à l'accusé, en état de récidive durant sa période de liberté surveillée, de retourner directement en cellule.

Le 22 juin 1972, de nouveau arrêté pour agression sexuelle, il explique que le garçon voulait en fait lui extorquer de l'argent. Il n'est pas poursuivi. En 1976, il est interrogé par la police de Chicago au sujet de la disparition de deux de ses employés, âgés de 16 et 17 ans, à quelques mois d'intervalle. Il avance la thèse de la fugue. En 1977, Mike Rossi, un jeune de 17 ans habitant chez Gacy, est arrêté au volant d'une Plymouth Satellite 1971 alors qu'il vole de l'essence. Gacy explique que le propriétaire, un nommé John Szyk, 19 ans, porté disparu depuis le 20 janvier 1977, lui a précipitamment vendu la voiture avant de quitter la ville et qu'il l'a rétrocédée contre 300 dollars à son jeune locataire. Il s'avéra ensuite que les papiers du véhicule étaient grossièrement falsifiés pour valider la vente initiale, mais personne ne vérifia sérieusement. Plus étonnant, son arrestation encore une fois sans suite après la plainte d'un prostitué de 19 ans, Robert Donnel, en janvier 1978. Celui-ci s'est rendu chez Gacy pour une prestation sexuelle tarifée mais s'est retrouvé menotté, violé, frappé, aspergé d'urine, étranglé et noyé dans la baignoire plusieurs fois jusqu'à l'évanouissement durant huit longues heures de souffrance avant d'être abandonné dans la rue. Interrogé, Gacy reconnaît des relations sexuelles consenties et plaide la tentative de chantage d'un prostitué sur un homme respectable. L'affaire est classée sans suite.

Plus extraordinaire encore, l'enlèvement de Jeffrey Ringall le 28 mai 1978. Alors qu'il se promène, un inconnu dans une Oldsmobile noire l'aborde et lui propose de fumer un joint de marijuana à bord. Le jeune homme accepte, est agressé et endormi à l'aide d'une dose massive de chloroforme. Il reprend connaissance les mains et la tête attachées à une planche de bois, dans une chambre décorée d'un portrait de clown. Torturé et abusé toute la nuit, Ringall ne reprend conscience qu'en fin de matinée le lendemain dans le Lincoln Park, le corps meurtri, le visage tuméfié de coups, portant de nombreuses blessures et brûlures. Hospitalisé, il apprend que son foie est irrémédiablement endommagé par le chloroforme. Il dépose plainte mais manque d'éléments pour identifier l'auteur. La police estime qu'il n'y a pas assez de preuves pour des poursuites pénales.

Le lieutenant de police Kozenczak trouve extraordinaire que John Wayne Gacy soit toujours en liberté. Fort de ces éléments, il se fait délivrer un mandat de perquisition et frappe à la porte de l'entrepreneur, accompagné de ses hommes. L'agent Schultz, policier de terrain et d'expérience, reconnaît immédiatement l'odeur flottant dans la maison comme étant celle d'un cadavre en décomposition.

A l'annonce de la fouille minutieuse de sa maison, il avoue aux policiers avoir enterré dans le sous-sol du garage un de ses anciens amants, tué en légitime défense. Dans le vide sanitaire sous la maison, les policiers fouillent la boue répugnante dans laquelle nagent de nombreux vers et récupèrent des os d'un bras puis d'un pied. Impossible qu'il soit celui de l'adolescent disparu récemment.

Gacy, interrogé dans les locaux de la police de Des Plaines, avoue rapidement sa responsabilité dans trente meurtres d'adolescents depuis le 1er janvier 1972. A la demande du procureur adjoint de l'Illinois, Larry Finder, il dresse un plan extrêmement précis des endroits où sont dissimulés les cadavres dans le sous-sol de sa propriété. Les fouilles retardées par un hiver rigoureux ayant gelé le sol en profondeur vont durer jusqu'à fin février 1979. Les enquêteurs trouveront vingt-huit corps dans la propriété et quatre dans la rivière, dont celui de la dernière victime datant seulement d'avril 1979.

Tous furent tués selon un mode opératoire similaire dans les grandes lignes. Emmenés chez lui après un racolage, pris en stop ou invités à boire un verre ou fumer de la marijuana, pour ses jeunes employés ou pour « passer un entretien d'embauche ». Certains ont été enlevés en les endormant

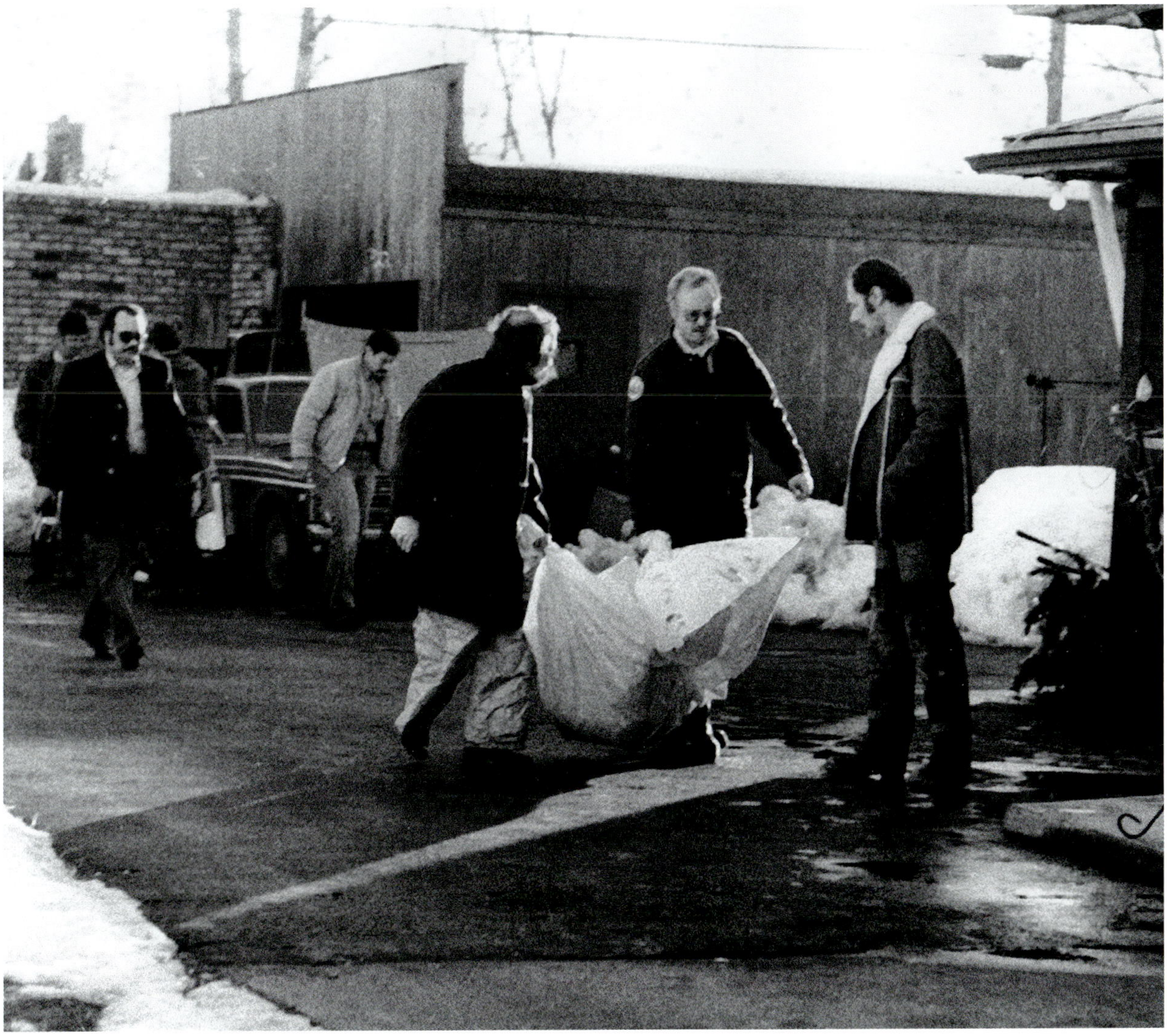

au chloroforme. La majorité des victimes, mises en confiance, se sont vu proposer une démonstration du « tour de magie de Pogo le clown », pour apprendre à se libérer d'une paire de menottes ou d'une corde en nylon liant les mains dans le dos. Une fois ainsi neutralisés, ils étaient à la merci de John Wayne Gacy qui leur faisaient subir ses pires caprices sexuels et tortures, avant de les étrangler ou de les étouffer puis de les enfouir dans son sous-sol. Il utilisa également, pour ceux qui étaient inconscients, l'immobilisation par une sorte de pilori. Neuf des trente-trois victimes ne furent pas identifiées. Aux psychiatres chargés de l'examiner, Gacy ne cessa de mentir en donnant des versions fantaisistes de ses « possessions ».

Aux agents du FBI qui se sont entretenus avec lui pour étudier son cas, il a assuré qu'il n'était pas lui-même homosexuel, qu'il les haïssait et qu'il avait rendu service à la société en la débarrassant de nuisibles. Ils en déduisirent l'hypothèse que Gacy tuait en fait la représentation de sa propre homosexualité pour conjurer les insultes proférées par son père durant son enfance. Après cinq semaines de procès, le jury condamna John Wayne Gacy à la peine capitale. Il attendit quatorze ans dans le couloir de la mort. Le 10 mai 1994, à la prison de Joliet, le « gentil clown Pogo » éructa avant l'injection létale : « *Kiss my ass.* »

GANGS

CI-CONTRE
Des membres du gang MS13 purgent une peine de prison au pénitencier national de Tamarac, au Honduras, le 9 décembre 2001.

Selon les historiens, les premiers gangs criminels contemporains recensés en Occident l'auraient été au XVIIe siècle sur les routes anglaises. D'autres groupes criminels sont identifiés durant toute l'histoire de la civilisation au rythme du développement des réseaux de transport et du commerce, ou de l'expansion des réseaux logistiques (pour les vivres, la solde, le fourrage ou l'essence, les munitions) des armées en campagne. Les gangs rassemblent des individus (le plus souvent des hommes) ayant une identité, une marque et des objectifs communs (contrôle et protection d'un territoire, trafics, criminalité). Tous sont liés au crime organisé, mais nombreux sont ceux qui ne dépendent pas de mafias. L'un des plus emblématiques, après les Assassins, qui pourrait être plus précisément qualifié d'entreprise criminelle, serait le gang d'Adam the Leper qui agissait en Angleterre vers 1330, spécialiste dans le vol et l'enlèvement. Il prit d'assaut le port de Bristol en 1347 et s'attaqua directement à la Couronne avant d'être arrêté ; son jury fut menacé et décida de ne pas le poursuivre (à rapprocher des pratiques modernes d'intimidation ?). L'un des plus puissants de l'histoire fut celui des Thugs en Inde qui regroupa jusqu'à un million de membres avant de disparaître vers 1840.

Une dizaine de gangs américains tiennent le haut de l'affiche. Parmi eux, les Sureños, initialement originaires du sud de la Californie, regroupent les affidés de la Mexican Mafia. Les Norteños, originaires du nord de la Californie et ruraux, regroupent une population qui « appartient » *de facto* à Nuestra Familia, un gang de prison clandestin qui a engendré un autre gang, Nuestra Raza, sa façade publique plus visible. Le gang des Latin Kings, qui a été puissant à New York, est essentiellement présent à Chicago. On trouve aussi les Crips and Bloods, les Nazi Lowriders (gang de prison), les Vice Lords, les Hell's Angels, etc.

Il existe ainsi des street gangs territoriaux et nombreux, et des « umbrella associations », peu nombreuses et regroupant des gangs qui s'alignent sur leur culture. Pour ce qui est des street gangs, on identifie les Bloods et les Crips pour les Afro-Américains, Folk et People nation chez les Hispaniques, des gangs asiatiques assez peu fédérés et très distincts selon leurs origines, vietnamiens (créés par des anciens militaires après la chute de Saïgon), coréens, philippins (gangs de prison importants), fidjiens, thaïs… Tongs, pour les Chinois, confrérie de jeunes et, semble-t-il, préparation à l'entrée dans les triades, d'où un comportement plus discret ; des traces de Yakuzas, mais pas de gangs de jeunes. Les street gangs blancs sont peu nombreux et atomisés, et ils se retrouvent essentiellement au sein de gangs de prison comme les Nazi Lowriders ou, plus ancienne et plus puissante, l'Aryan Brotherhood et d'autres…

Beaucoup de gangs se sont développés en Colombie, avec une structure dévoyée autour des FARC dans leur zone de contrôle, mais aussi, en particulier, à Medellín et Cali, et dans certains quartiers de Bogota. Ces gangs de rue rivaux, très inspirés des modèles américains, résultent de la désagrégation des cartels et sont connectés aux fabricants de drogue. Il s'en trouve également au Salvador, au Honduras mais également en Angleterre ou dans l'ancien Empire soviétique. Les gangs du Mexique (le phénomène des « cartels » actuels est différent), d'Amérique centrale et de Colombie sont une filiation très directe de ceux des Etats-Unis, le plus souvent par le fait de l'extradition des clandestins condamnés vers leur pays d'origine. Ainsi, le gang de la Mara Salvatrucha (MS-13) formé dans le quartier de Rampart de Los Angeles vers la fin des années 1980 par des combattants salvadoriens aguerris n'est apparu que plus tard au Salvador. Pour lutter contre ces gangs, et en particulier la MS-13, considérée comme le plus dangereux des gangs latinos, le FBI a mis sur pied une task force en 2004 et lancé la « Transnational Gang Initiative » destinée à partager le renseignement sur la MS-13, puis sur les Maras entre USA et les pays concernés.

MS 13

GUÉRINI (FRÈRES)

CI-CONTRE À GAUCHE
Antoine Guerini (1902-1967) dans les années 1950.

CI-CONTRE À DROITE
Barthélémy Guerini dit « Méme » Guerini, mort en 1982.

« Les Guérini... » Voilà un patronyme familial qui a défrayé la chronique populaire et les faits divers depuis les années 1940. La famille ayant régné sur la pègre marseillaise jusqu'au début des années 1970, elle est bien digne d'entrer dans un tel ouvrage criminel.

Au commencement était un jeune Corse, Antoine, originaire de Calenzana, aîné d'une famille de huit enfants. Né en 1902, il débarque au début des années 1920 sur le continent, bientôt rejoint par son jeune frère, Barthélemy, dit « Mémé ». Antoine noue des relations avec le milieu niçois, notamment dans le monde des jeux. Puis les deux frères se lancent dans le proxénétisme sur les trottoirs marseillais. En 1928, Antoine possède ainsi une dizaine de filles sous sa coupe. Il investit ses bénéfices dans l'achat de bars dont il va confier la direction à ses frères et sœurs venus du village. En 1936, Antoine et Mémé acquièrent le bar de l'Etoile, qui devient le lieu de rendez-vous de tous ceux qui comptent à Marseille. Ils étendent leurs acquisitions dans tout le sud de la France et jusqu'à Alger, confortant leur mainmise sur la prostitution méridionale grâce à un accord avec leurs rivaux, Carbone et Spirito. Lors d'un rendez-vous dans un restaurant des calanques, les deux caïds et les frères corses se partagent les profits des activités criminelles. Les Guérini gardent le proxénétisme et une part du trafic de cigarettes, Carbone et Spirito se réservent le trafic d'armes, de l'opium et du café. L'accord, conclu autour de bouteilles de champagne, profite à leur montée en puissance, facilitée par les « bonnes relations » d'Antoine et Mémé avec les policiers d'origine corse. Mais l'avant-guerre est aussi le temps du rapprochement entre la pègre et les milieux politiques. Aux élections municipales de 1935, après la mort du maire, Siméon Flaussière, Carbone et Spirito décident de soutenir Simon Sabiani, premier adjoint au maire, ancien combattant et héros de la Grande Guerre. Les frères Guérini prennent le parti du socialiste Henri Tasso. Les réunions politiques ont parfois l'odeur de la poudre quand les gros bras de Paul Carbone prennent pour cible ceux des deux frères corses. Le socialiste remporte le scrutin. Sabiani, candidat malheureux, rejoint le PPF en 1936, suivi par Carbone et Spirito.

Sous l'Occupation, les frères Guérini prennent le parti de la Résistance. L'un des frères, Pascal, met sur pied une filière d'évasion vers la Corse et l'Afrique du Nord. Mémé approvisionne le maquis avec le matériel parachuté et cache les soldats anglais dans les sous-sols des bars. Lors de ces opérations, Mémé Guérini se lie avec un jeune avocat, qui deviendra l'ami politique majeur de la famille : Gaston Defferre. Antoine, lui, profite ainsi de ses bonnes relations avec l'occupant pour organiser un trafic de bons d'essence, dont il fait bénéficier son frère Mémé à l'attention de son réseau. D'après Marie-Christine Guérini, fille de Barthélemy, les deux frères auraient, au printemps 1942, réuni des chefs de la Résistance et les caïds leur étant affiliés pour organiser une série d'attentats contre les forces allemandes. La légende veut alors que, de début mai à fin juillet, quarante-huit attentats organisés par des forces « mixtes », renforcées de près de 300 gangsters, frappent les occupants qui réagirent en rasant le quartier du Vieux Port.

François Spirito meurt en 1943 dans un bombardement, Paul Carbone prend la fuite en 1944. A la Libération, la voie est libre pour les Guérini. Mémé est un héros, décoré de la croix de guerre pour ses faits de résistance, et Antoine, mis en cause pour ses relations avec l'occupant, est tiré d'affaire par la caution de Robert Blémant. Ce commissaire de police à la DST est mandaté pour nouer des relations avec les nouveaux hommes forts de Marseille pouvant aider le nouveau pouvoir en place à lutter contre l'émergence des communistes. C'est en partie grâce à cette aide que les Guérini reprennent des affaires d'anciens truands collaborationnistes et montent un empire d'établissements rentables, bars, boîtes de nuit, hôtels et cabarets, entre leur ville d'adoption et la capitale. Dans le jeu trouble de l'après-guerre, on leur prête également, grâce à leur « ami » policier, des relations avec la CIA. Les Guérini mettent la main sur le contrôle du transit par

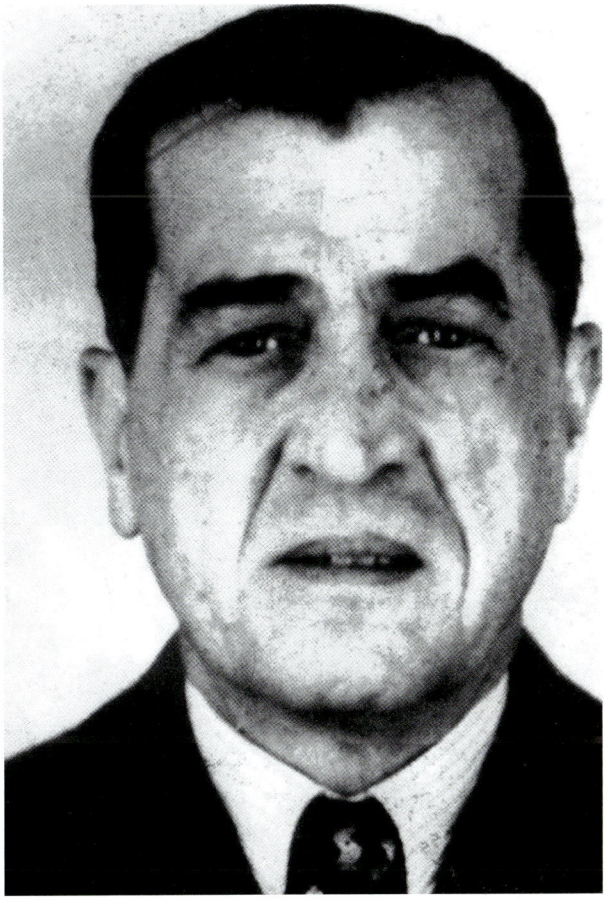

les docks des marchandises américaines envoyées dans le cadre du plan Marshall. En partie grâce à eux, l'Hôtel de Ville est purgé des employés communistes et les manifestations de la CGT contrées par des émeutes qu'ils téléguident. Et ce n'est pas l'accession de Gaston Defferre à la mairie de Marseille en 1947 qui va entraver leur ascension. Bien au contraire. Véritables rois sur le Vieux Port, les Guérini sont courtisés par la bonne société et le show business. Alain Delon, par exemple, est un proche de « Mémé ». Dans les années 1950, le clan étale ainsi une puissance jusqu'alors inégalée en Europe occidentale. A ses activités « traditionnelles », il ajoute la contrebande de cigarettes et le trafice d'héroïne, avec la fameuse French Connection.

Mais la chance va tourner et c'est sur les tapis verts que le clan va se perdre. Dans les années 1960, Antoine tente de prendre le contrôle du milieu des jeux et de son emblème, le « Grand Cercle », un établissement parisien. Pour y parvenir, les Guérini s'associent à Jean-Baptiste Andréani et Marcel Francisci, soutenu par l'ex-commissaire Blémant qui a choisi la vie de gangster parisien. Mais l'opération capote et des sommes colossales sont perdues. Antoine accuse Blémant d'avoir organisé le fiasco. Le 4 mai 1965, le commissaire défroqué est abattu par un commando de quatre hommes, criblé de balles dans sa Mercedes entre Pélissane et Lançon-de-Provence. Si les obsèques de Blémant réunissent le gotha international du milieu, les ...

CI-CONTRE
Funérailles d'Antoine Guérini en Corse, juin 1967.

... Guérini n'y sont évidemment pas présents. C'est le début de leur isolement. Trois des quatre hommes du commando sont rattrapés par la justice sans prétoire qui régit le milieu. Parmi eux, René Mondoloni, fils naturel de Mémé et garde du corps d'Antoine, assassiné le 27 décembre 1969 dans sa chambre d'hôpital à Cavaillon à coups de stylet dans la gorge sous les yeux de Félix, fils d'Antoine, neutralisé par les tueurs.

Le 23 juin 1967, dans le quartier Saint-Julien de Marseille, Antoine Guérini, 65 ans, fait le plein de sa Mercedes dans une station-service en compagnie de son fils Félix. Alors qu'il est remonté dans sa voiture, deux motards s'approchent et criblent le parrain de onze balles de 11,43 sans toucher son fils.

Lors des obsèques d'Antoine Guérini, un cambriolage est perpétré dans sa villa. Disparaissent de nombreux bijoux mais aussi des dossiers politiques que le chef de clan gardait « au chaud » comme autant d'assurances. « Mémé » et ses frères voient rouge sous l'affront. Ils identifient un des cambrioleurs, Luis Manez Tarazona, qui livre le nom de son complice, Claude Mandroyan, restitue la quasi-totalité de sa part de butin et file s'expatrier en Espagne. Le commanditaire du vol serait un mystérieux inconnu se réclamant du SAC et exhibant une carte de police. Mandroyan est « convoqué » au bar de l'Opéra tenu par Pascal Guérini. Son corps est retrouvé le lendemain, le 22 juillet 1967, au cap Canaille, tué de huit balles tirées par deux armes différentes. Mémé, Pascal et François Guérini sont arrêtés quelques jours après. François meurt en détention, le 16 janvier 1970, « Mémé » est condamné à vingt ans de prison et Pascal à quinze ans.

Barthélemy Guérini est mort d'un cancer le 1er mars 1982, trois ans après sa libération, à Montpellier.

HANNIBAL LECTER, « LE CANNIBALE »

CI-CONTRE
Le Silence des agneaux (Silence of the Lambs) de Jonathan Demme avec Anthony Hopkins, 1991.

Qui ne connaît pas le célèbre psychiatre qui fut sans doute le plus machiavélique tueur en série du cinéma ? Hannibal Lecter restera dans la mémoire collective avec les traits du très inspiré acteur sir Anthony Hopkins dans *Le Silence des agneaux* en 1991. Personnage de roman adapté au cinéma, il réussit le tour de force de passer d'un rôle secondaire à une figure légendaire, au fil des quatre tomes écrits par Thomas Harris entre 1981 et 2006. Thomas Harris a indiqué qu'une partie de son inspiration provenait de ses activités de journaliste dans les années 1960, et notamment d'une composition provenant des vies criminelles de William Coyne, un assassin cannibale, Albert Fish, James Gumb, ou encore Pietro Faciani.

La tétralogie de Thomas Harris commence par *Dragon rouge* (*Red Dragon*) paru en 1981, dans lequel un tueur en série, Francis Doralyde, surnommé le Dragon rouge, massacre des familles les soirs de pleine lune. Jack Crawford, aidé de Will Graham, agent du FBI ayant la capacité de penser comme les criminels, sont chargés de l'enquête. Will Graham doit alors interroger un autre tueur en série, le psychiatre Hannibal Lecter, dans sa cellule pour obtenir des informations sur le Dragon rouge. Ce premier opus a été adapté deux fois au cinéma, dans *Le Sixième Sens* (*Manhunter*) par Michael Mann en 1986, Hannibal Lektor (nom utilisé dans ce film) étant interprété par Brian Cox, puis ensuite dans *Dragon rouge* en 2002, réalisé par Brett Ratner et dans lequel Hannibal Lecter est repris par sir Anthony Hopkins.

Le deuxième tome, *Le Silence des agneaux* (*The Silence of the Lambs*), paraît en 1988. Une étudiante au FBI de Baltimore, Clarice Starling, est chargée par Jack Crawford de retrouver le tueur en série « Buffalo Bill » qui a enlevé la fille d'un sénateur. Le monstre a déjà tué et écorché cinq femmes. Elle doit mettre la main dessus avant qu'il ne fasse une sixième victime. Elle passe alors par les services d'Hannibal Lecter, toujours emprisonné sous très haute sécurité. Une relation ambiguë se noue entre le psychiatre psychopathe et la jeune femme. Elle arrive à sauver la sixième cible de « Buffalo Bill », et à tuer ce dernier, de son vrai nom James Gump. Mais Hannibal Lecter parvient à s'échapper, évidemment dans un bain de sang. Ce livre est adapté au cinéma par Jonathan Demme sous le même titre en 1990 avec sir Anthony Hopkins et Jody Foster dans les rôles principaux.

Vient ensuite, en 1999, *Hannibal*. Sept ans après son évasion, Hannibal Lecter se trouve à Florence, en Italie, après être passé par les Bahamas, et exerce comme conservateur d'une bibliothèque, spécialiste de Dante. Il est localisé par Mason Verger, un milliardaire qui a miraculeusement échappé dans le passé au tueur en série, restant gravement défiguré, et qui souhaite se venger. Il utilise pour cela la jeune Clarice Starling, qui désire également retrouver le serial killer. A l'issue de cet épisode, la jeune femme du FBI et le tueur en série, amoureux, prennent la fuite ensemble. La version cinématographique est réalisée par Ridley Scott en 2001 avec sir Anthony Hopkins et, dans le rôle de Clarice Starling, l'actrice Julianne Moore. Cette version propose une fin, plus morale sans doute, dans laquelle Hannibal Lecter meurt.

Le dernier livre, *Hannibal Lecter : les origines du mal* (*Hannibal Rising*), sort en 2006. Le livre raconte la jeunesse du tueur en série, en Lituanie, la mort de sa sœur tuée et dévorée par sept membres d'une milice SS à la fin de la guerre, repas qu'il a dû partager, cannibale de sa sœur à son insu. Il suit ensuite des études de médecine à Paris, découvre le goût du meurtre et retrouve les assassins de sa sœur. Ce dernier roman est adapté pour le grand écran par Peter Weber en 2006, avec l'acteur français Gaspard Ulliel dans le rôle d'Hannibal Lecter jeune.

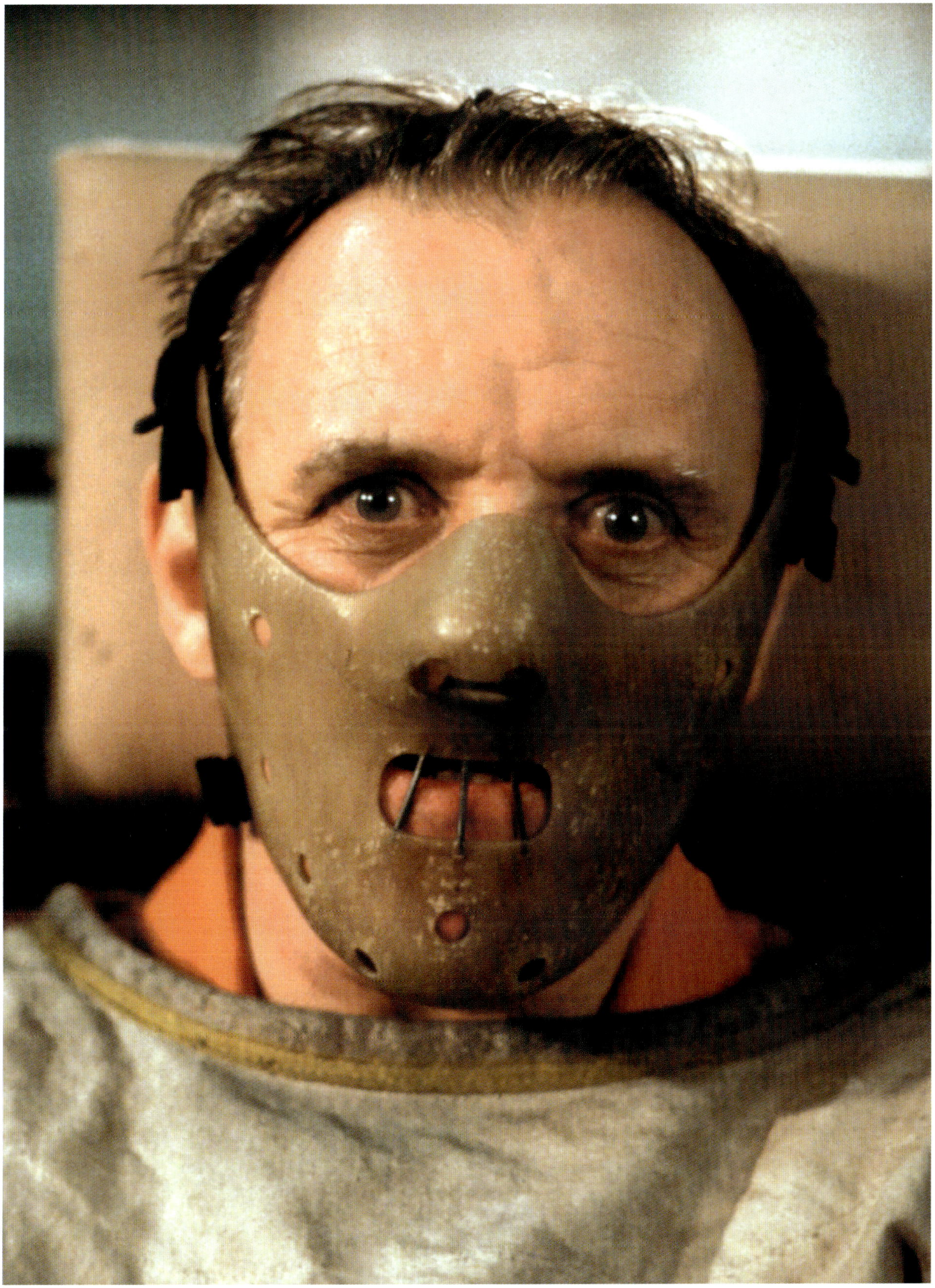

HEAULME, FRANCIS

CI-CONTRE
Francis Heaulme, le 3 décembre 2001 au tribunal d'assises de Metz (57), accompagné de ses deux avocats Liliane Glock et Luc Girard.

Lorsqu'il vient au monde, le 25 février 1959 à Metz, en Moselle, Francis Heaulme est atteint du syndrome de Klinefelter. Tous les garçons sont dotés de deux chromosomes sexuels XY, toutes les filles de deux chromosomes sexuels XX. Heaulme, lui, en a trois. Il est XXY. Ce n'est pas son seul handicap. Il y a encore son père, alcoolique, qui le bat. Alors Francis boit aussi, devient alcoolique, tente de se suicider. Il est exempté de service national pour raisons psychiatriques. Après la mort de sa mère, alors qu'il n'a que 23 ans, il entame une longue errance qui le mène dans 37 départements, entre séjours en foyers et en institutions psychiatriques et petits boulots provisoires, dépensant ses faibles ressources en alcool parfois mélangé avec des médicaments. En novembre 1984, en compagnie de Joseph Molinos, un ancien compagnon de travaux publics, ils boivent un verre et Heaulme se fait accompagner en voiture sur un bout de chemin. Ils prennent en stop Lyonelle Gineste. Elle est retrouvée nue, étranglée et poignardée dans un bois proche de Pont-à-Mousson. Le 29 décembre 1986, il s'enivre avec deux camarades de centre de désintoxication, Philippe Elvion et Michel Magniac. Vers 5 heures du matin, ils embarquent Annick Maurice, qui allait travailler dans un supermarché. Elle est retrouvée le 27 avril 1987 dans un taillis non loin du centre de désintoxication, étranglée par Heaulme. En avril 1989, Heaulme se trouve en placement thérapeutique dans un mobil-home, au camping Port-Grimaud à côté de Saint-Tropez, loué par le centre psychiatrique de la Fontonne à Antibes. Il enlève un petit garçon belge, Joris Viville, qui est retrouvé dix-sept jours plus tard, caché derrière une citerne, étranglé et poignardé à coups de tournevis. Heaulme, excité, annonce le lendemain de l'enlèvement avoir tué quelqu'un à Port-Antibes. Personne, dans le centre psychiatrique, ne le prend au sérieux.

Le 17 mai 1989, il poignarde et égorge Aline Pérès, une aide-soignante de 49 ans, sur la plage du Sable Blanc, à côté de Brest, dans le Finistère. Le gendarme Jean-François Abgrall, de la brigade du Relecq-Kerhuon, est chargé de l'affaire. Pour lui, le mode opératoire dénote une sorte d'habitude. Ce coin de plage étant fréquenté par des marginaux, l'enquête se tourne vers le centre Emmaüs qui assure que la plupart sont partis pour ne pas être interrogés. Des avis de recherche sont diffusés avec leurs identités. Le 19 juin 1989, Abgrall est avisé de la mise à sa disposition de Francis Heaulme par la brigade de Saint-Clair-sur-l'Elle dans la Manche. L'audition de Heaulme est étonnante. Il déclare avoir appris à l'armée comment tuer une sentinelle par-derrière, en mimant un coup de couteau dans le cou, le cœur et les reins. Exactement le mode opératoire utilisé pour tuer Aline Pérès. Heaulme tient des propos délirants, mais explique qu'à l'heure du meurtre il était à l'hôpital de Quimper.

Abgrall poursuit son enquête contre l'avis de sa hiérarchie. En août, il apprend que ses collègues d'Avignon cherchent également Heaulme. Il a été contrôlé non loin de l'endroit de la découverte du corps de Jean-Joseph Clément, le crâne fracassé à coups de pierre. A proximité se trouve un centre Emmaüs. Mi-novembre, Heaulme est de nouveau interpellé par des gendarmes en Meurthe-et-Moselle. Abgrall se rend sur place et interroge le suspect qui ne lâche rien. Au moment de retourner en cellule, il souffle au gendarme : « Je sais que tu sais, c'est un pépin cette histoire. La faute du Gaulois. » Abgrall s'entête. Il cherche parmi les hébergés du centre Emmaüs celui qui pourrait être « le Gaulois », remonte la piste d'un prénommé Philippe qui arbore une grosse moustache, mais ne le localise pas. Lors de ses recherches, le gendarme se rend compte que Heaulme s'est fait contrôler dans dix départements différents en deux mois.

Le 7 mai 1991, Heaulme croise Michel Guillaume, 19 ans, et sa cousine Laurence Guillaume, 14 ans, à une foire dans un village à côté de Metz. Ils rentrent, l'adolescente devant, sur son cyclomoteur, Michel et Heaulme derrière, dans la voiture du jeune homme. Ils ont tous les deux beaucoup bu. Les deux concèdent qu'ils « se feraient bien » la cousine. La voiture renverse la jeune fille. Les deux hommes la font monter dans la voiture, l'emmènent une dizaine de kilomètres plus loin dans

un champ de maïs. Heaulme pique la jeune fille à la gorge pour l'immobiliser et ordonne au garçon de la violer mais ce dernier refuse. Heaulme disparaît alors avec Laurence. Elle est retrouvée le lendemain dénudée et égorgée.

En juillet 1991, Abgrall est avisé que « le Gaulois » est retenu à Bayonne. Ses supérieurs lui refusent de faire le déplacement. En décembre, il arrive toutefois à se rendre en Alsace pour entendre une dernière fois Heaulme et clore le dossier. Cette nouvelle audition ne donne rien. Il décide de renvoyer la procédure, sur ordre, après les vacances de Noël. Le 26 décembre, ses collègues lui signalent que « le Gaulois » est à Bourges. Abgrall s'y rend. Le Gaulois lui avoue qu'il avait beaucoup bu le jour du meurtre avec Heaulme, qu'ils se trouvaient bien ...

CI-CONTRE
Francis Heaulmes lors de la reconstitution du meurtre des enfants de Montigny-lès-Metz (Mozelle).

… tous les deux à la plage, et que Heaulme s'était dirigé tout à coup vers une femme qui bronzait et l'avait saisie à la gorge en ordonnant au Gaulois de partir. Abgrall tient la preuve de la participation de Heaulme au meurtre de l'aide-soignante.

Dans la nuit du 4 au 5 janvier 1992, Heaulme poignarde Jean Rémy, retraité de 65 ans, rencontré à la gare de Boulogne-sur-Mer. Deux jours plus tard, Abgrall met fin aux agissements de Heaulme. Le tueur est interpellé chez lui, en Alsace. Les auditions se déroulent à Strasbourg.

Après des heures d'interrogatoire, Heaulme avoue calmement qu'il a bien égorgé la femme sur la plage. Plus tard, alors qu'il attend d'être déféré devant un juge d'instruction, Heaulme avoue le meurtre de Jean-Joseph Clément. Il précise même avoir utilisé une grosse pierre pour le frapper à la tête. Aucun des OPJ présents n'ayant de commission rogatoire, ces aveux ne peuvent être consignés que comme simple renseignement. Abgrall se met alors en tête de fouiller l'itinéraire de Heaulme. Il diffuse un message national, reçoit des demandes de renseignement de plusieurs services de police et de gendarmerie. Chargé de centraliser les éléments, il est autorisé à communiquer avec Heaulme sur d'autres affaires que celle du Finistère. Heaulme lui avoue ainsi une quinzaine de « pépins » qui lui sont survenus, directement ou comme témoin, dans des termes parfois confus.

Le 28 janvier 1994 s'ouvre le premier procès de Heaulme pour le meurtre d'Aline Pérès. Il est condamné à vingt ans de réclusion criminelle avec période de sûreté des deux tiers. Le 29 septembre 1995, il est condamné à la réclusion criminelle à perpétuité avec une peine de sûreté de dix-huit ans pour complicité de viol et meurtre de Laurence Guillaume (son complice, le cousin, sera condamné à dix-huit ans de prison). En avril 1997, il est jugé pour le meurtre de Laurent Bureau, un appelé de 19 ans, en compagnie de Didier Gentil, l'assassin de la petite Céline Jourdan, 7 ans, tuée en juillet 1988 à La Motte-du-Caire. Malgré les déclarations détaillées de Heaulme sur les tortures subies par le jeune homme, et certaines similitudes avec le meurtre de la jeune Céline Jourdan dont Gentil fut reconnu coupable, les deux hommes sont acquittés. Fin mai 1997, la cour d'assises du Var condamne Heaulme à la réclusion criminelle à perpétuité avec période de sûreté de vingt-deux ans pour le meurtre du jeune Joris Viville. Le 9 septembre 1999, il est condamné à quinze ans de réclusion criminelle pour le meurtre de Jean Rémy, un sexagénaire de Boulogne, puis, le 26 novembre de la même année, à trente ans de réclusion criminelle pour celui de Lyonelle Gineste. En décembre 2001, il est jugé avec son complice Philippe Elvion (Michel Magniac étant décédé en 1995) pour celui d'Annick Maurice. Le 8 décembre, il est condamné encore à trente ans de réclusion criminelle, son complice à quinze ans. Un an plus tard, il bénéficie d'un non-lieu pour la mort de Jean-Joseph Clément dans le Vaucluse, ses aveux n'ayant pas été circonstanciés et ayant été relevés hors cadre légal, puisque dans celui d'une piste non étayée par la gendarmerie. En décembre 2004, il est condamné par la cour d'assises de la Marne pour le double meurtre de Ghislaine Ponsard, 61 ans, et Georgette Ménesse, 86 ans, à Charleville-Mézières en juin 1988, et pour celui de Sylvie Rossi, 30 ans, le 19 juillet 1989 à Villers-Allerand. Il prend encore trente ans de réclusion. Enfin, en décembre 2007, il bénéficie d'un non-lieu pour le double meurtre des jeunes Cyril Beining et Alexandre Beckrich à Montigny-lès-Metz (Moselle) le 28 septembre 1986, initialement attribués à Patrick Dils, faute de preuves.

Le dossier Heaulme est clos. Mais, aux yeux des spécialistes, la liste exacte de ses victimes est loin d'être établie. D'ailleurs, en juin 1994, juste après la fermeture de la cellule spéciale consacrée à l'affaire, Heaulme a glissé à l'enquêteur, dans une dernière conversation informelle, avoir « tué plus d'hommes que de femmes ». Or, il n'a avoué que deux crimes sur des hommes contre cinq sur des femmes. Pour Jean-François Abgrall, le compte n'est pas bon. Heaulme pourrait néanmoins être renvoyé en cour d'assises pour les deux homicides de Montigny-lès-Metz.

HELL'S ANGELS ET GANGS DE MOTARDS

CI-CONTRE
Un motard Hells Angels de San Bernadino lors d'un rassemblement en 1954 à San Francisco, Californie.

Les bandes de motards existent depuis presque autant de temps que l'invention de la moto, en 1868, que cela soit par passion des deux roues motorisées ou de regroupement de « rebelles ». En revanche, leur structuration en gangs réellement organisés remonte à l'après-guerre 39-45. La plus ancienne formation, les « Hell's Angels » (littéralement les Anges de l'Enfer), est créée le 17 mars 1948 par Otto Friedli, à San Bernardino en Californie. Le nom proviendrait à l'origine du film réalisé par Howard Hughes en 1930 sur l'épopée du combat aérien lors de la Première Guerre mondiale. Durant la Seconde Guerre mondiale, plusieurs unités d'aviation reprirent l'appellation pour asseoir leur réputation de casse-cou et de têtes brûlées. L'origine du premier club de motards portant ce nom viendrait d'anciens aviateurs recherchant, comme d'autres vétérans à l'époque, la même camaraderie virile qu'au front. Quant au concept qu'illustre ce nom, il est que l'enfer ne se situe pas dans l'au-delà pour les pêcheurs et les criminels, mais sur terre, d'où le principe d'y échapper par la vitesse, les risques et l'intégration à une confrérie solidaire défendant cet idéal.

En juillet 1947, la Californie est le cadre de bagarres d'envergure entre bandes de motards. Trois « clubs », les *Pissed Off Bastards of Bloomington* (POBOB) les *Boozefighters* et les *Market Street Commandos* s'affrontent, d'abord à Hollister, puis deux mois plus tard à Riverside. L'année suivante, Otto Friedly, fondateur des Pobob, fait dissidence et crée les *Hell's Angels*, mieux disciplinés et organisés. Il se réclame du 1% de barbares antisociaux dénoncé par l'American Motorcyclist Association à la suite des graves incidents des émeutes causées quelques mois plus tôt par les bandes, déclarant que 99% des motards étaient des gens honnêtes et amoureux du sport mécanique.

La structure Hell's Angels va servir de modèle à tous les clubs de motards criminalisés. Ils possèdent une sorte d'uniforme formé le plus souvent d'une jaquette en cuir (ou d'un blouson). Dans le dos se trouve leur emblème particulier, surmonté d'un demi-cercle en haut mentionnant le nom du club, souligné d'un autre en bas indiquant la localisation. La face avant du blouson mentionne le « grade » et le nom du club. L'ensemble est dénommé « couleurs ». Les différentes unités (les moto-clubs) sont nommées des « chapitres » et sont très hiérarchisées, de manière concentrique. Au centre, un « président », décisionnaire, assisté d'un vice-président, d'un secrétaire-trésorier (ou plusieurs), d'un « sergent d'armes » chargé de la discipline et de la sécurité, de capitaines de route pour gérer les déplacements et leurs logistiques, qui forment tous le corps des « officiers ». Puis viennent les membres (dits « full-patch »). Dans la mouvance Hell's Angels, il faut être un homme, majeur, posséder une Harley-Davidson et ne pas être noir. Ensuite arrivent les « prospects », en apprentissage pour une période de six mois à deux ans, et admis par un vote à l'unanimité des « membres ». Ils ne portent qu'une partie des couleurs. En bas de l'échelle, les « hangarounds », sympathisants officiels reconnaissables à un simple écusson, ne portent pas les couleurs. Les Hell's Angels possèdent par ailleurs différents écussons, sortes de décorations, mentionnant la violence du membre (souvent contre les forces de l'ordre), ou le fait qu'il ait tué pour le compte du club ou de la mouvance.

Un chapitre compte au minimum six membres, et lorsqu'il devient trop important, il se scinde en deux chapitres distincts. Il peut naître également de l'absorption d'un autre club qui suit alors la même démarche d'intégration, de « hangaround » à « full-patch » lorsqu'il est admis comme faisant partie des Hell's Angels. Cette dynamique d'absorption dans laquelle un club doit faire ses preuves permet parfois au mouvement de faire exécuter les basses œuvres par des clubs non encore intégrés formellement, donc de défausser ...

... sa responsabilité en cas d'arrestation ou de mise en cause.

Au-dessus des clubs se trouve une organisation centralisée en coupole, comme certaines structures mafieuses, là aussi calquée sur l'organisation militaire, même si chaque chapitre est largement autonome. Ainsi l'EastCom (East Coast Officers Meeting), géré depuis le chapitre d'Oackland, s'occupe de la côte Ouest des Etats-Unis et des chapitres de l'hémisphère Sud, le WestCom de Manhattan est compétent pour la côte Est et l'Europe. Chaque région, ou pays, possède également un chapitre mère. Pour l'Europe, c'est celui d'Amsterdam, pour la France, celui de Paris.

A peu de chose près, ce modèle a été repris par les deux concurrents internationaux des Hell's Angels. Les plus importants, les Bandidos, ont vu le jour en 1966 à Houston (Texas) grâce à Donald Eugène Chambers. Ils sont structurés en régions d'implantation : national Europe ou national Australia par exemple, avec une prédominance du national America dirigé par « El Présidente ».

Ils connaissent un important développement depuis une quinzaine d'années, autant aux Etats-Unis qu'en Europe où leur expansion est très rapide. En 2011, il y a eu une rupture entre les Bandidos américains et le reste du monde, essentiellement Europe et Australie. Les deux entités indépendantes constituent désormais deux « clubs frères », au même nom et au logo légèrement différent. Autre concurrent des Hell's, les Outlaws sont sans doute le plus vieux club de motards, puisque originaire d'une structure datant de 1935. Toutefois, son développement hors de Chicago, calqué sur celui des Hell's Angels, ne date que de 1959, sous la houlette de John Davis. Les statuts actuels ont été déposés en 1965 sous le nom « Américan Outlaws Association ».

Le positionnement politique des groupes criminalisés de motards est globalement très marqué à l'extrême droite, voire d'inspiration nazie. D'après Interpol, l'*Hell's Angels Motorcycle Club* (HAMC) conduit des activités criminelles dans 28 pays dans le monde. Il s'agit principalement de trafic de stupéfiants, de trafic d'armes, mais aussi de racket, souvent violent, ou de proxénétisme, le tout masqué sous des activités officiellement légales dans le milieu des concerts de rock, de l'événementiel ou des services d'ordre.

En France, l'HAMC est installé à Paris depuis 1986. Son trentième anniversaire s'est déroulé le 22 avril 2011 sur une péniche parisienne, regroupant des motards criminalisés venus de toute l'Europe. Le grand rassemblement annuel des Hell's Angels en France, la « Free Wheels », avait lieu à Cunlhat dans le Puy-de-Dôme jusqu'en 2001. Après neuf ans d'absence, elle est désormais organisée à Courpière, dans le même département, début août.

Pour autant, la structure et la discipline de type militaire de ces organisations rendent très difficiles les enquêtes de police et l'infiltration de ces mouvances. Le suivi de leur activités rend nécessaire une coopération internationale déterminée et efficace. En France, trop longtemps ces groupes de motards criminalisés ont été négligés comme nécessitant une surveillance et une recherche déterminée de renseignements, même si la prise de conscience est désormais acquise. En juin 2012, une note du Service d'information, de renseignement et d'analyse stratégique sur la criminalité organisée (Sirasco) détaillait la stratégie d'expansion française des Hell's Angels, notamment dans le Sud-Ouest et la région Bretagne.

CI-CONTRE
Les Hells Angels attendent le début de la course caritative annuelle d'automne à Adams, Massachusetts.

L'Europe aura fort à faire dans les années qui viennent avec l'important développement de ces structures criminelles qui se jouent des frontières. L'enjeu est de ne pas se retrouver dans la situation du Canada, pays dans lequel la forte mobilisation policière a toutes les peines à venir à bout d'une criminalité organisée, en permanente adaptation et réorganisation. Il est difficile de chiffrer le nombre de membres de ces organisations criminelles de motards. Les estimations concernant les trois principales varient de 7 000 à 10 000 membres dans le monde.

Enfin, pour clore sur une note optimiste et redorer le blason des amoureux de la moto, au printemps 1974, les policiers américains, la plupart des motards professionnels, mettaient en place leur propre organisation, les « Blue Knights » (Chevaliers Bleus, la couleur en général des uniformes de police) pour contrer la mauvaise image de marque donnée par ces bandes et représenter au mieux les « 99% » de motards honnêtes, respectueux de la loi et amoureux de deux roues. Structurés sur le même modèle, cette organisation résolument « non criminelle » compte aujourd'hui plus de 600 chapitres et plus de 20 000 membres dans le monde, et deux chapitres en France. La devise de cette organisation prend le contre-pied de la philosophie ouvertement raciste des GMC (gangs de motards) : « Il n'y a pas d'étrangers, juste des amis que tu n'as pas encore rencontrés. »

HOLD-UP

CI-CONTRE
Le Garçon au gilet rouge, 1888-90, huile sur toile de Paul Cézanne (1839-1906).

L'expression de langue anglaise signifie littéralement « maintenir sur place », que l'on entend comme « tenir en respect » dans les cas criminels qui intéressent cet ouvrage, c'est-à-dire sous la menace d'une arme lors d'un vol à main armée. A ne pas confondre, pour les non-anglophones et pour rester dans la même dramaturgie du vol, avec l'injonction verbale « hands up », signifiant « haut les mains ».

Le hold-up, vol à main armée ou « braquage », pour utiliser un terme populaire, est un grand classique du crime d'appropriation. Sa pratique est sans doute aussi vieille que l'humanité. Il y a quelques milliers d'années, nos lointains ancêtres extorquaient les biens convoités de leurs voisins sous la menace de gourdins. Les malandrins du Moyen Age détroussaient les voyageurs en menaçant de les saigner à coups de couteau. Quant aux attaques de banques, elles connurent une vogue sans précédent à la grande époque du Far West, avec l'arrivée des premières armes à feu modernes.

Certains d'entre eux sont devenus célèbres, que ce soit pour l'audace de leurs auteurs ou en raison de l'importance du butin, l'un n'empêchant d'ailleurs pas l'autre. Ces actes criminels ont ainsi reçu l'éphémère mention de « braquage du siècle », avant d'être détrônés par le suivant. Trop nombreux pour être tous recensés dans cette rubrique, la liste retenue ici est tout à fait subjective et loin d'être exhaustive.

Certains d'entre eux sont également évoqués dans les pages consacrées à leurs auteurs.

Le vol du train postal Glasgow-Londres

Le 8 août 1963, une bande de onze gangsters stoppe le train postal Glasgow-Londres et dérobe pour 2,6 millions de livres sterling. Le chef du gang, Bruce Reynolds, son bras droit Ronnie Biggs et les autres membres sont vite interpellés par Scotland Yard, mais les deux cerveaux arrivent à s'évader et à s'envoler pour le Brésil. Malade, Ronnie Biggs s'est rendu à la police britannique en 2001, emprisonné et remis en liberté le 7 août 2009 pour raisons de santé, à 79 ans. Nul ne sait ce qu'est devenu le butin.

Deux films ont été inspirés directement par ce vol, l'un allemand : *L'Affaire du train postal Glasgow-Londres* en 1967, réalisé par John Olden et Claus-Peter Witt, et *Buster* en 1988, de l'Anglais David Green, avec Phil Collins.

L'Union des Banques Suisses de Genève

Le dimanche 25 mars 1990 à 7 heures du matin, cinq braqueurs dérobent plus de 220 kilos de billets de banque, soit 31,4 millions de francs suisses. Trois complices établis en Suisse ayant renseigné l'équipe sont condamnés à sept ans et demi de réclusion. Quatre membres du gang des « Brise de Mer » (*voir* : Bar) : André Benedetti, Alexandre Chevrière, Jacques et Joël Patacchini seront interpellés et incarcérés par la suite pour ces faits, mais le fruit de ce vol ne sera jamais retrouvé.

La poste de Zurich

Déguisés en postiers, cinq voleurs à main armée dérobent, le 1er septembre 1997, 53 millions de francs suisses dans les réserves de la poste de Fraumünster à Zurich. Ils abandonnent sur le lieu dix sacs de billets, faute de place pour les emmener dans leur camionnette. Si la police pense avoir interpellé peu après tous les auteurs du braquage, la moitié du butin est resté introuvable.

Le fourgon blindé canadien

En septembre 2005, plusieurs voleurs armés s'emparent du camion d'une société spécialisée dans le transport de biens précieux. Le montant officiellement déclaré est de 27 millions d'euros. Il s'agit du plus important vol connu de l'histoire du Canada.

La Northern Bank à Belfast

Le 20 décembre 2004, après avoir pris en otages pendant deux jours les familles de deux employés de la Northern Bank à Belfast pour qu'ils leur ouvrent le coffre-fort, des cambrioleurs font main basse sur 38 millions d'euros. Très vite, Londres et Dublin suspectent l'IRA. Appuyée par le Sinn Fein, elle dément cette accusation. ...

CI-CONTRE

Des enquêteurs de police sur les lieux de l'attaque d'un camion blindé, région parisienne, France.

... Le dépôt blindé en Grande-Bretagne

Le plus important vol à main armée commis au Royaume-Uni date de février 2006. Des truands prennent en otage le chef du dépôt Securitas, séquestrent séparément sa famille et le contraignent à ouvrir les portes. Les malfaiteurs investissent les lieux et braquent les employés. Ils s'enfuient avec un butin estimé à 78 millions d'euros.

La joaillerie Harry Winston de Paris

Le 6 octobre 2007, trois braqueurs cagoulés s'introduisent dans la joaillerie Harry Winston à Paris, neutralisent ses employés et repartent une demi-heure plus tard avec colliers, bagues et montres d'une valeur de 44 millions d'euros. A ce jour, les bijoux comme les voleurs n'ont pas été retrouvés. Le 4 décembre 2008, quatre malfaiteurs, dont deux sont travestis en femmes, remettent ça. Ils font irruption, armes au poing, dans la boutique et s'emparent de 85 millions d'euros de bijoux. Sept mois plus tard, la police procède à l'interpellation de vingt-cinq suspects à Paris et en Seine-Saint-Denis. Les « Pink Panthers » initialement soupçonnés, sont mis hors de cause au « profit » d'une association de malfaiteurs de banlieue parisienne.

La Fondation Bührle à Zurich

Dans le petit musée de la Fondation Bührle à Zurich, le 10 février 2008, trois malfaiteurs cagoulés et armés forcent les employés à se coucher au sol et subtilisent quatre tableaux dont la valeur globale est estimée à 115 millions d'euros. La semaine suivante, les *Champ de coquelicots près de Vétheuil* de Claude Monet et la *Branche de marronnier en fleurs* de Vincent Van Gogh sont retrouvés dans une voiture abandonnée. Le *Garçon au gilet rouge* de Paul Cézanne est retrouvé le 11 avril 2012 à Belgrade, en Serbie. *Le Comte Lepic et ses filles* d'Edgar Degas sera également retrouvé en Serbie. C'était à l'origine, du point de vue du montant, sans doute le plus important vol de tableaux de maître depuis une vingtaine d'années.

La bijouterie Chopard de Paris

Le joaillier Chopard, place Vendôme à Paris, est victime, fin mai 2009, d'un braquage éclair d'un montant de 6,6 millions d'euros. Se faisant passer pour un client, le voleur immobilise le personnel du joaillier à l'aide d'un pistolet automatique et se fait remettre une quinzaine de bijoux et montres. L'auteur présumé du casse est interpellé par la police fédérale belge le 13 juillet 2009, alors qu'il se trouvait dans le quartier des diamantaires d'Anvers.

La joaillerie Graff Diamonds de Londres

Deux hommes armés dérobent, le 6 août 2009, la valeur de 47 millions d'euros de bijoux et montres au joaillier de luxe Graff Diamonds. Quelques jours après les faits, Scotland Yard interpelle un des quatre suspects liés au braquage. Mais les deux protagonistes de l'attaque filmés par les caméras de télésurveillance courent toujours.

L'affaire Toni Musulin

Le 5 novembre 2009, après un important chargement d'argent liquide à la Banque de France, Toni Musulin détourne le fourgon blindé de la société Loomis qu'il conduit, à Lyon, abandonnant ses collègues de travail sur place. Le véhicule de transport de fonds est rapidement retrouvé vide par la police. Le butin déclaré est de 11,6 millions d'euros en billets neufs non numérotés. Deux jours plus tard, la police découvre, cachés dans un box, environ 9 millions d'euros dans un garage loué sous une fausse identité par l'auteur du vol. Durant sa courte cavale, le malfaiteur d'origine serbe fait l'objet d'un grand enthousiasme de la part de nombreux admirateurs le présentant comme un symbole de la résistance aux systèmes bancaires. Il se rend le 16 novembre à la police de Monaco, est remis à la police française, mais nie avoir gardé les 2,5 millions d'euros manquant à l'appel. Le jeune quadragénaire reste un mystérieux personnage pour les enquêteurs, qui le suspectent d'avoir fait un passage en ex-Yougoslavie lors de sa cavale. De même, on explique mal ses avoirs pour un simple convoyeur de fonds à salaire modeste. Ainsi, il est condamné en appel, après ce vol, pour

une fausse déclaration à l'assurance d'un vol de sa voiture, une Ferrari F430 (la seconde dont il est propriétaire), le 2 novembre 2010, à cinq ans de prison ferme. Son compte bancaire, vidé avant son escapade avec le fourgon blindé, s'élevait à un montant de 137 000 euros.

Il a été condamné le 4 février 2011 par le tribunal de grande instance de Lyon à verser à son ex-employeur, la société Loomis, une somme de 270 000 euros à titre de dommages et intérêts.

On peut ajouter le vol de sept toiles, dont les œuvres de Picasso, Matisse, Monet et Gauguin, dans la nuit du 15 au 16 octobre 2012, au musée Kunsthal de Rotterdam, pour un montant approximatif estimé de 150 à 200 millions d'euros.

HOLMES, SHERLOCK

CI-CONTRE

Le Chien des Baskerville de Sidney Lanfield (1898-1972) avec Basil Rathbone (1892-1967) dans le rôle de Sherlock Holmes, 1939.

Voici le modèle de tout criminologue. Un détective qui, par l'observation seule, réussit presque toujours à identifier les origines de la victime, puis à déduire qui est le coupable, ne peut laisser indifférent. Certes, le personnage de fiction imaginé par son auteur, sir Arthur Conan Doyle, a quelques défauts. Une certaine arrogance, une complexe relation avec son frère Mycroft, quelques addictions, une obsession. Mais il entretient une vraie et solide amitié avec le Dr Watson, qui tient officiellement la plume de narrateur de ses aventures, 4 romans et 56 histoires publiées en magazines, qu'on appelle dans le milieu holmésien, le « Canon ».

Le personnage de Sherlock Holmes est inspiré de la personnalité du Dr Joseph Bell, chirurgien et professeur de Conan Doyle à l'université d'Edimbourg. Bell avait le génie de découvrir les maladies de ses patients avant même qu'ils lui en expliquent les symptômes. Un autre de ses professeurs, spécialisé en médecine légale, sir Henry Littlejohn, apportera la touche criminologique au personnage. Son nom associe vraisemblablement deux personnalités, Oliver Wendell Holmes, juriste et médecin américain, et Alfred Sherlock, violoniste de renom. Il serait né en janvier 1854 ou en 1861, selon les exercices de calcul des experts holmésiens.

Excentrique, dans ses habitudes comme son habillement, Sherlock Holmes possède un style de rangement cumulatif qui effraie régulièrement Watson et sa gouvernante, Mrs Hudson. Fumeur de pipe invétéré, il utilise la morphine et la cocaïne (« solution à 7 % ») pour se stimuler. Il gagne plus que correctement sa vie et ses services sont tarifés à un niveau élevé.

Holmes est souvent armé. Avec le revolver de service offert par Watson, mais surtout avec sa canne. C'est également un escrimeur de qualité. Mais, pour l'essentiel, ses poings sont ses armes favorites, et il pratique le baritsu, un mélange de jiu-jitsu et de boxe.

Selon Watson, les compétences de Holmes sont très aléatoires. A la fin de *Une étude en rouge*, il les résume ainsi : connaissances en littérature, philosophie, astronomie, nulles. En politique, faibles. En botanique, variables (mais très bonnes en poisons et drogues, nulles pour le jardinage). En géologie, pratiques mais limitées. En chimie, excellentes. En anatomie, de bon niveau. En faits divers, immenses. En musique, bon violoniste. En sports, bonne maîtrise de la canne, de la boxe et de l'épée. En droit, bonne maîtrise pratique du droit pénal anglais. Il semble aussi parfaitement maîtriser le latin et avoir des connaissances ésotériques surprenantes. Au cours de sa retraite, il devint également un apiculteur de qualité.

Son créateur, sir Arthur Conan Doyle, est né le 22 mai 1859 à Edimbourg, fils d'un petit fonctionnaire, alcoolique et épileptique, qui mourra en 1893. Eduqué chez les Jésuites, il devint docteur en médecine en 1885 et exercera jusqu'en 1891. Il se maria deux fois, ne réussit pas à se faire élire à la Chambre des communes, mais fut anobli en 1902. Après la mort de son fils Kingsley durant la Première Guerre mondiale, il se réfugia dans le spiritisme. Il n'apparut au cinéma qu'une seule fois, dans la présentation du film de Basil Rathbone, *Le Chien des Baskerville*. Il fut lui-même utilisé par Scotland Yard pour de véritables enquêtes.

Influencé par Auguste Dupin, le détective d'Edgar Allan Poe, et Lecoq, celui d'Emile Gaboriau, son premier roman, *Une étude en rouge*, écrit en trois semaines en 1886, met en scène Holmes et Watson, dont le personnage est en convalescence après une blessure reçue durant la guerre d'Afghanistan (1878-1880). Peu fortuné, il cherche à partager un logement et rencontre Holmes au 221B Baker Street, propriété de Mme Hudson, leur logeuse.

Plus de 200 films racontent les aventures de Sherlock Holmes depuis 1899 (*The Strange Case of Miss Faulkner*), une comédie musicale (*Baker Street*, en 1965), des dizaines d'adaptations télévisées, dont une soviétique d'anthologie), des jeux vidéo, des centaines d'œuvres utilisent son personnage.

Un musée a été installé en 1990 dans une maison reconstituée à Baker Street à Londres.

CI-CONTRE

Affiche artistique, 1959, anonyme.

de IMBERT, JACQUES, DIT « JACKY LE MAT »

à JAMES, JESSE

IMBERT, JACQUES, DIT « JACKY LE MAT »

CI-CONTRE
Portrait de Jacques Imbert (1929-2019).

Né le 30 décembre 1929, le personnage plaît parce que sa vie rocambolesque a tous les ingrédients d'un roman. Franz-Olivier Giesbert a, du reste, écrit deux polars, *L'Immortel* et *Le Lessiveur*, l'un et l'autre adaptés au cinéma, inspirés par l'existence du « Mat ». Rien, et surtout pas ses origines familiales, ne prédisposait Jacques Imbert à devenir voyou. Son père, passionné d'opéra, était ouvrier dans l'aéronautique. Peut-être le garçon était-il impulsif, et naturellement violent. Ce trait de caractère lui vaut son premier séjour en prison : il avait corrigé un peu trop rudement l'amant de sa mère, et écopé, alors qu'il n'avait pas encore 18 ans, de cinq ans ferme. Il en passe deux en prison, ce qui suffit à lui mettre le pied à l'étrier dans le monde des truands. « La prison, confie-t-il, c'est l'endroit où j'ai rencontré le plus grand nombre d'enfoirés. Un ramassis de minables, de ratés. Mais je me suis trouvé en cellule avec un vrai dur. Je me suis dit : "C'est ça, ma voie". »

A sa sortie de prison, il part à Oran, où il s'engage dans les tirailleurs sénégalais – il s'en fera exclure au bout d'un an, pour incompatibilité de caractère –, et où il fréquente d'autres voyous. Il quitte l'Algérie et, au début des années 1950, appartient à Paris à la bande des Trois Canards, du nom de l'établissement qui sert de point de ralliement aux caïds qui la composent, pour beaucoup des Italiens de Marseille. Leur spécialité ? Sans négliger proxénétisme, jeux et toutes sortes de trafics, ils ont deux domaines de prédilection, le casse et le racket. On trouve là – entre autres – Marius Bertella, Gégène le Manchot, et notamment Gaëtan Zampa, dit « Tany ». Le jeune Jacques Imbert noue une solide amitié avec ce dernier, apprend le métier, et, son sang-froid et sa détermination aidant, devient un des pivots de la fine équipe.

Hérité de ses activités de braqueur, son goût pour les sensations fortes l'amène à envisager une autre vie : cascadeur, expert en conduite automobile... Il ne cesse de relever des défis, participe à des courses de voitures sur le Vieux Port, organise des dérapages place de la Concorde. Tout cela est à la mesure de la vie qu'il mène, à grandes guides. Il flambe, fréquente les établissements de nuit les plus coûteux, accumule les réussites féminines, les mariages, les maîtresses. En 1961, il se fait coincer pour proxénétisme et condamner, à Oran, à six mois de prison. Dans l'affaire est également impliqué un nommé Raymond Infantès, patron de plusieurs bordels de la ville, qui, aidé de ses relations, échappe à la prison. Le Mat supporte mal cette injustice. Quelques mois après, dans une mise en scène de roman, il traverse la Méditerranée avec un Cessna qu'il pilote lui-même, kidnappe le proxénète et, en contrepartie de sa liberté, obtient une forte rançon. Dans l'opération, il ne récupère pas seulement un magot, il accroît sa réputation d'homme dangereux, de « Mat » (« fou » en provençal).

Tout en conservant activités et amitiés « parisiennes », le Mat prend pied à Marseille et travaille sous l'autorité de Tany Zampa, mais avec sa propre bande. Il s'associe également avec l'ancien commissaire Robert Blémant, devenu gangster et abattu le 15 mai 1965 sur instruction d'Antoine Guérini, parrain marseillais de l'époque. Lequel est exécuté deux ans plus tard, le 23 juin 1967. L'heure des hommes de l'âge de Jacques Imbert est arrivée. Et avec elle son inscription au fichier du grand banditisme. En cheville avec un troisième homme, Francis Vanverberghe, dit « le Belge », Zampa et Imbert partent à l'assaut de l'empire Guérini : des boîtes et établissements de nuit, à Marseille, sur la Côte d'Azur, à Paris sont à reprendre. C'est ainsi que – entre autres – Jacky le Mat se retrouve propriétaire d'un bar de luxe à hôtesses, *Le First*, rue François Ier dans le 8e arrondissement de Paris.

L'entente cordiale des trois ambitieux ne dure pas. Le « Belge » et « Tany » ne tardent pas à se déclarer une guerre ouverte. En réponse à ces

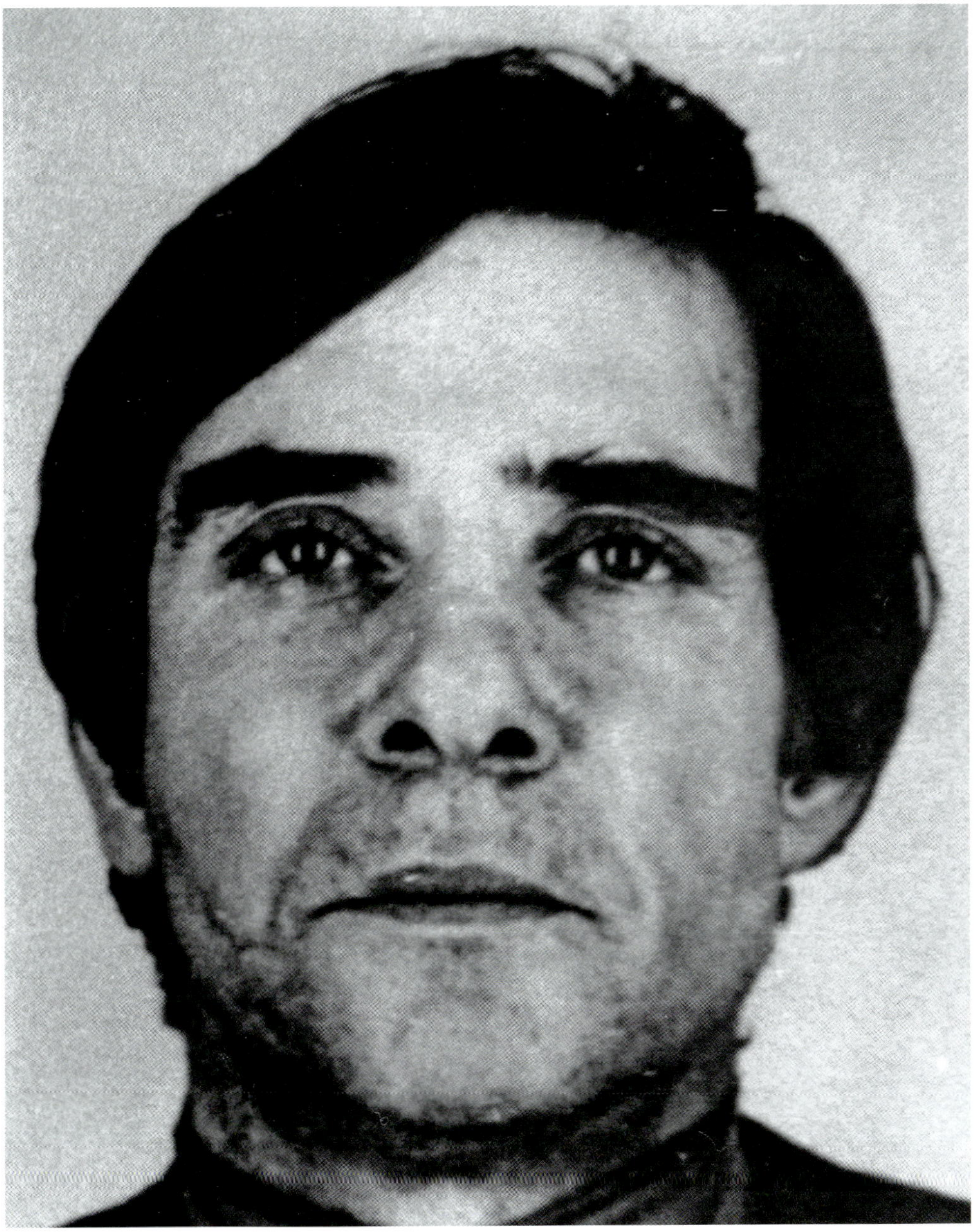

tensions, le « Mat » prend un peu le large, s'investissant dans sa passion pour le trot attelé, comme driver de sulky. De sorte que pendant que les balles sifflent il reçoit des applaudissements, notamment à l'occasion de chacune de ses vingt-neuf victoires et de son titre de champion de France en 1973. Il s'associe avec un entraîneur réputé, Pierre-Désiré Allaire, et crée le haras du Rousset, au Puy-Sainte-Réparade, près d'Aix-en-Provence. C'est là qu'il entraîne la quinzaine de pur-sang de l'écurie « Alain Delon – Mireille Darc ». Jacky le Mat est un proche de l'acteur, qu'il voit régulièrement, en particulier lors des tournages des films *Borsalino* et *Borsalino and Co* (*voir* : Carbone et Spirito). Cette année n'est pas bonne pour Jacques Imbert. Il est revenu aux affaires et entre en conflit avec Gaëtan Zampa, entre-temps devenu véritable parrain de Marseille. Une affaire, jamais vraiment éclaircie, les oppose à propos de l'homme d'affaires israélien Samuel Flatto. Un homme de Zampa le protégeait. Le Mat veut le rançonner, voire l'enlever. Tout cela sur fond de rivalité pour le contrôle des jeux sur la Côte d'Azur ...

CI-CONTRE
À 75 ans, en 2004, Jacky le Mat est arrêté pour contrebande et conduit au palais de justice de Marseille.

… ou, plus bêtement, par jalousie. Toujours est-il que, le 1er février 1977, le Mat est laissé pour mort sur le parking de sa résidence, Les Trois Caravelles, à Cassis. Il a dans le corps pas moins de sept balles de 11,43 et quinze plombs de chevrotine, mais il est vivant. Une intervention à l'hôpital de la Timone le laisse handicapé de la main droite. Qu'à cela ne tienne, il apprendra à tirer de la gauche…

Sa convalescence – qu'il passe prudemment en changeant de lit chaque soir – lui permet de mûrir sa vengeance. Le 3 mars 1977 est abattu Gaby Regazzi, au milieu du cimetière Saint-Pierre, à Marseille, où il se rendait sur la tombe de son fils. Le lendemain, en représailles, c'est un proche du Mat qui fait les frais de cette guerre. Le 30 juillet, Bimbo Roche, proche de Zampa, est tué au volant de sa Mercedes. Quelques jours plus tard, c'est Jean-Claude Regazzi, neveu de Gaby, qui reçoit une rafale de mitraillette. En novembre de la même année, le Mat lui-même est arrêté non loin du domicile de Zampa, et condamné à dix-huit mois de prison pour port d'arme. Pendant les six mois qu'il passe incarcéré, la mortelle partie de ping-pong fait encore huit morts, des deux côtés…

A sa sortie de prison, Jacques Imbert investit ses économies dans l'immobilier, entre les Caraïbes, la Floride et l'Italie. Après la cascade automobile et les courses de chevaux, il s'essaye au yachting et se rend propriétaire d'un voilier, *Le Kallisté*. Cela n'empêche pas la guerre avec Zampa de continuer. Si Tany se suicide en prison en 1984, ses lieutenants se retrouvent impitoyablement en première ligne. Le Mat s'allie avec le Belge pour les éliminer un à un ; entre 1984 et 1987, une douzaine d'hommes de Zampa sont assassinés. « Je n'ai jamais su qui étaient ceux qui m'ont tiré dessus, confiera en 1993 Jacky Imbert à Hervé Gattegno, du *Nouvel Observateur*, mais la rumeur a désigné des coupables. Ils sont morts quelque temps plus tard. »

Après ces années mouvementées, Jacques Imbert paraît mener une vie plus paisible entre Paris et Marseille. En 1980, par exemple, on le retrouve, jeune quinquagénaire, « conseiller en relations publiques » de la célèbre boîte de nuit parisienne le Bus Palladium. C'est, en réalité, le début d'une longue suite d'affaires judiciaires dont Jacky le Mat sortira presque toujours indemne. En 1991, une enquête fiscale révèle d'abord au Bus Palladium un détournement de fonds de 35 millions de francs. De retour à Marseille, il prend la direction d'un chantier naval sur les îles du Frioul. Cela lui vaudra, en 2000, d'être de nouveau sur le devant de la scène, lorsqu'un de ses voisins, patron de la société Frioul Plaisance, est tué à coups de couteau à côté de son entreprise. En 1990, il est encore mis en cause – sans suite – dans l'affaire dite des cliniques, qui se solde par deux meurtres.Autre mise en cause, deux ans plus tard, en 1992, quand le Mat est accusé d'une vieille affaire à Genève, impliquant le milieu nantais. Il est incarcéré durant dix-huit mois dans l'affaire dite de la « bande de l'Opéra » mêlant vols à main armée et assassinats. Mais il est mis hors de cause dans la guerre des établissements de nuit, soupçonné d'avoir prêté main-forte à Francis le Belge, entre 1989 et 1994. Cette affaire sera classée en 2008.

Au début des années 2000 – il a tout de même 70 ans –, il semble finalement rangé. Il est pourtant interpellé le 17 octobre 2003 dans une affaire de trafic de cigarettes avec la Mafia russe. En 2006, puis en 2008, il est encore condamné, pour des affaires anciennes d'extorsion de fonds qui avaient visé un marchand de biens parisien ou des gérants d'établissements de nuit. Commentaire de l'intéressé : « Les flics sont toujours venus me chercher pour des coups que je n'avais pas faits. Pour ceux que j'ai faits, je n'ai jamais vu personne… »

Jean Reno, dans *L'Immortel* (2010) de Claude Berri, produit par Luc Besson, interprète son rôle.

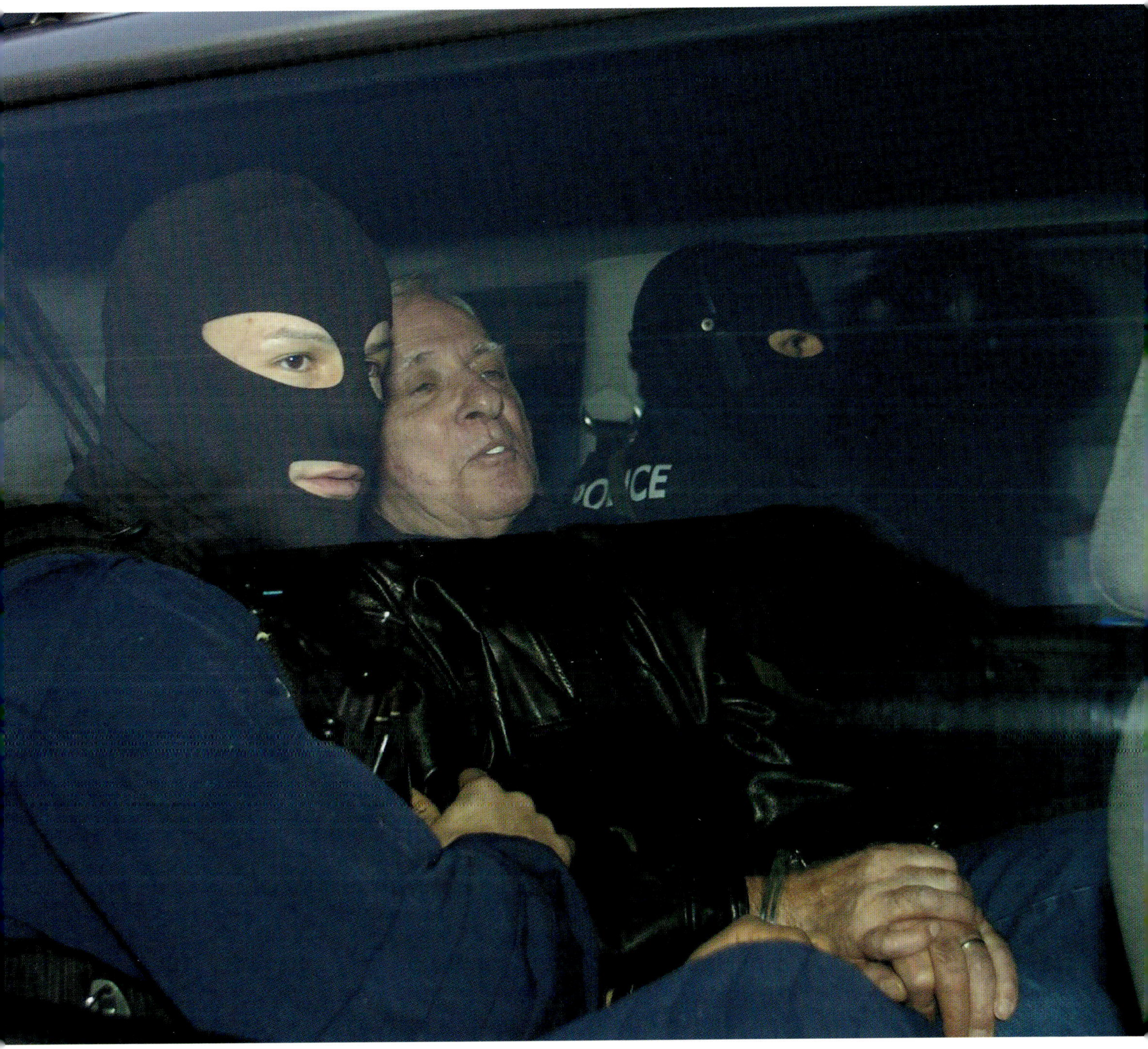
POLICE

JACK L'EVENTREUR

CI-CONTRE
Affiche artistique, 1959, anonyme.

Quel tueur en série, avide de reconnaissance et désireux de marquer l'histoire, ne rêve pas de devenir aussi célèbre que Jack l'Eventreur ? Et de défier la police au point de demeurer, plus d'un siècle après sa mort, anonyme, et de continuer à être l'objet d'enquêtes et d'hypothèses ?

En 1888, le quartier de Whitechapel à Londres est plus que mal famé. Air malsain, misère et alcoolisme y semblent la norme. Entre bouges mal éclairés et rues sales, s'y côtoient marins, prostituées, mendiants, chômeurs, interlope et pitoyable rebut d'une capitale tentaculaire. La violence n'y est pas rare. Les assassinats non plus.

Le 6 août 1888, une prostituée est trouvée morte par un portefaix ivre qui rentre chez lui à George-Yard Building. Elle s'appelle Martha Tabram, dite Emma Turner, elle a 35 ans et porte trente-neuf blessures probablement dues à deux armes distinctes. Un couteau à très longue lame et un instrument terriblement coupant, comme chirurgical, ont servi à lui asséner neuf coups à la gorge, dix-sept dans la poitrine, treize dans la région abdominale. L'identité de la victime n'incite pas au zèle policier. Pas une ligne non plus dans la presse. Le 31 août, c'est un charretier qui découvre, dans Bucks Row, sous une bâche, vers 4 heures du matin, le corps sauvagement mutilé d'une autre femme. Elle est égorgée, éventrée, le corps est encore chaud. C'est Mary-Ann Nichols, dite « Polly », 42 ans, mère de cinq enfants, vivant dans la pauvreté, également prostituée. Le médecin légiste note une nouvelle fois des blessures avec une arme blanche à lame très longue. La victime a été vue vivante une demi-heure avant la découverte de son corps inanimé : l'assassin a dû agir en pleine rue. Cette fois, la police et la presse prennent l'affaire au sérieux.

Le 8 septembre 1888, au petit matin, l'inspecteur Joseph Chandler arpente les rues de Whitechapel. Devant le 29 Hanbury Street, à quelques pas de l'endroit où a été trouvée la précédente victime, il entend appeler au secours. Il se rue dans l'immeuble et voit, affolé, un des habitants qui sortait de chez lui. L'homme désigne au policier un corps de femme presque décapité dont la tête semble avoir été maintenue en place avec un mouchoir noué autour du cou. Comme les précédentes victimes, la malheureuse est éventrée. L'autopsie établira qu'il lui manque l'utérus et les deux tiers de la vessie. Le médecin constate des traces de sang importantes sur les murs et des signes de suffocation. La victime s'appelait Ann Chapman, dite « Dark Annie » ; la veille, on lui avait refusé une place à l'hospice car elle était sans argent.

Trois assassinats en un mois : la terreur monte dans le quartier. La nuit où a été tuée la dernière victime, des dizaines de policiers surveillaient le quartier. Cela n'a pas empêché ce troisième meurtre horrible, à moins de 200 mètres des deux autres !

La police travaille, s'agite, mais sans résultat. Inquiets, terrorisés, les habitants de Whitechapel montent un Comité de vigilance qui organise des patrouilles et recueille des renseignements. Sur une dénonciation, un cordonnier juif polonais, John Pizer, est arrêté par ces vigiles. Par chance, il possède un alibi. Les esprits sont échauffés ; on a frisé le lynchage.

Le 12 septembre, l'agence de presse londonienne Central News Office reçoit une carte de revendication du meurtrier. Le texte donne suffisamment de détails pour être crédible. L'auteur, qui proclame sa haine des prostituées et annonce qu'il coupera les oreilles de la prochaine victime pour les envoyer à la police, signe d'un nom qui aura une certaine fortune : *Jack the Ripper*, Jack l'Eventreur. La police fait diffuser des copies de cette carte à des milliers d'exemplaires. Ce mystérieux « Jack » est désormais célèbre, en Angleterre aussi bien qu'à l'étranger. Mais il reste inconnu. Informations et dénonciations reçues n'avancent à rien.

Par la suite, un journaliste du *Star*, nommé Bert, sera suspecté d'avoir envoyé cette lettre – et d'autres – pour faire du scandale et faire monter les ventes de son journal.

Le 30 septembre, à 1 heure du matin, un colporteur qui rentre au club éducatif des travailleurs étrangers, dans Berner Street, découvre, sous le porche, un nouveau cadavre de femme. Elle est égorgée, le visage tailladé, les paupières lacérées, et tient dans la main gauche un sac de bonbons. ...

CI-CONTRE

Conan Doyle (1859-1930) créateur du célèbre détective fictif Sherlock Holmes participe à l'enquête.

... Cette fois encore, le corps de la victime n'a pas eu le temps de refroidir. Cette fois encore, y ont été prélevés des organes abdominaux. Il s'agit d'Elizabeth Stride, dite « Long Liz ». Moins d'une heure plus tard, à Mitre Square, une autre femme est retrouvée morte. Elle gît à un endroit où les rondes de police passent tous les quarts d'heure. Ce qui n'a pas empêché l'assassin d'avoir manifestement pris son temps. La femme a été soigneusement éventrée, ses entrailles prélevées et disposées à côté de sa tête, le visage est également mutilé, les lobes des oreilles entaillés. Il s'agit de Catherine Eddowes, toujours une prostituée. En cherchant des indices, un inspecteur, Alfred Long, découvre un morceau de tablier taché de sang appartenant à la victime. Il fait cette trouvaille dans Goulston Street, à environ dix minutes à pied du lieu où Catherine Eddowes a été assassinée. Sur un mur voisin, il trouve une curieuse inscription, manifestement récente : *The Juwes are the men that will not be blamed for nothing* (Les Juifs ne seront pas accusés pour rien). Afin de ne pas éveiller de mouvements antisémites, le texte est photographié, puis effacé.

Avec la découverte de ces nouveaux cadavres, le scandale est énorme. D'autant que le président du Comité de vigilance reçoit un colis de Jack l'Eventreur qui contient un morceau du rein prélevé sur une des victimes. Cet envoi macabre est accompagné d'une lettre informant le destinataire que l'expéditeur a fait frire l'autre moitié du rein, et qu'il l'a mangée ! Le médecin légiste ne peut qu'authentifier la provenance du viscère... Ce message, expédié *From Hell*, est le seul qu'on peut avec certitude attribuer à « Jack l'Eventreur ».

La démission du directeur de Scotland Yard est réclamée publiquement. Charles Warren résiste, puis finit par céder la place.

En octobre, les découvertes continuent. C'est un tronc de femme qui est retrouvé. La mort remonte à six ou huit semaines environ. Le corps est mutilé avec, note le médecin ayant fait les constatations, usage d'une arme très tranchante et, chez l'assassin, connaissance d'un minimum d'anatomie : il manque la tête, les bras et la plupart des viscères abdominaux.

Le 10 novembre 1888, Mary Jane Kelly est retrouvée morte. C'était également une prostituée, mais d'un standing un peu supérieur aux pauvres filles qui l'avaient précédée. Elle recevait ses clients dans une chambre sur cour à Miller's Court, toujours dans le même quartier. La veille au soir, elle aurait été vue quittant un pub avec un client. Les voisins affirment qu'à 1 heure du matin il y avait de la lumière chez elle et qu'on avait entendu rire et chanter. C'est un petit commissionnaire de la logeuse qui la découvre par une lucarne à 9 heures du matin. En milieu fermé, avec du temps, Jack l'Eventreur a pu fignoler un chef-d'œuvre d'horreur et de folie criminelle. Comme la précédente, la fille est égorgée, mais plus profondément, jusqu'à la colonne vertébrale, le corps disséqué, des organes éparpillés dans la pièce. Une partie des viscères, dont l'utérus, semble manquer.

Conan Doyle, qui vient de publier les premières aventures de Sherlock Holmes, suggère astucieusement que l'assassin se déguise sans doute en femme...Trois autres cadavres de femmes sont trouvés. Ils présentent de curieuses similitudes. Celui d'une prostituée est remonté de la Tamise, en plusieurs morceaux, les premiers jours de juin 1889. Il est découpé avec habileté, l'utérus manque. Le 17 juillet, une femme est retrouvée égorgée dans une ruelle de Whitechapel, le tronc et l'estomac balafrés, mais de manière peu profonde. Enfin, le 10 septembre 1889, près d'une voie ferrée, on retrouve un dernier corps féminin éventré, le cœur arraché, les jambes coupées. Ont-elles été tuées par le même assassin ?

Jack l'Eventreur a fait couler beaucoup d'encre, même si, finalement, comparé à d'autres tueurs en série, il a peu tué. On ne peut lui attribuer avec certitude « que » cinq ou sept crimes.

Au-delà du caractère particulièrement sanglant de ses actes, et des horribles mises en scène qu'il affectionnait, sa notoriété doit beaucoup à deux éléments. D'abord à ce que la plupart des crimes qui lui ont été attribués ont été commis dans des lieux publics, dans la rue, dans un quartier qui a rapidement

été placé sous la surveillance de la police. Et que la publicité de ces crimes s'est en quelque sorte trouvée accentuée par la presse qui, à cette époque, commence à devenir un moyen de communication de masse.

La deuxième raison – la plus importante, jamais démentie à ce jour – du succès et de la notoriété de Jack l'Eventreur est qu'il n'a toujours pas été identifié.

JAMES, JESSE

CI-CONTRE
Jesse James (1847-1822) à l'âge de 17 ans.

Jesse James (1847-1882) a probablement été une des premières superstars des Etats-Unis. Le plus célèbre hors-la-loi américain avait compris le secret de la réussite qui, en matière criminelle comme ailleurs, est un savant mélange de savoir-faire et de faire-savoir. Passé de la célébrité à la légende, il a inspiré un nombre incroyable d'articles de presse – de son vivant –, de livres et, presque en aussi grand nombre, de films.

L'image qui ressort de cette abondante production est globalement flatteuse. Jesse James est montré comme un homme du Sud, ancien guérillero, qui aurait toujours été inspiré par une cause, noble et tragique : se venger de l'Union qui avait gâché sa vie avant de le marquer dans son corps. Haute en couleur, sa vie est fascinante. Du moins pour ses concitoyens, de plus en plus urbanisés, de plus en plus coincés, et réduits à une vie d'une désolante banalité. Beaucoup voyaient en lui tout à la fois un justicier et le dernier des aventuriers. Autant dire un mythe vivant... ?

Pour aventureuse qu'elle a effectivement été, la vie de Jesse James offre cependant, par contraste avec la représentation idyllique que la presse en a donnée, une image moins lisse. Ceux que le hors-la-loi pilla, détroussa, terrorisa, les familles de ceux qu'il tua n'ont jamais vu en lui qu'un dangereux criminel. Etait-il autre chose ?

Jesse James est né dans le Missouri le 5 septembre 1847. Séduit par la fièvre de l'or, son père abandonne assez vite femme et enfants et part vers l'ouest. Personne ne le reverra. Jesse et son frère Frank sont élevés par leur mère Zeralda, remariée avec un médecin. C'est une famille de petits propriétaires qui possède quelques esclaves et qui, à la déclaration de guerre de Sécession, en 1861, prend résolument parti pour les Confédérés.

En 1862 – il a à peine quinze ans –, Jesse James s'engage dans la milice de William Quantrill. C'est une bande de mercenaires qui, aux marges de toute légalité, se charge des vilaines besognes que l'armée régulière ne peut prendre à son compte. En même temps que le jeune Jesse, s'engagent dans la milice son frère, Frank, ainsi que les frères Cole et James Younger qui, les hostilités terminées, deviendront ses « associés ».

La milice s'en prend aux troupes de l'Union, mais également à toutes sortes de cibles choisies par elle. Elle attaque des diligences postales, assassine ceux qui soutiennent Abraham Lincoln, et persécute les communautés qu'elle estime mener une action anticonfédérée. Elle acquiert une réputation de cruauté et devient célèbre en assassinant les soldats qu'elle a le malheur de faire prisonniers. Le 21 août 1863, les Quantrill Raiders se distinguent par une des pires atrocités de la guerre civile : l'attaque de la ville de Lawrence, qui se traduit par la mort de 150 civils et par l'incendie de 180 maisons.

La guerre terminée, Jesse James – qui n'a pas vingt ans – et ses acolytes continuent leur vie de pillage. Ils se font une spécialité de l'attaque de banque (en quelques mois, ils en ont une douzaine à leur actif), ils inventent un crime nouveau, l'attaque de train (ils parviennent à détrousser pas moins de sept convois), tout cela sans se priver de s'en prendre à des diligences, et sans hésiter, le cas échéant, à recourir à toutes sortes d'autres crimes. Une douzaine de meurtres peuvent leur être attribués. Ils terrorisent le Missouri, mais également un certain nombre d'Etats voisins, du Minnesota jusqu'en Alabama.

Jesse James se distingue des hors-la-loi ordinaires par le besoin, sans cesse, de justifier ses exactions. Il écrit à la presse et explique l'obligation « politique » de vivre en hors-la-loi. S'il a tué, par exemple, se justifie-t-il, l'employé d'une banque, c'est que, sous les traits du caissier, il a reconnu l'officier de la milice unioniste qui avait tué son ancien chef. Un article qualifie sa bande de « chevalerie du crime ». Pas moins. Jesse devient célèbre. Le 23 novembre 1873, l'éditeur John Newman Edwards n'hésite pas à publier dans son journal, le *St Louis Dispatch*, un supplément de vingt pages à la gloire des frères James.

Attaques de banques, de trains, de coffres-forts se poursuivent, avec leurs morts et leurs bavures, mais aussi avec leur lot de justifications « politiques » et leur mise en scène parfois digne de Robin des Bois. Pillant un train, les voleurs, par exemple, examinent

les mains des voyageurs pour être certains, assure James, de ne pas détrousser d'ouvriers.

Les victimes de la bande ne restent évidemment pas inertes. Plusieurs compagnies pillées chargent l'agence Pinkerton, de Chicago, de traquer les coupables. Le centre des Etats-Unis devient le théâtre d'une course-poursuite digne des meilleurs films de gendarmes et de voleurs. Sur le terrain, les échanges sont rudes : un enquêteur est tué par balle, plusieurs des membres de la bande sont à leur tour éliminés. Mais la lutte se déplace aussi dans la presse et dans l'opinion. Jesse James répète à l'envi qu'il est pourchassé non pour les vols qu'il aurait commis, mais pour sa loyauté au combat confédéré... Il a le ...

CI-CONTRE
Le gang de Jesse James en 1880.

… talent de se présenter comme insoumis à un ordre injuste, beau rôle qui lui vaut une appréciable notoriété. D'autant que l'agence Pinkerton, qui le traque, commet des maladresses. Persuadés, par exemple, que les frères James sont de passage à la ferme de leur mère, des employés de l'agence y lancent un engin incendiaire pour les faire sortir. Le résultat de cette initiative est maigre : la mère doit être amputée d'un bras, et un jeune frère de Jesse, 9 ans, est tué. Les bandits n'étaient pas là. L'agence Pinkerton abandonne la traque. Jesse écrit plusieurs lettres aux journaux : une nouvelle fois, il se présente comme héros confédéré martyr des républicains.

Le 13 février 1876, l'attaque de la First National Bank de Northfield, dans le Minnesota, tourne mal. Le caissier est tué, et la population décide une expédition punitive contre les pillards. Trois d'entre eux sont abattus, les frères Younger sont capturés et emprisonnés. Jesse James et son frère sont également arrêtés, mais, contre l'engagement de quitter les lieux, ils parviennent à conserver leur liberté.

Une nouvelle vie commence. Officiellement, les deux frères, qui prennent un nouveau nom, sont fermiers dans le Tennessee. Pratiquement, Jesse James monte un nouveau gang et poursuit ses activités criminelles, toujours aussi efficaces, impitoyables, meurtrières. Il lui est de plus en plus difficile d'avancer quelque mobile politique que ce soit. Son élimination devient une nécessité. Le gouverneur du Missouri, Thomas Crittenden, prend l'initiative de réunir une prime de 10 000 dollars, et de l'offrir à qui permettrait de capturer Jesse James mort ou vif. Cette somme, considérable, suscite des vocations, et c'est un des hommes de main de James, Robert Ford, qui se charge de le tuer d'une balle dans le dos. Alors, rapporte la chronique, que Jesse James était bourgeoisement occupé à épousseter un tableau.

Depuis ce jour, 3 avril 1882, Robert Ford est entré dans la postérité aux côtés de sa victime. Mais si, malgré sa sauvagerie, Jesse James continue de demeurer une espèce de truand au grand cœur, son assassin est à jamais un traître et un « sale petit lâche ».

CI-CONTRE

Henri Désiré Landru, surnomme le Barbe Bleue moderne, photographié dans le box des accusés aux assises de Versailles en 1921.

de **KIDNAPPING**

KL

à **LUCIANO, LUCKY**

KIDNAPPING

CI-CONTRE
Procès de Bruno Richard Hauptmann (1899-1936) dans le New Jersey (USA), accusé de l'enlèvement et du meurtre du bébé du célèbre pilote Charles Lindbergh (1902-1974).

Ce terme désigne aujourd'hui l'ensemble des enlèvements et séquestrations de personnes sous la contrainte ou la force. Mais il a été forgé à l'origine pour les seuls cas de disparitions d'enfants, à partir du mot *kid*, « enfant », et du verbe populaire *to nab* (« chourer », « choper »), déformé en *nap*. C'est sur cette catégorie d'enlèvement que nous allons particulièrement nous arrêter. Le plus gros problème lors d'une disparition d'enfant est de faire la part des choses entre trois explications possibles : la fugue, la disparition inquiétante et l'enlèvement, et là encore de trouver s'il s'agit d'un enlèvement intrafamilial ou purement criminel, qu'il ait pour but un versement de rançon ou d'autres motifs de séquestration moins avouables.

En 2008, la police française a enregistré 10 846 disparitions classées comme inquiétantes, susceptibles d'être criminelles ou mettant en danger la vie de la victime. Cinq cents mineurs ont disparu, dont 304 dans des cas où des crimes sont soupçonnés. Le phénomène des enfants enlevés par un de leurs parents après des séparations est aussi en augmentation, avec 360 cas. En France, c'est l'Office central pour la répression des violences aux personnes (OCRVP), qui gère les enquêtes considérées criminelles dans ce domaine, comme des autres enlèvements.

Notre pays s'est doté, en 2006, d'un dispositif « Alerte enlèvement », comme celui du « *Amber Alert* » qui existait aux Etats-Unis depuis 1996 et au Canada en 2003. Ce dispositif de diffusion d'un message court dans les médias, avec une photo de l'enfant, est déclenché dans des cas très déterminés : L'enlèvement est avéré et n'est pas une simple disparition, même inquiétante ; La victime est mineure ; La vie ou l'intégrité physique de la victime est en danger ; Le procureur de la République est en possession d'informations dont la diffusion peut permettre de localiser l'enfant et/ou son ravisseur. Même si tous les critères sont réunis, l'alerte n'est pas déclenchée si elle risque de créer un danger supplémentaire pour l'enfant ou de compromettre les investigations en cours.

Ce dispositif de diffusion est monté en puissance avec les années, dépassant les médias traditionnels pour être élargi, dans un premier temps en 2010, à des partenaires multimédia, dont les sites Internet à forte audience, aux applications pour téléphonie mobile interactive, aux bornes de la Française des jeux et aux affichages de mobilier urbain. Puis, le 4 octobre 2011, avec le réseau social Facebook afin de pouvoir informer les 25 millions d'utilisateurs français. Activée 10 fois entre 2006 et octobre 2011, elle a permis de retrouver 13 enfants dans des délais très courts.

Aux Etats-Unis, l'enlèvement du bébé du couple Lindbergh, le célèbre aviateur, le 1er mars 1932, retrouvé mort le 12 mai malgré le paiement d'une rançon, a marqué fortement l'opinion américaine et internationale. Le coupable présumé, un délinquant nommé Bruno Hauptmann, fut arrêté en 1934 et condamné à être exécuté le 3 avril 1936. Clamant son innocence lors du procès sur le « crime du siècle », sa culpabilité unique fait toujours polémique, notamment du fait de la poursuite, après sa mort, de la diffusion de certains « certificats or » ayant servi au paiement de la rançon.

Certaines affaires d'enlèvements d'enfants ont défrayé la chronique ces dernières années, dont, pour l'Europe, celle de Natascha Kampusch, enlevée à l'âge de 10 ans, le 2 mars 1988, par un nommé Wolfgang Priklopil, et séquestrée dans une cave jusqu'au 23 août 2006 où elle parvient à tromper la vigilance de son ravisseur pour prendre la fuite.

Aux Etats-Unis, c'est la jeune Jaycee Lee Dugard qui s'est présentée au poste de police limitrophe de San Francisco, le 26 août 2009... dix-huit ans après son enlèvement ! Retenue depuis le jour de son kidnapping, à l'âge de 11 ans, le 10 juin 1991, dans une cache se trouvant dans la cour de son couple de ravisseurs, dont l'homme était connu pour des crimes sexuels, elle était accompagnée au commissariat de deux filles, âgées de 11 et 15 ans, n'ayant jamais été soignées, dont l'enquête détermina qu'elles étaient toutes deux ses enfants.

KU KLUX KLAN

CI-CONTRE
Lors d'une cérémonie, un chef du Ku Klux Klan embrasse le drapeau américain. À gauche la croix de feu.

Le Ku Klux Klan est fondé le 24 décembre 1865, dans la ville de Pulaski (Tennessee), par six officiers sudistes après la défaite des troupes confédérées à la fin de la guerre civile américaine dite de Sécession. Les fondateurs sont six jeunes officiers sudistes : J. Calvin Jones, Frank O. McCord, Richard R. Reed, John B. Kennedy, John C. Lester et James R. Crowe. C'est ce dernier qui donne son nom à cette organisation, partant du mot grec *Kuklos* signifiant « cercle », qu'il sépare en deux, remplaçant *Klos* par *Klux*, de *Lux* qui veut dire lumière. En hommage à leurs ancêtres écossais, John C. Lester propose le rajout « Clan », orthographié avec un K. Le nom Ku Klux Klan est né.

Structuré à l'origine sur le modèle des fraternités étudiantes en s'inspirant des rites maçonniques d'intronisation, cette société secrète, fonctionnant avec des groupes organisés de manière pyramidale, mais autonomes les uns des autres, avait pour premier but de défendre la suprématie des WASP (« White Anglo-Saxon Protestants ») sur les Noirs tout juste émancipés, mais aussi sur toute personne de couleur (Asiatiques, Hispaniques, Européens orientaux), également sur les catholiques, s'opposant ainsi autant aux Américains d'origine française, italienne, polonaise ou espagnole. C'est ainsi que naît le « Premier Klan » ou « Klan primitif », devenant une sorte d'armée secrète dans les Etats vaincus du Sud. C'est l'ancien général de la cavalerie confédérée, Nathan Bedford Forrest, qui est désigné comme chef de cette organisation en 1867 avec pour but le maintien de la suprématie de la race blanche dans la République américaine.

Lors des tournées de Forrest pour promouvoir son organisation et imposer les candidats du Klan au sein du parti démocrate, de nombreuses expéditions violentes sont mises en œuvre pour s'en prendre aux Noirs mais aussi à ceux qui les soutiennent, et notamment les instruisent. A cheval, recouvert d'une chasuble et d'une cagoule prenant modèle sur les pénitents, les membres du KKK terrorisent les anciens esclaves, sans instruction et naïfs, leur faisant croire qu'il s'agit de fantômes des anciens soldats confédérés tués au combat revenant se venger. De très nombreux meurtres sont commis lors de ces expéditions, certains de manière particulièrement horrible.

Devant la réprobation face à ces lynchages et assassinats, Forrest choisit d'officiellement dissoudre le Klan, qui devient alors une organisation totalement clandestine en 1869. Pour autant, les exactions violentes se poursuivent contre les anciens esclaves. Mais c'est l'assassinat du sénateur républicain John Stephens, le 18 mai 1870, qui va obliger Washington à prendre des mesures fermes. C'est ainsi qu'est voté au Congrès le 20 avril 1871 le « Klan Act », loi qui organise, à l'instigation du président Ulysse Grant, la dissolution effective de la structure secrète. Des milliers de militants sont arrêtés, la plupart sans conséquences judiciaires par manque de preuve. Le KKK est officiellement totalement interdit en 1877. D'autres organisations tentent alors de prendre le relais, pour les plus connues la « White League » et le « Shot Gun », mais sans réussir à prendre l'ampleur du Klan.

Politiquement, les Etats du Sud sont dirigés par des natifs, la ségrégation raciale s'y est imposée, le terrain est moins favorable à des actions violentes qu'à une mainmise politique. C'est la fin du Klan historique. Il faudra un livre, *The Clansman* (*L'Homme du Clan*), écrit par Thomas Dixon en 1906, et surtout son adaptation cinématographique en 1915 sous le titre *Birth of a Nation* (*Naissance d'une nation* – le titre français du film étant *L'Homme du Clan*) pour relancer l'intérêt et offrir au KKK une seconde vie. William Joseph Simmons organise une cérémonie marquant cette renaissance à Stone Mountain dans l'Etat de Géorgie, le 25 novembre 1915, sous le nom initial des « Chevaliers de Mary Phagan » dans un rituel traditionnel du KKK avec robes de bure, cagoules et croix enflammée. Ce nouveau KKK n'est plus uniquement centré sur la suprématie des Blancs protestants sur les Noirs, mais devient également radicalement antisémite et anticommuniste, et rejete aussi les catholiques avec force pour contrer la nouvelle émigration venue d'Europe. Avec plus de cinq millions de membres au milieu des années ...

CI-CONTRE
Scène d'initiation aux rites du Ku Klux Klan à Omaha, Nebraska, en 1946.

... 1920, le KKK devient une force avec laquelle les hommes politiques doivent compter, d'autant que, par leur système de recrutement au sein même des cellules des temples protestants, le KKK a essaimé dans tout le pays et même au Canada, notamment dans le Saskatchewan, où l'organisation revendique 40 000 membres en 1929. Comme lors de la période initiale, les exactions continuent, notamment les lynchages et diverses tortures dont les Noirs sont les principales victimes, mais également les catholiques, les Juifs et les nouveaux immigrants. En plus de ces nombreux crimes, des affaires mettent au jour une forte corruption parmi les cadres du KKK, se comportant pour beaucoup comme une sorte de mafia Wasp.

La Louisiane est le premier Etat à prendre des mesures contre le KKK, suivi par d'autres Etats, puis le président Harding missionne le FBI pour qu'il intervienne. Le deuxième KKK est officiellement interdit en 1928, suivi, en 1929, par la création d'une Commission des activités anti-américaines à la Chambre des représentants pour contrer ses activités. Pourtant, c'est la Seconde Guerre mondiale qui va sonner le véritable glas du KKK, avec l'entrée en guerre des USA contre la barbarie nazie et l'impérialisme nippon. Et comme pour Al Capone, ce sont les services fiscaux qui donneront le coup de grâce, en 1944, saisissant 685 000 dollars d'arriérés d'impôts impayés depuis 1920.

Le mouvement connaîtra un regain de sympathie dans les années 1960 à 1970, notamment parmi les adversaires de la fin de la ségrégation raciale, mais n'atteindra plus jamais l'apogée du deuxième Klan. L'histoire moderne du KKK s'organise désormais de manière plus confidentielle autour de groupuscules plus ou moins étoffés, dont les *Bayou Knights of the Ku Klux Klan*, les membres de la *Church of the American Knights of the Ku Klux Klan*, les *Knights of the White Kamelia* ou encore les *Knights of the Ku Klux Klan*, dirigé par le pasteur Thomas Robb, et basé à Zinc dans l'Arkansas. Ces groupuscules, ouvertement racistes, ont parfois des liens avec des groupes néonazis comme les *Nations ariennes*. En 2007, l'*Anti-Defamation League* estimait le nombre des adeptes de ces groupes se réclamant du KKK entre 5 et 8 000. Dans son histoire, le KKK aurait fait plus de 10 000 victimes.

Le 21 septembre 2011, un nommé Lawrence Brewer, 44 ans, se déclarant membre du Ku Klux Klan, a été exécuté au Texas pour les tortures et le meurtre raciste d'un Noir handicapé, James Byrd, âgé de 49 ans, en juin 1998, traîné volontairement durant trois kilomètres derrière la voiture du meurtrier et de deux complices.

Le KKK a inspiré de nombreux films, dont *L'Homme du Clan*, de Terence Young, avec Lee Marvin et Richard Burton en 1974, *Mississippi Burning*, réalisé par Alan Parker en 1988, avec Gene Hackman et Willem Dafoe, encore *La Main droite du diable*, la même année, de Costa-Gavras, avec Debra Winger, Tom Berenger. Sans oublier, bien sûr, la désopilante parodie d'une cérémonie dans *O'Brothers*, en 2000, un film de Joel Coen avec George Clooney dans le rôle phare.

LANDRU, HENRI DÉSIRÉ

CI-CONTRE
Henri Désiré Landru, surnommé le Barbe Bleue moderne, photographié dans le box des accusés aux assises de Versailles en 1921.

Landru. Y a-t-il en France un autre patronyme qui résume autant, et à lui seul, toutes les caractéristiques d'un tueur en série ? Henri Désiré Landru est né le 12 avril 1869 à Paris. Son père est industriel, sa mère couturière. Enfant irréprochable, il bénéficie d'une éducation catholique sans histoire. Après des études de dessin industriel, il travaille dans un cabinet d'architectes et arrondit ses fins de mois en cumulant des emplois de comptable ou de vendeur. Il termine son service militaire comme sous-officier, bien noté. Le 7 octobre 1893, il épouse Marie-Catherine Rémy, sa cousine. Ils auront quatre enfants (le premier, qu'il reconnaîtra, était né en 1891). Il a toutes les apparences d'un mari et d'un père modèles. Pour son entourage, c'est un homme charmant qui ne fait jamais parler de lui. A bien y regarder, il a de légers défauts, à dire vrai véniels : il est maniaque, regardant, intéressé par le plus petit profit, et excessivement méthodique, ce qui le conduit à noter scrupuleusement la moindre dépense. Son amour de l'argent va le pousser sur la pente fatale.

Sa première condamnation pour escroquerie date de 1902, d'autres suivront, assorties de peines d'incarcération plus ou moins longues (deux ans en 1904, treize mois en 1906), abrégées grâce à des certificats médicaux. En juillet 1914 lui revient à l'esprit une idée qu'il avait déjà expérimentée, mais qui, mise en œuvre avec application, va le rendre célèbre : l'escroquerie au mariage. Les circonstances sont favorables : avec la guerre, les hommes au front, il va être difficile pour une femme célibataire, ou veuve, de trouver un parti disponible.

Il fait paraître une première annonce en juillet 1914 : « Monsieur sérieux désire épouser veuve ou femme incomprise entre trente-cinq et quarante-cinq ans. »

Sa première victime est Jeanne-Marie Cuchet, née Jamast, veuve de 39 ans. Le couple s'installe d'abord dans un appartement de Chantilly où, après un thé, la sœur de Jeanne-Marie ne peut s'empêcher d'exprimer ses inquiétudes sur l'attitude mais surtout le regard du fiancé. Landru décide alors de s'éloigner de la belle-famille et, au début de 1915, emménage avec sa promise et son fils André âgé de dix-sept ans dans une maison de Vernouillet (Seine-et-Oise). Aux voisins qui s'inquiètent de ne plus voir la mère et l'enfant, disparus l'un et l'autre, Landru répond simplement qu'ils sont partis en Grande-Bretagne. Il retourne voir son épouse légitime en juillet 1915, lui apportant de l'argent, des cadeaux pour ses quatre enfants, et il lui offre, en signe de réconciliation, un bracelet en or. Tout cela provient de la malheureuse Cuchet. Ce qui ne l'empêche nullement de poursuivre la publication de ses petites annonces.

Landru comprend rapidement que ces femmes qui arrivent et ne repartent jamais, cela ne peut qu'intriguer le voisinage, et ne doit plus durer. Il loue alors une maison plus tranquille à Gambais, dans le même département, sous le nom de Dupont.

Toutes ont fait l'objet d'une inscription méticuleuse dans le carnet de comptes de leur « fiancé » : un aller-retour Gambais, 4,95 francs, un aller simple, 3,10 francs. En janvier 1919, le maire de Gambais reçoit une lettre d'une nommée Marie Lacoste. Elle cherche des nouvelles de sa sœur, Célestine Buisson, disparue depuis l'été 1917. Elle se serait établie avec un certain Fremyet, dont elle donne le signalement caractéristique, dans une maison de la commune. Elle souhaite des renseignements pour convaincre la police d'ouvrir des recherches. L'adjoint au maire Tirlet répond que le locataire de la maison en question disait s'appeler Dupont, et qu'il a déjà conseillé à une précédente correspondante, Mme Pelat, également à la recherche de sa sœur, de s'adresser à la police. Ce que font les deux familles ainsi mises en rapport en adressant une plainte contre X au parquet de la Seine. Comble de malchance pour lui, Landru est aperçu par une des deux plaignantes dans un magasin de porcelaine de la rue de Rivoli, avec une femme, en train de faire un achat. Le renseignement est donné à la police, qui identifie le client et l'interpelle à son domicile, 76, rue de Rochechouart, le 12 avril 1919. ...

CI-CONTRE
Pièces à conviction provenant du domicile de Landru : tableaux, valises de ses victimes et poêle dans lequel il les incinéra.

… Les perquisitions permettront de découvrir une correspondance à des fins matrimoniales avec pas moins de 283 femmes ! Dans les carnets de Landru, pêle-mêle, en plus des dépenses des scies, et les fameux voyages allers-retours et allers simples, on trouve de mystérieuses notes concernant les victimes, avec des horaires supposés par les enquêteurs être ceux des décès… En différents endroits de la maison, cheminées, cuisinière, hangar, on trouve plus de quatre kilos de débris calcinés dont 1,5 provient sans conteste d'os humains…

Le procès qui s'ouvre le 7 novembre 1921 à la cour d'assises de Versailles attire la bonne société et de nombreux curieux. Malgré les 7 000 pièces du dossier, plus accablantes les unes que les autres, Landru persiste dans sa position : il a simplement mis sur pied une méthode originale pour acheter des beaux meubles à des femmes vulnérables ! Il fait preuve d'un humour décalé, répondant du tac au tac au président Gilbert comme si le procès n'était qu'une farce. Au magistrat qui se permet de lui rappeler qu'il est tout de même accusé du meurtre de onze personnes, il répond de manière très mondaine : « Croyez que je regrette de n'avoir qu'une tête à vous offrir. » Les réponses de Landru sont parfois grivoises, reconnaissant entre les mots avoir eu des aventures avec les victimes (majeures, comme il le précise), mais refusant d'en dire davantage, protégé par le mur de sa vie privée. Malgré la brillante plaidoirie de Vincent de Moro Giafferi, ténor du barreau, qui a essayé de s'accrocher à l'idée que les victimes dont on n'avait pas trouvé les cadavres n'étaient que disparues, Landru est condamné à mort. Il est exécuté le 25 févier 1922 à la prison Saint-Pierre à Versailles, après, dans un dernier trait d'humour, avoir répondu à l'aumônier qui lui demandait s'il voulait assister à une messe : « Je crois qu'il importe surtout d'aller vite. Je ne veux pas faire attendre ces messieurs. » Puis, au pied de l'échafaud, à un avocat qui lui demandait s'il avait bien tué ces femmes : « Cela, Maître, c'est mon petit bagage »…

Comme de nombreux serial killers, Landru avait, lors de sa détention, reçu un abondant courrier de femmes et de nombreuses demandes en mariage.

Landru a été une source d'inspiration inépuisable. Au cinéma, Charlie Chaplin s'en est servi pour *Monsieur Verdoux* (1948), ajoutant une trame sur fond de crise de 1929, présentant le tueur comme une victime économique presque sympathique. Claude Chabrol a réalisé *Landru*, en 1963, sur un scénario de Françoise Sagan. A la télévision en 2005, Pierre Boutron réalise le téléfilm *Désiré Landru.*

LANSKY, MEYER

CI-CONTRE
Meyer Lansky le 13 février 1958 au commissariat de police de la 54e Rue, New York.

Voilà un homme qui résume la modernisation de la Mafia américaine. Symbole de l'ouverture du milieu traditionnellement sicilien aux non-Italiens, organisateur d'une structure de type commercial copiée sur les conglomérats industriels, Meyer Lansky est le véritable précurseur de la mafia moderne sur le continent nord-américain.

Meyer Lansky est né le 4 juillet 1902 à Grodno (alors dans la portion russe de la Pologne, actuellement en Biélorussie) sous le nom de Maier Suchowljansky. Sa famille, juive, fuyant les pogroms, émigre aux Etats-Unis en 1911. Dès l'adolescence, le jeune Maier s'illustre dans les vols de voitures, mais également, malgré sa petite taille, dans le racket, la « protection syndicale », et notamment par l'organisation d'un gang de petits gangsters juifs pour s'opposer aux bandes italiennes et américaines de souche. Sa bande, *The Bugs, Granit Zenu & Meyer Mob*, constituée avant la Prohibition avec deux autres futurs gangsters juifs de renom, Isaak Zenou et Bugsy Siegel, lui permet d'être remarqué par Arnold Rothstein, alors financier des mafieux. L'homme lui propose, ainsi qu'à Bugsy Siegel, de s'associer avec Lucky Luciano, sa vieille connaissance, et Frank Costello dans le trafic d'alcool. Ensemble, ils deviennent des acteurs majeurs de ce lucratif commerce.

Meyer Lansky s'avère un financier très doué. Il investit sa fortune dans les cercles de jeu, et propose à ses associés la création d'un fonds commun pour financer une corruption utile à tous. Son intelligence est de comprendre les possibilités de blanchiment de l'argent sale dans les cercles, tout en maintenant les jeux proprement dits dans une probité irréprochable, et inattaquable. Instruit par la chute d'Al Capone, il comprend également la vulnérabilité fiscale des gains illégaux et organise alors des fuites de capitaux hors des Etats-Unis, notamment aux Caraïbes, puis en Suisse, à partir de 1934, année où est adoptée une loi qui garantit l'anonymat des dépôts. C'est tout naturellement qu'il profite de l'ascension de Luciano à la tête de la Mafia new-yorkaise et qu'il se retrouve un des principaux artisans de la modernisation du système financier du syndicat du crime. C'est lui qui suggère la mise en place de la « Commission », structure de coordination entre les cinq « Familles ». Après la Prohibition, qui a été pour lui infiniment fructueuse, il devient un personnage majeur du monde du jeu, à Saratoga, puis à La Nouvelle-Orléans, dans l'Arkansas, le Kentucky, enfin, à partir de Miami, où il se taille un véritable empire. Pendant la Deuxième Guerre mondiale, Lansky est soupçonné d'être un artisan efficace de la collaboration entre le gouvernement américain et la Mafia, notamment pour lutter contre le nazisme et l'espionnage allemand. Cette collaboration a son prix – ou sa récompense, selon l'endroit où l'on se situe : la libération de Lucky Luciano, et une relative tranquillité laissée aux mafieux pour poursuivre leurs affaires.

Cette vision internationale du monde, Meyer Lansky l'a également dans la gestion de ses affaires et de ses finances. Avec l'appui et l'amitié du dictateur Batista, président de la république cubaine de 1940 à 1944, puis de nouveau chef de l'Etat, après un coup d'Etat, en 1952, il contrôle plusieurs cercles de jeu à La Havane et les hippodromes de cette ville. Après 1952, le dictateur offre à Meyer une somme de 25 000 dollars annuelle pour être une sorte de ministre officieux des jeux… Le secteur sera nationalisé en 1960 par Castro, provoquant, estime-t-on, pour Lansky une perte de 7 millions de dollars de l'époque.

A partir de la fin des années 1960, Meyer Lansky ne trouve plus les mêmes appuis dans la société américaine. Il est traqué puis arrêté par le FBI. Mais, et à cause d'un vice de procédure, il reste libre. En septembre 1982, sa fortune est estimée par le magazine *Forbes* à 100 millions de dollars. A sa mort, d'un cancer, le 15 janvier 1983 à Miami Beach, on ne trouve à son nom que 37 000 dollars. Et à son passif pas une journée de prison ! La grande question qui tarabuste les observateurs est moins celle du montant de la fortune de ce talentueux criminel, ou sa localisation, que celle de savoir qui en a été l'héritier. Mystère.

LUCIANO, LUCKY

CI-CONTRE
Charles « Lucky » Luciano (Salvatore Lucania) lors d'une fête entre amis, 1950.

Salvatore Lucania est né le 24 novembre 1897 à Lercara Friddi, en Sicile. Il émigre aux Etats-Unis, avec sa famille, en 1907, et, très jeune, à New York, verse dans la délinquance et se fait notamment une spécialité dans le racket. C'est en tentant de « vendre » sa protection à de jeunes voyous juifs qu'il fait la connaissance de Meyer Lansky, qui lui tient tête mais deviendra son ami indéfectible jusqu'à la fin de ses jours, fidélité exceptionnelle dans le milieu du crime. Dans les années 20, celui qui commence à se faire appeler Lucky Luciano devient une figure du gang des « Five Points », qui réunit une bonne partie des futures figures de la Mafia italo-américaine : Al Capone, Frank Costello, Bugsy Siegel, Joe Adonis ou Vito Genovese pour ne citer que ceux-là. Alcool, cigarettes, drogue, Luciano est un contrebandier important, ce qui lui vaut son premier séjour en prison pour trafic d'héroïne et la rencontre de Dutch Schultz et Arnold Rothstein, deux solides piliers de la *yiddish connection*.

A la fin des années 1920, il se rapproche de Joe Masseria, un des plus puissants parrains de New York, qui va se trouver engagé, en 1930 et 1931, dans ce qu'on a appelé la « guerre des Castellammarese », qui l'oppose au clan de son rival Maranzano. Cette hécatombe prend fin avec la mort brutale des deux chefs de bande, disparitions auxquelles Luciano n'est pas étranger. Sa vision, sa volonté de bousculer les vieilles traditions de la Mafia, ses relations (en particulier sa solide amitié avec Meyer Lansky), son sens aigu de la stratégie, son charisme amènent Lucky Luciano, désormais parrain de l'une des cinq familles de Cosa Nostra, à devenir un membre important du Syndicat du crime (*voir* : Familles mafieuses de New York) de New York et des Etats-Unis. Son projet ? Structurer la Mafia à l'image des grandes sociétés industrielles américaines.

Au milieu des années 1930, il devient sans doute le gangster ayant eu le plus de pouvoir dans l'histoire du crime. Il affiche un luxe insolent, habite un palace – le Waldorf Astoria –, porte des vêtements de prix, roule dans des voitures rutilantes et se fait accompagner des plus belles call-girls du monde.

1936, Lucky Luciano tombe pour une affaire de prostitution – il a été établi qu'elle avait été montée de toutes pièces par le procureur Thomas Dewey, qui n'avait trouvé que ce moyen pour s'attaquer à cette figure du banditisme. Il est condamné à trente ans de prison, et incarcéré. D'abord au redoutable pénitencier de Sing Sing, sur les rives de l'Hudson, ensuite à la prison de Dannemora, dans l'Etat de New York, où il bénéficie d'un exceptionnel régime de faveur et peut poursuivre la gestion de son empire. Pour la fin de sa peine, il est envoyé à Great Meadow, sorte de « maison de repos pénitentiaire ».

La Seconde Guerre mondiale lui fournit l'occasion d'offrir ses services à l'Etat américain. D'abord, en aidant les services secrets de la Navy à lutter contre la présence d'agents nazis sur le port de New York. Ensuite, en aidant l'armée américaine à préparer le débarquement allié en Sicile, où la Mafia était bien installée. Lucky Luciano a toujours nié ces tractations. Il n'empêche qu'à seulement un tiers de sa peine il est curieusement libéré, le 8 février 1946. A une condition : ne plus mettre les pieds aux Etats-Unis.

Preuve de sa toute-puissance, et indication de la mesure de ses ambitions, à la fin 1946, Lucky Luciano achète l'Hotel Nacional de La Havane pour 150 millions de dollars US de l'époque, et y organise dans la foulée une grande conférence placée sous la protection de Fulgencio Batista, chef corrompu du gouvernement cubain. Face à l'ensemble des chefs de la Mafia italo-américaine et après des débats houleux, Lucky Luciano garde la direction du syndicat du crime.

En 1947, à la suite des pressions des Etats-Unis sur le gouvernement, il doit quitter Cuba et s'installe à Naples. Il perd le leadership direct sur la « Commission » mais en reste un personnage influent, tissant des liens avec les différentes factions italiennes, Camorra, 'Ndrangheta, Cosa Nostra, et continuant de vivre des rentes versées par la Mafia américaine. Sa grande idée, dans les années 1950, est de structurer le trafic international d'héroïne

vers les Etats-Unis. A cette fin, il organise une nouvelle conférence, en octobre 1957, dans le très élégant Grand Hôtel des Palmes de Palerme, où se retrouvent les représentants de la Mafia sicilienne et des cinq familles de New York.

De la Turquie, d'où arrive l'opium, aux Etats-Unis, en passant par le raffinage pour fabriquer l'héroïne grâce aux chimistes français, cette filière portera le nom historique de French Connection. Elle fonctionnera notamment avec le concours actif de la famille Guérini, à Marseille.

En janvier 1962, Lucky Luciano est terrassé par une crise cardiaque à l'aéroport de Naples-Capodichino. Celui qui avait été *capo di tutti capi*, chef de tous les chefs, a-t-il été empoisonné ? On l'a suggéré. Ses funérailles, au St. John's Cemetery de Middle Village, à New York, réunissent plus de 2 000 représentants de toutes les branches internationales de la Mafia italienne ou américaine. Comme une dernière conférence internationale.

Ce parrain, véritable icône du crime, a fait l'objet d'une littérature considérable et inspiré de nombreux films. Dans l'ordre chronologique, on peut par exemple citer *Cosa Nostra*, en 1972, de Terence Young, *Lucky Luciano*, en 1974, de Francesco Rosi. Il apparaît dans *Le Parrain* de Francis Ford Coppola – où est notamment évoquée la conférence de La Havane. Il est encore question de Luciano, en 1991, dans *Les Indomptés* (*Mobsters*) de Michael Karbelnikoff, ou dans *Les Seigneurs de Harlem* de Bill Duke, en 1997.

CI-CONTRE

Le 2 novembre 1979, porte de Clignancourt à Paris, Jacques Mesrine est abattu dans sa voiture.

de **MANDRIN, LOUIS**

M

à **MESRINE, JACQUES**

83 CSG 75

MANDRIN, LOUIS

CI-CONTRE

Gravure représentant Louis Mandrin (1724-1755) contrebandier, opposé aux fermiers généraux.

Personnage légendaire de la région Rhône-Alpes, Mandrin continue d'inspirer les historiens. Même s'il était sans doute loin d'être le bandit au grand cœur qu'il est devenu devant les caméras, il fait partie d'une mémoire populaire très ancrée.

Né en 1725 à Saint-Etienne-de-Saint-Geoirs, non loin de Grenoble, Louis Mandrin, selon le point de vue où l'on se place, est un triste individu ou un être admirable. Un pillard sans foi ni loi, ou bien une espèce de Robin des Bois infiniment généreux, qui aurait eu, en prime, de grands talents militaires... Sa vie est inséparable de sa réputation et de sa légende.

Il voit le jour dans une famille bourgeoise de négociants prospères et reçoit une éducation traditionnelle. Il perd son père quand il a 17 ans, ce qui l'oblige à reprendre les rênes du commerce familial et fait de lui le chef d'une famille de huit enfants. A rebours du rythme mesuré que ses parents avaient donné à leurs affaires, le jeune homme se distingue, dans son métier, par des méthodes brutales. La propension à l'ivresse, l'acquisition de biens par la violence, l'accumulation de dettes impayées lui valent de nombreux procès, perdus pour la plupart, et aboutissent à la ruine de la famille.

Mandrin trouve le responsable de ses malheurs : la Ferme générale, une des plus puissantes administrations de l'Ancien Régime, à peu près équivalente à l'actuel ministère des Finances, qui percevait les impôts et possédait le monopole de la vente de produits comme le tabac ou les soieries importées d'Inde. C'est contre elle qu'il dirige sa haine en commençant par se lancer dans la contrebande de tabac. Au moment où ses deux frères sont condamnés aux galères par contumace pour avoir pillé le tronc de l'église... En représailles, Mandrin saccage les champs du curé, qui avait accusé la famille, et menace le lieutenant qui avait instruit l'affaire. Sur ces entrefaites, un de ses amis, Benoît Brissaud, réfractaire à la conscription, fait appel à lui pour l'aider à capturer les frères Roux qui, en livrant un fuyard, espéraient être exemptés de service militaire. Le 30 mars 1753, Mandrin tue un des deux frères à coups de crosse et blesse l'autre, qui décédera des suites des blessures. Cela lui vaut, du parlement de Grenoble, la condamnation – par contumace – à être roué vif, cependant que son ami Brissaud et son frère Pierre Mandrin sont pendus, ce dernier pour avoir fabriqué de la fausse monnaie.

Mandrin quitte le territoire français et trouve refuge en Savoie. Il y fait alliance avec un autre contrebandier, Bélissard, et ensemble, en juillet 1753, réussissent le tour de force de libérer un compère, emprisonné à Pont-de-Beauvoisin. Dans l'opération, ils tuent deux agents de la Ferme générale.

A la tête de la bande qu'il équipe et organise de manière militaire, Mandrin déclare purement et simplement la guerre à la puissante Ferme : sa légende est en marche. De Savoie, où il est basé, il entreprend de janvier 1754 à mai 1755 six campagnes éclairs en territoire français, visant chaque fois des magasins de l'Administration. Les contre-bandiers s'emparent de ce qu'ils trouvent, tabac, indiennes, mousseline, etc., et le vendent à la population à des prix défiant toute concurrence. C'est de cette pratique que date la popularité de Mandrin. D'autant que sa troupe se taille la réputation de savoir faire la fête et de ne pas économiser son argent : taverniers et aubergistes sont enchantés.

Lors de la cinquième campagne, en octobre 1754, les 300 hommes de Mandrin s'emparent par surprise de la ville de Bourg-en-Bresse, pourtant défendue par 700 soldats. Mandrin y « négocie » sous la menace 23 000 livres de tabac avec les receveurs généraux. Lors de cette épopée, qui dure une quinzaine de jours, vingt-cinq villes sont ainsi occupées de manière quasi militaire. Cependant, si les bandits semblent maîtres du terrain, l'opposition se durcit, les accrochages se font plus violents. Et l'armée est désormais déployée pour contrer l'action des contrebandiers. Au cours d'une escarmouche, Mandrin est blessé.

Après cette virée, la France demande au souverain savoyard de lui livrer Mandrin, demande qui ne rencontre aucun succès.

La dernière campagne de Mandrin, au creux de l'hiver 1754, est la plus audacieuse. Avec un peu moins de 100 hommes, il prend la ville de Beaune, puis celle d'Autun en décembre. Non loin de là, à Brion, hameau de Gueunand, il se fait accrocher par l'armée, conduite par le lieutenant-colonel Fischer, en une véritable bataille rangée. Les hommes de Mandrin parviennent à rejoindre la Savoie par le col de Tende et le Piémont, long détour audacieux au milieu du froid et de la neige.

Le 24 mai, après avoir été capturé, Mandrin est condamné à avoir membres et reins rompus vifs. Il est exécuté le 26 mai sur la place des Clercs à Valence, devant une foule de plusieurs milliers de personnes.

Son compatriote du Dauphiné, Stendhal, a sobrement résumé la vie du bandit : « Ce brave contrebandier ne manqua ni d'audace ni d'esprit ; quoiqu'immoral, Mandrin eut cent fois plus de talent militaire que les généraux de son temps et finit noblement sur l'échafaud de Valence. » Sans doute n'en fallait-il pas davantage pour faire naître la légende d'une sorte de Robin des Bois français...

Une abondante littérature s'en est emparée, une chanson l'a relayée et des films nombreux ont fait circuler l'image et la réputation du bandit au grand cœur. De sorte que nul, probablement, ne saura plus jamais si Mandrin n'a été qu'une triste fripouille, un voyou misérable – et sanguinaire – ou bien, à sa façon, une espèce de gentilhomme.

MANSON, CHARLES

CI-CONTRE
Charles Manson en 1969 durant son transfert à Los Angeles dans l'affaire de l'assassinat de l'actrice Sharon Tate (1943-1969).

A la fois gourou, fondateur d'une espèce de secte qu'il avait appelée « la famille » – cruelle dénomination, pour celui qui n'avait précisément jamais connu la moindre famille –, drogué, hippie, rocker, marginal, Charles Manson est surtout célèbre pour avoir été un des plus redoutables criminels de l'époque contemporaine. Redoutable aussi bien par le nombre des meurtres dont il est responsable, par les moyens employés pour accomplir ses crimes – qu'il a eu le talent de faire commettre par les adeptes de son groupe –, que par les raisons, en quelque sorte, pour lesquelles il a tant tué. Charles Manson était persuadé – ou se disait persuadé – que les Noirs étaient en train de provoquer la fin du monde ; il fallait en alerter l'opinion et tenter de prévenir cette issue fatale. Pour cela, il fallait organiser des crimes atroces et laisser penser que les responsables en étaient des Noirs... Tout cela dans le climat *new age* de la côte Ouest des Etats-Unis, dans les années 1960, sous l'effet des drogues les plus hallucinogènes.

Charles Manson est né en 1934 à Cincinnati (Ohio). Il ne connaît pas son père. Sa mère, Kathleen Maddox, est alcoolique au dernier degré et, avant d'abandonner son enfant, passe la plus grande partie de son temps en prison, souvent pour des vols à main armée. Elle trouve le temps de se marier furtivement avec un nommé Manson, qui donne son nom au garçon. Sur les traces de sa mère, Charles Manson commet son premier vol à 14 ans. C'est le point de départ d'une longue sarabande qui va le voir enchaîner maisons de redressement, vie délinquante, centres de rééducation, vols, viols, prison, crimes... A la fin des années 1960, il a passé plus de la moitié de sa vie en prison.

Plus ou moins influencé par la Scientologie, se considérant vaguement comme une réincarnation du Christ, il fonde la « Famille », communauté marginale qui mène une vie plus ou moins errante dans les parages de San Francisco avant de s'installer – de façon très précaire – dans un ranch désaffecté du désert de Californie. Charles Manson développe une fumeuse philosophie qui mélange textes bibliques et pensées des Beatles. Il estime que les chansons de l'album blanc, paru à la fin de 1968, sont des textes cryptés, qu'il a eu la révélation de leur signification exacte, une apocalypse, et qu'il est le leader charismatique qui peut prévenir tout cela... Pour provoquer l'inévitable guerre civile et raciale annoncée, et pour hâter son destin, Manson convainc des membres de sa communauté d'aller commettre des assassinats dans les quartiers bourgeois de Los Angeles.

Le 31 juillet 1969, Gary Hinman, professeur de musique, est assassiné chez lui. Avec son sang, ses assassins écrivent sur les murs « *political piggy* », référence à la chanson *Piggies* (« Cochons ») de l'album fétiche de Manson, qui déclare : « Ce dont ils ont besoin, c'est d'une sacrée bonne raclée » (« *What they need's a damn good whacking* »). Dans la nuit du 9 au 10 août, à Beverly Hills, Sharon Tate, épouse du réalisateur Roman Polanski, qui est enceinte de huit mois, et quatre de leurs amis sont sauvagement assassinés. Avec la même signature, en lettres de sang : *Pig*. Le lendemain, un couple d'entrepreneurs, Leno et Rosemary LaBianca, toujours à Los Angeles, sont assassinés à leur tour, de manière particulièrement horrible, leurs murs remplis d'inscriptions du même ordre.

Après quelques ratés, principalement par manque de coordination entre les différents services de police, le lien est finalement fait entre ces trois crimes et les membres de la « Famille ». A la mi-octobre, deux douzaines d'entre eux sont arrêtés, dont Charles Manson.

Leur procès, qui commence le 15 juin 1970, sera le plus long et le plus coûteux de l'histoire judiciaire des Etats-Unis. Manson prouve qu'il conserve un pouvoir absolu sur ses adeptes. Lorsque, par exemple, il se rase la tête ou se grave une croix gammée au milieu du front, les autres l'imitent... Finalement, le 25 janvier 1971, Manson et les exécutants des crimes sont reconnus coupables et condamnés le 29 mars de la même année à la peine de mort, peine commuée en prison à vie après l'annulation par la Cour suprême des peines capitales jugées avant 1972.

MÉDECIN LÉGISTE ET MÉDECINE LÉGALE

CI-CONTRE
Scène d'examen légiste dans la série américaine *Les Experts* avec Sela Ward, Hill Harper et Robert Joy, (Saison 7), 2010.

Si son rôle est depuis longtemps fondamental dans les enquêtes criminelles, ce pan de la médecine a longtemps été méconnu du grand public, qui a souvent tendance, aujourd'hui, à réduire médecins légistes et médecine légale à ce que peuvent en montrer certaines séries télévisées, un rôle uniquement thanatologique.

En premier lieu, son champ d'examen concerne des personnes, et souvent parmi les plus vulnérables, enfants, personnes âgées, femmes victimes de violences. Il en résulte des obligations particulières dans l'accueil et la qualité de la prise en charge, tant au plan humain qu'au plan des garanties scientifiques offertes. Concernant celles-ci, il est sans doute superflu d'insister sur les formidables mutations de la médecine moderne et sur la technicité des investigations qui peuvent être mises en œuvre aujourd'hui. L'expertise médico-légale est, par ailleurs, au centre de la plupart des procédures criminelles dans la recherche des preuves. Or, c'est le plus souvent dès le début des procédures, dans les premières heures ou dans les premiers jours de l'enquête, que ces éléments de preuve peuvent être rassemblés. Ils ne le pourront plus ensuite, car ces preuves sont le plus souvent périssables. Cela impose une très grande "réactivité". Cette permanence de la réponse médico-légale, qui est un gage d'efficacité, permet par ailleurs, s'agissant de victimes, une meilleure qualité de prise en charge et, s'agissant d'auteurs d'infractions, de répondre aux impératifs procéduraux, lors des gardes à vue notamment ».

L'histoire de la médecine légale remonte très loin. Suétone rapporte, par exemple, que le médecin Antistius fut chargé de compter les blessures de César et de donner son avis sur celles qui avaient entraîné la mort. Il en trouva vingt-trois, dont une seule, la deuxième, qui avait atteint la poitrine, avait été mortelle.

On estime néanmoins que cette question fut pour la première fois réglementée par Charles Quint, en 1532. Cette année-là, une loi d'Empire, la *Constitutio Criminalis Carolina*, fait obligation à tous les pays germaniques de disposer de médecins spécialisés, et « qu'avant inhumation de l'individu mort à la suite d'un acte de violence quelconque, le cadavre soit sérieusement examiné par des chirurgiens pour qu'ils fassent un rapport ». A la même époque, François Ier, pour le duché de Bretagne, ébauche un projet de création de ce qui deviendra la médecine légale. Il faut cependant attendre la fin du XVIIIe siècle et le début du siècle suivant pour assister systématiquement, en France, lors d'affaires criminelles, à l'intervention des médecins experts.

On peut considérer François-Emmanuel Fodéré (1764-1835), médecin militaire de formation, comme un des pères de la médecine légale moderne. En 1798, il publie un *Traité de médecine légale*, et crée, puis occupe à Strasbourg la première chaire de cette spécialité.

A sa suite, on peut citer Mathieu Orfila, qui publie, en 1830, un *Traité des exhumations juridiques*, puis un *Traité de médecine légale*, en 1847. Sur ces bases, la discipline va s'enrichir, à la fin du XIXe siècle, des travaux de plusieurs médecins légistes, Léon Thoinot, Victor Balthazar, Paul Brouardel ou Auguste-Ambroise Tardieu.

Experts judiciaires, les médecins légistes n'interviennent que sur réquisition. Leur domaine d'intervention est divers. On peut citer : les morts subites, c'est-à-dire qui surviennent sans traumatisme majeur ou de manière inexplicable au premier abord ; la mesure des blessures, rendue obligatoire depuis le code Napoléon ; il s'agissait, à l'origine, de distinguer blessures volontaires et involontaires, et d'établir une échelle de peines et d'indemnisations proportionnées à la gravité des blessures occasionnées, ce que mesure par exemple aujourd'hui l'ITT (incapacité totale de

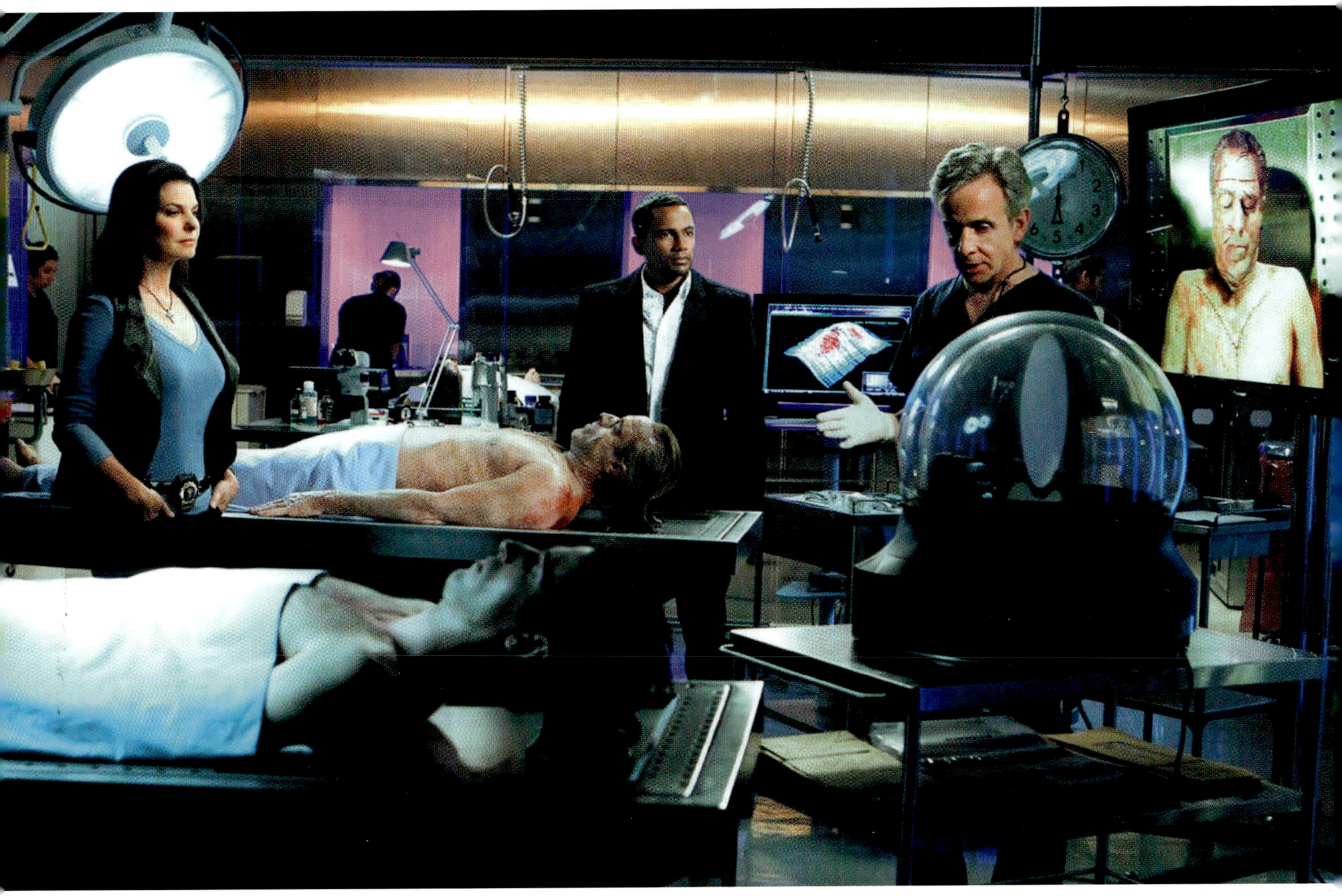

travail) ; la recherche plus globale des causes de la mort dans les affaires criminelles.

La médecine légale comporte un volet de la plus haute importance, la médecine légale psychiatrique, qui permet d'établir la responsabilité pénale de l'auteur d'un acte délictueux ou criminel. C'est un domaine – les cas de plusieurs criminels présentés dans cet ouvrage en font foi – dans lesquels les débats d'experts sont parfois très animés...

Plusieurs ouvrages de vulgarisation permettent au public de se familiariser avec la médecine légale, *Profession médecin légiste*, de Bernard Marc (Editions Demos, 2011), et deux livres de Michel Sapanet, parus aux éditions Jean-Claude Gawsewitch, *Chroniques d'un médecin légiste* (2009) et *Les Nouvelles Chroniques d'un médecin légiste* (2011).

MESRINE, JACQUES

CI-CONTRE
Différents portraits du gangster Jacques Mesrine (1936-1979).

Rarement ennemi public numéro 1 aura autant fait parler de lui que Jacques Mesrine. Braqueur multirécidiviste en même temps qu'excellent utilisateur des médias, sa notoriété a fini par prendre le pas sur la réalité criminelle de ses activités. Et sa mort lors d'une dernière et sanglante confrontation avec la police n'a pas peu contribué à embellir la légende.

Jacques-René Mesrine est né en 1938 à Clichy-la-Garenne, dans une famille d'honorables commerçants. Alors que ses parents lui rêvent un avenir prestigieux, c'est son fond rebelle qui va guider son existence. Adolescent, il se fait par exemple exclure de son lycée pour violence sur le proviseur. Adieu les études. Il commence une carrière de représentant en tissus. A 17 ans, en 1955, il épouse Lydia de Souza, enceinte d'un enfant dont il n'est pas le père, cela, expliquera-t-il, pour permettre à la jeune femme de ne pas demeurer fille mère... Cette union est un échec, le couple divorce, et le jeune Mesrine s'engage dans les parachutistes. Il est envoyé maintenir la paix en Algérie et y restera jusqu'en 1959, expérience qui va le marquer profondément, jusqu'à le pousser, à partir de 1961, à rejoindre les rangs de l'OAS.

C'est l'époque où il commence à vivre de délinquance, ce qui lui vaut, au début des années 1960, une première interpellation pour port d'arme prohibée. C'est également à cette époque, en Espagne, qu'il rencontre sa compagne, Maria de la Soledad. Ils auront trois enfants. Le 17 janvier 1962, il est interpellé une nouvelle fois, au Neubourg, dans l'Eure, lors d'une tentative de vol à main armée, avec deux complices. En mars, cela lui vaut une condamnation à dix-huit mois de prison.

A sa libération, en 1963, il semble vouloir recommencer une vie honnête, mais, sans emploi, replonge dans la délinquance. En 1965, il se fait arrêter à Palma de Majorque, en train de dérober des documents dans le bureau d'un attaché militaire. Six mois de prison plus tard, il réapparaît, restaurateur à Santa Cruz de Ténérife, aux Canaries, puis, fin 1966, auteur d'un vol à main armée dans une bijouterie à Genève...

En 1967, alors qu'il est officiellement de nouveau restaurateur, mais à Compiègne, il est reconnu en train de dévaliser un hôtel à Chamonix avec sa complice Jeanne Schneider, dite Janou. La même année, encore ensemble, ils sont identifiés pendant qu'ils braquent une maison de haute couture parisienne. Avec le fruit de ce hold-up, le couple sillonne des pays ensoleillés, Italie, Espagne, Portugal. Mais son épouse légitime, lassée probablement par ces aventures, le quitte. Leurs trois enfants seront élevés par les parents de Jacques.

En 1968, recherché en France, le braqueur, accompagné de Janou, parvient à fuir au Québec. Le couple manifeste brièvement l'intention de travailler légalement avant de reprendre ses habitudes dès le 12 janvier 1969, à Montréal. Ils enlèvent le milliardaire Georges Deslauriers, pour lequel ils avaient travaillé, et réclament une rançon de 200 000 dollars, mais Deslauriers parvient à s'enfuir.

Ces événements semblent marquer, pour Mesrine, le basculement dans la grande criminalité. Fin juin 1969, alors qu'ils viennent de quitter l'hôtel des Trois-Sœurs, à Percé, en Gaspésie, et qu'ils ont franchi illégalement la frontière avec les Etats-Unis, la police retrouve le corps de la tenancière de l'auberge, Evelyne Le Bouthilier. Mesrine et Schneider sont arrêtés à Texarkana, à la frontière du Texas et de l'Arkansas, et extradés au Québec. Ils tentent de s'enfuir de la prison de Percé, sont repris et condamnés finalement en août 1969 à dix et cinq ans d'emprisonnement pour l'enlèvement de Deslauriers. En revanche, en janvier 1971, ils sont acquittés pour le meurtre de la propriétaire de l'hôtel. Incarcéré à la prison de Saint-Vincent-de-Paul, à Laval (Québec), Jacques Mesrine s'en échappe le 21 août 1972 avec quatre complices. Commence alors une série de vols à main armée au Québec, principalement avec Jean-Paul Mercier, ex-codétenu et compagnon de cavale. Leur palmarès est bien rempli : le 26 août, braquage de la Caisse populaire de Saint-Bernard, à Dorchester, puis, dix minutes plus tard, de celle de Sainte-Narcisse de Lotbinière ; le 28 août, braquage de la Toronto Dominion Bank de Montréal, qui sera braquée de nouveau par les deux hommes trois ...

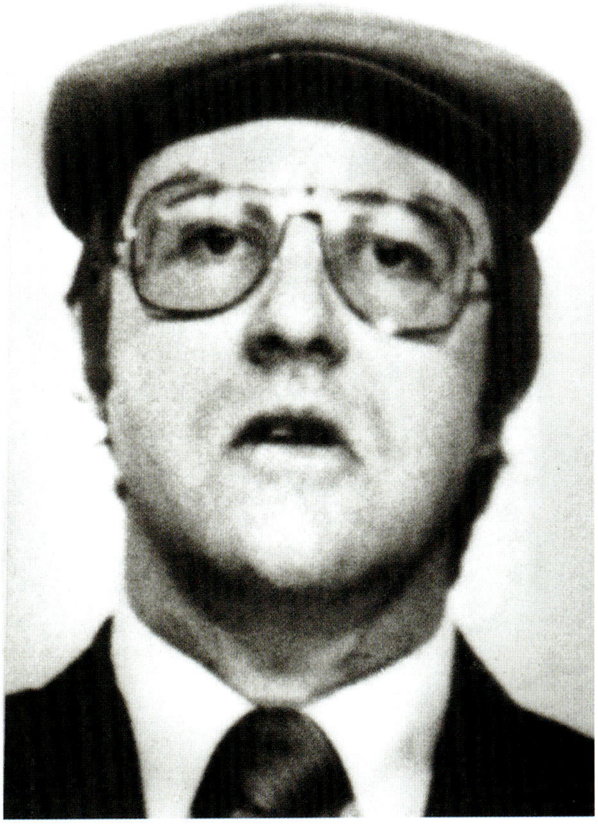
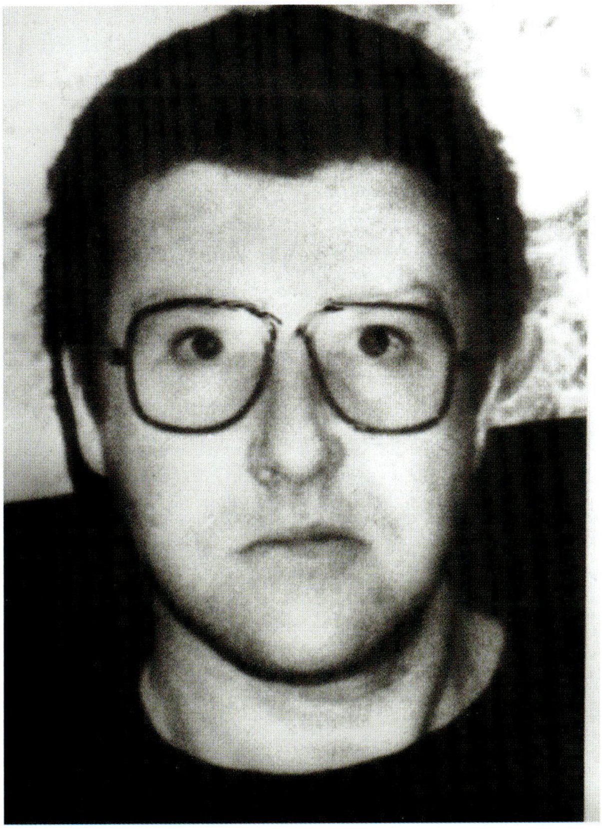

CI-CONTRE

Jacques Mesrine dans les quartiers de haute sécurité de la prison de la Santé, d'où il parviendra à s'échapper.

... jours plus tard ; le 3 septembre, attaque du pénitencier de Saint-Vincent-de-Paul, pour en faire échapper des prisonniers, deux gardiens sont grièvement blessés ; le 10 septembre, Mesrine et son complice tuent deux gardes forestiers au Québec ; en octobre, plusieurs banques sont braquées à Montréal. On retrouve les deux hommes de passage à New York, puis au Venezuela, avant qu'ils se séparent. Mesrine est de retour en France, ce qu'atteste le braquage, par ses soins, en décembre, à Mantes-la-Jolie, de la paye d'une usine de Gisors et l'attaque d'une caissière retirant une forte somme d'une banque.

En mars 1973, il blesse grièvement un policier intervenu alors qu'il exhibe une arme de poing dans un bar. Il est interpellé le 8 mars, condamné en mai à vingt ans d'emprisonnement, mais très peu de temps après parvient à s'échapper du tribunal de Compiègne où il comparaît pour de simples affaires de chèques sans provision. Des complices avaient eu la bonne idée d'introduire des armes dans le palais de justice, ce qui permet au prévenu de prendre le président en otage.

Le 21 juin 1973, il braque l'imprimerie Lang, rue Curial, dans le 19e arrondissement de Paris, et s'empare de la paye des employés. Après quelques vacances à Trouville, pendant l'été, il reprend ses vols à main armée à Paris et, dès août, s'en prend à une agence du Crédit Lyonnais, avenue Bosquet, avant de braquer, en septembre, un nouvel établissement, boulevard Barbès.

C'est le lendemain de ce braquage, le 28 septembre 1973, qu'après une courte négociation il est interpellé chez lui, rue Vergniaud, par le commissaire Broussard qu'il accueille en lui offrant une coupe de champagne.

Incarcéré, il écrit *L'Instinct de mort*, qui paraîtra en 1977, où il revendique notamment la mort de 39 personnes. Ce chiffre et le récit entier laisseront les spécialistes dubitatifs. Le 19 mai 1977, il est une nouvelle fois condamné à vingt ans de prison par la cour d'assises de Paris présidée par le juge Petit. Par peur qu'il ne s'évade, il est incarcéré en QHS (Quartier de Haute Sécurité). Il faut dire qu'à l'audience il avait, par bravade, jeté au pied des magistrats des clefs de menottes. En prison, il milite pour la suppression de ces régimes très sévères de détention et dans ce combat fait la connaissance du braqueur d'ultra-gauche Charlie Bauer.

Le 8 mai 1978, en compagnie de François Besse, il parvient à s'évader de la prison de la Santé à l'aide d'armes introduites dans l'établissement grâce à des complicités internes. Dans l'opération, leur codétenu Carman Rives est tué d'une balle. Commence alors pour les deux hommes une vie nomade et une série de braquages ambitieux, dont, dès le 26 mai, celui du casino de Deauville. Malgré un impressionnant dispositif de gendarmerie, les deux hommes arrivent à passer à travers les mailles du filet et rejoignent Paris, cachés dans le coffre de la voiture d'une famille d'agriculteurs prise en otage. Tentative du braquage d'un poste de police, à Evian, pour récupérer des uniformes. Braquage d'une banque au Raincy, dans la région parisienne. Les méfaits s'enchaînent. La police est sur les dents.

Le 27 juillet 1978, stupeur. Le magazine *Paris Match* – en même temps qu'un autre du Québec – publie une interview accordée par Jacques Mesrine à la journaliste Isabelle de Wangen. Il dénonce avec véhémence les quartiers de haute sécurité et indique qu'il n'a aucune intention de se laisser prendre vivant. « Je ne me rendrai jamais. Le coup de recevoir les flics au champagne, c'est un folklore qui est terminé. Maintenant, c'est la guerre [...]. Je tirerai, et tant pis si, malheureusement, il y a des innocents derrière mes balles. » Et d'illustrer sa détermination en se laissant photographier surarmé.

Un mois plus tôt, il a rencontré Sylvia Jeanjacquot, qui sera sa compagne jusqu'à la fin de sa vie.

Le 10 novembre, avec un complice, il tente d'enlever le juge Petit, président de la cour d'assises qui l'a condamné. L'affaire échoue, le juge n'étant pas chez lui et sa famille ayant réussi à prévenir la police : Mesrine en réchappe, mais Coupé est interpellé.

L'année suivante, le 21 juin 1979, il enlève Henri Lelièvre, riche octogénaire sarthois. Après vingt-huit jours de rétention, il parvient à se faire livrer une rançon de 6 millions de francs. Ce coup lui vaut d'être déclaré officiellement « ennemi public numéro 1 » et fait de lui l'objectif principal de toutes les forces de police de France.

Le 10 septembre, en compagnie de Charlie Bauer, il tend un guet-apens, du côté de Senlis, au journaliste Jacques Tillier, ancien inspecteur de la DST qui travaille à *Minute*. Mesrine est furieux que ce dernier ait osé écrire qu'il n'était pas « réglo » avec ses complices. Dans une grotte de l'Oise, il humilie le journaliste, le photographiant nu et battu, puis le laisse pour mort, une balle dans la joue, une autre dans le bras droit, une troisième dans la jambe. Jacques Tillier en réchappera, obligeant Mesrine à se justifier dans la presse.

Finalement, Mesrine est repéré dans un appartement de la rue Belliard, dans le ...

83 CSG

CI-CONTRE
Le 2 novembre 1979, porte de Clignancourt à Paris, Jacques Mesrine est abattu dans sa voiture.

… 18e arrondissement de Paris. Son interpellation est confiée à la BRI dirigée par Robert Broussard. Le 2 novembre 1979, à 15 h 15, alors qu'il quitte son domicile au volant de sa BMW, en compagnie de Sylvia Jeanjacquot, son véhicule est cerné, porte de Clignancourt, par des véhicules de police banalisés. Une camionnette bâchée, se trouvant devant la BMW, abrite des hommes en armes de la BRI. Vingt et un coups de feu partent, Mesrine meurt sur le coup, atteint par 18 projectiles, sa compagne grièvement blessée à la tête. Aux pieds du gangster se trouvent deux grenades à main et des pistolets automatiques chargés. La polémique ne tarde pas à enfler : légitime défense ou « exécution » ? La version officielle est que, à la vue de la police, Mesrine aurait esquissé le geste de se saisir d'une arme, ce qui, compte tenu de ses déclarations et de sa dangerosité, aurait déclenché les tirs mortels.

A la demande de la famille de Mesrine, une instruction a été ouverte en mars 2000. Cela s'est traduit par un non-lieu en 2004, confirmé en 2005 par la cour d'appel, et le pourvoi en cassation de cette dernière décision a été rejeté en 2006. Ce qui n'a pas empêché la polémique, surtout médiatique, de rebondir, en particulier lorsque est sorti au cinéma, en 2008, le diptyque de Jean-François Richet consacré à Mesrine, *L'Instinct de mort* et *L'Ennemi public n° 1*.

Gangster mégalomane et sanguinaire pour les uns, sorte de bandit d'honneur pour les autres, complaisamment évoqué dans des chansons ou des œuvres de fiction, Mesrine a donné lieu à une abondante littérature. Les éditions France-Amérique, après sa mort, ont publié son deuxième livre, dont le titre affichait les ambitions « politiques » de son auteur : *Coupable d'être innocent*.

CI-CONTRE

Jacqueline Kennedy (1929-1994) accompagnée du sénateur Edward Kennedy (1939-2009) et du procureur général Robert Kennedy (1925-1968) lors des funérailles du président J.F. Kennedy (1917-1963).

de **OSWALD, LEE HARVEY ET RUBY, JACK**

OP

à **PRINCIP, GAVRILO**

OSWALD, LEE HARVEY ET RUBY, JACK

CI-CONTRE
Harvey Oswald (1939-1963) assassin de JFK, ici lors son arrestation à Dallas, Texas, le 22 novembre 1963.

Cinquante ans après les faits, l'assassinat de John Fitzgerald Kennedy, trente-cinquième président des Etats-Unis, le 22 novembre 1963, à Dallas (Texas), continue de poser au criminologue, au journaliste, à l'historien et à l'opinion publique en général un certain nombre de questions embarrassantes, en réalité réduites à une principale : qui a commandité cet assassinat ? Qui avait intérêt à l'organiser ? Qui avait les moyens de le réaliser, pratiquement en toute impunité, puisque, si on connaît l'identité du tueur et celle du tueur du tueur, on est, pour l'organisation générale du crime, réduit à des hypothèses, y compris les plus farfelues. Et, en l'absence d'informations fiables, c'est à bon droit que se développent polémiques et théories du complot.

Le premier acteur de ce drame est Lee Harvey Oswald. Il est né le 18 octobre 1939 à La Nouvelle-Orléans (Louisiane), deux mois après le décès de son père. Il est élevé par une mère seule, avec son frère aîné Robert et son demi-frère John Pic. C'est un enfant turbulent, indiscipliné, capable de se montrer violent, changeant fréquemment d'école au gré des déménagements familiaux. En 1953, alors qu'il se trouve à New York, il fait l'objet, à la demande de l'administration scolaire, d'une évaluation psychologique ; sont détectés des troubles de la personnalité avec tendance schizoïde.

Dès l'âge de 15 ans, il se passionne – en autodidacte – pour le marxisme, allant jusqu'à déclarer son adhésion à ces idées, en octobre 1956, dans une longue lettre au président du Parti socialiste d'Amérique. Ce qui ne l'empêche pas, sans doute pour suivre l'exemple de son frère Robert, qu'il admire, de s'engager, à 17 ans, dans le corps des Marines. Il y termine ses classes en 1957 et y reçoit, soldat de 1re classe, une formation d'opérateur radar. Il réussit son examen de caporal, mais après deux affaires disciplinaires – l'une pour port d'arme de poing, l'autre pour une rixe avec un sous-officier –, il est dégradé comme simple soldat. Malgré ses médiocres connaissances de la langue russe, le jeune Oswald n'hésite pas à se plonger dans la pensée marxiste écrite dans cette langue, à écouter des disques de propagande enregistrés en russe, et à abreuver ses camarades de ses opinions marxistes.

En septembre 1959, prétextant être soutien de famille – en réalité de sa mère –, il quitte prématurément l'armée et prépare ce qu'il imagine être une « défection » : son départ en URSS.

Le 20 septembre, il embarque pour la France et, après un périple européen, rejoint Moscou le 16 octobre. Il y restera deux ans et demi, ouvrier métallurgiste à Minsk, semble-t-il, y épousera la jeune Marina, avec qui ils auront une fille, et, en juillet 1962, on les retrouve aux Etats-Unis, installés à Fort Worth, à côté de Dallas. D'abord employé dans la métallurgie, puis dans une entreprise de reprographie, Jaggars-Chiles-Stovall, Lee Harvey se met en relation avec le parti trotskiste Socialist Workers Party et fréquente la communauté russe de Dallas, ce qui lui vaut, à l'été 1962, d'être interrogé par le FBI sur son parcours et ses activités. En janvier de l'année suivante, il commande par correspondance, sous le faux nom de « A.J. Hidell », un revolver Smith et Wesson rechambré en calibre 38 spécial et modifié en canon court pour un port discret, qui lui est livré dans une boîte postale. Il fait de même, un peu plus tard, pour un fusil italien Mannlicher-Carcano. A réception des armes, il se fait prendre en photo par son épouse...

La période n'est pas fameuse pour Lee Harvey. Son couple se dégrade. En mars 1963, il perd son emploi. Du coup, il entreprend des démarches – elles n'aboutiront jamais – pour retourner en URSS.

C'est à cette époque qu'il nourrit le projet d'assassiner le général Edwin Walker. A la retraite depuis 1961, ce héros de la Seconde Guerre mondiale, candidat malheureux au poste de gouverneur du Texas en 1962, affiche ouvertement des idées d'extrême droite et anticommunistes. Le soir du 10 avril 1963, l'ancien officier est à son bureau quand, de l'extérieur, on tire

sur lui ; par chance, déviée par le chambranle, la balle ne l'atteint pas. Oswald était pourtant considéré selon les standards des Marines comme un tireur plutôt dans la moyenne supérieure... Lee avoue la tentative à sa femme, et, sur ses conseils, détruit tous les documents afférents aux repérages et à la préparation de l'attentat.

La famille Oswald déménage alors à La Nouvelle-Orléans où Lee a trouvé un travail temporaire et embrassé une nouvelle cause, celle de Fidel Castro. Il crée une association, Fair Play for Cuba, dont il est le seul membre, ce qui ne l'empêche pas d'en signer les tracts du nom – toujours le même – de A.J. Hidell. Il tente d'infiltrer une association d'étudiants cubains anticastristes, y est vite démasqué par Carlos Bringuier, responsable de cette structure pour La Nouvelle-Orléans. Il s'ensuit une rixe, l'arrestation de Lee, le début ...

CI-CONTRE

Le cortège présidentiel des Kennedy salué par la foule quelques minutes avant l'attentat.

... d'un procès pénal qui attire l'attention d'une télévision locale... Grisé par cette notoriété, il suggère un débat avec Bringuier sur une radio locale, WDS. Il y est très vite ridiculisé par la révélation de son séjour en URSS... Furieux, il envisage de détourner un avion vers Cuba, projet dont Marina parvient à le dissuader. Il se rend alors en bus à Mexico, fin septembre 1963, pour tenter d'y obtenir un visa vers l'île castriste, puis vers l'URSS, mais il n'essuie que des refus.

Il retrouve sa femme, à nouveau enceinte, et retourne s'installer à Dallas, hébergé chez des amis, Michael et Ruth Paine, non sans être persuadé d'une conspiration du FBI à l'origine de tous ses échecs et qui l'aurait placé sous une surveillance constante. Il loue alors un appartement sous le faux nom d'O. H. Lee, et grâce à Ruth Paine, trouve un travail d'employé – chargé des bons de commande – à la Texas School Book Depository (TSBD), dépôt gérant la distribution de livres éducatifs, situé à Dallas, 411, Elm Street, au coin d'Elm Street et de Houston Street, sur Dealey Plaza.

Ce qui n'empêche pas le FBI, au vu de ses derniers démêlés politiques, de s'intéresser effectivement à lui : des agents se rendent par deux fois chez les Paine, le 1er et le 5 novembre 1963, interroger Marina, qui vient juste d'accoucher de son deuxième enfant, le 20 octobre.

Quelques jours plus tard, le 12 novembre, Lee Harvey Oswald se rend en personne au bureau du FBI à Dallas remettre à l'agent spécial James Hosty, en charge de l'enquête sur lui, une note lui demandant de laisser son épouse tranquille. Il y explique que le couple est en effet dans une crise grave, Marina ne supportant plus les frasques politiques de son mari et ses tentatives secrètes de négocier avec l'ambassade de ce pays leur retour en URSS.

La semaine suivante, le 19, le *Dallas Time Herald* publie le parcours du président Kennedy lors de la visite officielle qu'il doit effectuer le surlendemain, en compagnie de son épouse Jackie : il est prévu qu'il passe au coin d'Elm Street et de Houston Street, devant les locaux du TSBD.

Le 21 novembre, Oswald demande à Wesley Buell Frazier, frère de Ruth Paine – ce qui le surprend, parce que c'est en milieu de semaine, et c'est contraire à ses habitudes –, de le conduire auprès de Marina, son épouse. Il veut la persuader, expliquera-t-elle, de rentrer avec lui à Dallas pour reprendre la vie commune. Elle refuse catégoriquement, va se coucher, et expliquera qu'elle sera surprise, le lendemain, de trouver à son réveil, laissée par son mari, une somme de 170 dollars, relativement importante à l'époque, en tout cas inhabituelle.

Ce jour-là, Oswald charge dans la voiture de Frazier, qui le conduit en ville, un paquet oblong, des prétendues tringles.

Le 23 novembre, le président Kennedy est donc en campagne électorale à Dallas. Il sillonne la ville dans une Lincoln Continental décapotable, à l'arrière avec son épouse ; sur le siège avant sont installés le gouverneur du Texas John Connally Sr et son épouse Nellie.

A 12 h 30, alors que le véhicule arrive au croisement d'Elm Street et Houston Street, le Président est touché au haut du dos, de même que le gouverneur John Connally, puis, un instant plus tard, par une autre balle, qui l'atteint à la tête : il s'écroule. A l'hôpital Parkland où il est transporté en urgence vers 13 heures, il est déclaré mort.

Une minute et demie plus tard, un policier, Marrion Baker, entre dans le bâtiment du TSBD où ont été vus, au cinquième étage, des départs de tirs. Au premier étage, il croise Oswald, identifié par son directeur, Roy Truly, comme employé du dépôt de livres, et donc par réflexe exclu par l'agent de police qui *a priori* cherche une personne extérieure au personnel.

Oswald quitte le bâtiment, qui n'est pas gardé, tente dans un premier temps de prendre la fuite en bus, puis en taxi – tout cela est difficile, parce que

la circulation est bloquée. A 13 h 15, Oswald abat un policier, J.D. Tippit, qui tente de l'interpeller dans le quartier d'Oak Cliff. Il tire cinq balles de son revolver et touche quatre fois le policier. Deux heures plus tard, à 15 h 30, Oswald est interpellé par la police alors qu'il s'est réfugié dans le cinéma Texas Theater. Dans un premier temps, il n'est prévenu que du meurtre du policier. Mais il est porteur d'une fausse carte d'identité au nom d'Alek James Hidell, qui a permis l'achat du revolver Smith et Wesson et du fusil Carcano, celui-là même qu'on retrouve au cinquième étage du TSBD avec trois étuis percutés.

Il est alors interrogé dans les locaux de la police de Dallas, jusqu'au matin du dimanche 24 novembre. D'abord inculpé pour le meurtre du policier Tippit, il l'est ensuite pour celui du président Kennedy. Pour sa défense, Oswald déclare n'être qu'un bouc émissaire.

Ce même jour, alors qu'il doit être conduit à la prison du comté de Dallas, il est abattu dans le sous-sol du commissariat à 11 h 21, d'un coup de revolver tiré par un nommé Jack Ruby. De nombreux journalistes sont présents : c'est, dans l'histoire, le premier assassinat en direct sous les objectifs de caméras de télévision...

Ruby est le deuxième personnage du drame. De son vrai nom Jacob Leon Rubenstein, il serait né le 25 mars 1911 à Chicago, cinquième enfant d'une fratrie de huit, dans une famille d'émigrés d'origine juive polonaise. Enfant turbulent, il sert dans l'armée américaine durant la Seconde Guerre mondiale, puis s'établit à Dallas où, avec ses frères, ils adoptent le nom de Ruby et se lancent dans la gestion de boîtes de nuit et de clubs de strip-tease.

Plusieurs témoins l'ont vu dans les locaux de la police, visiblement ému par la mort du Président, ...

CI-CONTRE
Jacqueline Kennedy (1929-1994) accompagnée du sénateur Edward Kennedy (1939-2009) et du procureur général Robert Kennedy (1925-1968) lors des funérailles du président J.F. Kennedy (1917-1963).

… et soucieux de se mettre en avant. A l'époque, grâce aux policiers qui fréquentaient sa boîte de nuit, il avait ses entrées au commissariat.

Que faisait-il là ? Le transfert d'Oswald était initialement prévu à 10 heures. Une heure plus tard, vers 11 heures, Ruby est en ville pour effectuer une transaction bancaire. C'est par hasard, assure-t-il, qu'il passe devant le commissariat. Il remarque un attroupement et s'introduit dans les locaux, par le sous-sol. C'est à ce moment qu'on transfère le prévenu vers la prison. Ruby, qui est armé – cela parce qu'il transporte souvent des fonds –, tire sur Oswald et le tue.

Il déclarera avoir voulu éviter à Jackie Kennedy la douleur d'un procès public. Son avocat, le célèbre Melvin Belli, tentera de faire passer ce meurtre pour un coup de folie.

Le 16 mars 1964, à Dallas, Ruby est condamné à mort pour assassinat. Dans l'attente du procès en appel, sa peine est commuée en peine de détention. Ruby mourra d'une embolie pulmonaire provoquée par un cancer, durant le procès d'appel, le 3 janvier 1967.

L'assassinat du président John Fitzgerald Kennedy, le rôle exact d'Oswald et celui de Ruby, ont beaucoup fait travailler l'imagination. Mais avant que s'en emparent romanciers et cinéastes, farfelus et complotistes, plusieurs commissions se sont réunies pour tenter de faire un point officiel, si possible complet et définitif, sur cet assassinat.

D'abord, ce qu'on a appelé la commission Warren, officiellement « Commission présidentielle sur l'assassinat du président Kennedy », qui doit son nom usuel au président de la Cour suprême des Etats-Unis, qui l'a présidée. Créée le 29 novembre 1963, une semaine après les faits, elle enquête dix mois et rend son rapport le 24 septembre 1964 au président Johnson : 888 pages, sans compter les pièces jointes, soit plus de 16 000 feuillets réunis en 26 volumes. Ses conclusions sont simples : Oswald a agi de sa seule initiative, il était le seul tireur, a tiré trois balles dans le dos du Président, dont une l'a transpercé avant de finir sa course en blessant gravement le sénateur Connally.

Trois autres enquêtes officielles (des experts réunis par le procureur général Ramsey Clark, en 1968, une Commission d'enquête présidentielle sur les activités de la CIA en 1975, connue sous le nom de Commission Rockefeller, du nom de son président, le HSCA, US House of Representatives Select Committee on Assassinations, en 1979) ont abouti à des conclusions proches : l'assassinat du président Kennedy par deux balles tirées derrière sa voiture.

A une légère nuance près, pour la dernière de ces trois commissions officielles : en plus de vives critiques adressées aux méthodes de travail de la Commission Warren, le HSCA, sur la base d'un enregistrement sonore effectué à partir du micro d'une moto de police, concluait à la présence d'un second tireur dont le coup de feu aurait été audible, tirant de derrière une palissade sur une butte herbeuse située sur Dealey Plaza. Cela changerait tout : on ne serait plus en présence de l'acte d'un dément, mais bel et bien d'un complot organisé. Cette théorie fondée sur l'enregistrement radio a depuis été rejetée par plusieurs experts de l'Académie des sciences.

Il serait trop long, et hors de propos dans ces pages, de faire le point sur toutes les théories complotistes nées après ce double assassinat, celui du président Kennedy et de Lee Harvey Oswald. Pour résumer, en admettant toutes les combinaisons possibles d'alliances ou de conjonctions d'intérêts plus ou moins communs ou croisés, on peut établir une liste de tous ceux qui auraient pu avoir intérêt à la mort du président Kennedy : les milieux financiers, le vice-président Lyndon Jonhson, l'industrie de l'armement et ses affiliés, la CIA elle-même, l'extrême droite, l'industrie pétrolière, les anticastristes, Fidel Castro lui-même pour se venger du débarquement de la baie des Cochons, l'état d'Israël et/ou des sionistes,

le président vietnamien de l'époque Ngô Dinh Diêm, le KGB, des « patriotes américains » pensant que Kennedy allait finir par favoriser un troisième conflit mondial, ou encore un groupe d'Illuminati sous influence d'Aristote Onassis...

Une liste à faire frémir le plus performant des services de sécurité présidentielle.

A tous ceux-là, il convient encore d'ajouter la thèse ou l'hypothèse de la Mafia italo-américaine de Chicago, l'Outfit (*voir* : Al Capone), notamment Carlos Marcello, Santo Trafficante Jr et Sam Giancana. A été avancée l'hypothèse que Ruby travaillait pour elle et aurait, sur son ordre, effacé Oswald pour l'empêcher de parler.

Pour l'anecdote, il faut également citer – puisque son nom a été avancé – Antoine Guérini, qui aurait été, selon une des thèses envisagées, chargé de tuer Kennedy pour l'Outfit, et que le véritable tireur présumé aurait été Christian David, dit le « Beau Serge », envoyé tout spécialement de Marseille... *Si non e vero...*

Pour rester dans le cadre de cet ouvrage et se limiter à l'aspect criminalistique de l'assassinat de J.F. Kennedy, une chose est à peu près certaine : les carences techniques de l'enquête ont été pour beaucoup dans les spéculations postérieures et dans les errements des diverses commissions.

Ainsi, et sans se livrer à une longue critique de l'enquête, il est évident, pour ne donner que cet exemple, que l'autopsie de John Fitzgerald Kennedy, pratiquée à l'hôpital naval de Bethesda, près de Washington – où le corps avait été transporté en dehors de toute règle judiciaire –, autopsie effectuée par des médecins dont le métier n'était pas l'analyse des blessures par balle sans laisser de clichés ni de descriptions dans les règles médico-légales prévalant en tel cas, ne pouvait que faire naître toutes les spéculations.

De même, le manque de méthode apporté à l'examen de toutes les pièces et endroits constitutifs de la scène de crime, que cela soit dans la pièce du cinquième étage du dépôt de livres, d'où sont ...

POLICE

CI-CONTRE
En 1991, le film *JFK* d'Oliver Stone reproduit la scène de l'assassinat de J.F. Kennedy dans sa Lincoln Continental à Dallas le 22 novembre 1963.

... partis les tirs – relevés d'empreintes intervenus *a posteriori* et non sur place et sur-le-champ –, ou dans la berline décapotable présidentielle, qui a été nettoyée de manière pour le moins inopportune. Tout cela, sans compter la disparition volontaire de certaines pièces du dossier, dont le billet déposé par Oswald à l'agent du FBI, ne peut faire naître, dans le meilleur des cas, que des zones d'ombre et de doute...

Il est certain qu'un tel assassinat, aujourd'hui, devrait faire l'objet d'une enquête infiniment plus rigoureuse, selon des protocoles intransigeants, et que les méthodes d'analyse modernes devraient laisser beaucoup moins de zones d'ombre. Ce qui ne signifie pas qu'il y ait pour autant moins de polémiques...

Le film le plus célèbre tiré de cette affaire est *JFK* d'Olivier Stone, sorti en 1991. Il reprend la thèse développée par Jim Garrison, District Attorney de La Nouvelle-Orléans, seul procureur à intenter des poursuites dans l'affaire de l'assassinat de J.F. Kennedy. Il accusa en 1968 un homme d'affaires de Louisiane, Clay Shaw, d'être en réalité un agent de la CIA qui aurait fomenté l'attentat avec l'aide d'exilés cubains et la complicité de Lyndon B. Johnson, vice-président des Etats-Unis, et J. Edgar Hoover, directeur du FBI, dans un véritable coup d'Etat. Sa théorie était qu'Oswald ne pouvait avoir été le tireur. Clay Shaw fut acquitté, mais ruiné par les actions de justice en défense.

Si le film, comme l'enquête initiale du procureur Garrison, a été très controversé, il eut tout de même le mérite de déboucher, après son visionnage par les membres du Congrès de l'Assassination Records Review Board, sur une loi adoptée en 1992 permettant la déclassification des documents. Au plus tard en 2017 seront rendus publics les derniers documents restés confidentiels, soit environ 3 % des documents de la Commission Warren et environ 21 % des documents du House Select Committee on Assassination.

PAPIN, SŒURS

CI-CONTRE
Une du journal *Détective* du 9 février 1933 consacrée aux sœurs Papin.

Les sœurs Papin, domestiques qui ont assassiné leur patronne et sa fille, méritent leur place au panthéon des plus remarquables criminels français. Cela en raison du caractère particulièrement horrible de leur acte, mais également à cause de leur relation ambiguë qui, depuis quatre-vingts ans, continue d'intriguer, sinon fasciner, médecins, écrivains ou hommes de cinéma.

Christine Papin, l'aînée, voit le jour en 1905, Léa en 1911. Elles ont une sœur plus âgée, Emilia, née en 1901. Le père, employé de menuiserie, et son épouse, qui a la réputation d'être volage, divorcent en 1913. Il sera question, au procès, d'un possible viol ou d'une tentative de viol du père sur l'aînée de ses enfants, quand elle aurait eu 10 ans, mais ce n'est pas évoqué dans la procédure de divorce.

Les deux aînées, Emilia et Christine, sont placées dans une maison d'éducation catholique très stricte, Au bon Pasteur, cependant que la mère, Clémence, marque ouvertement une préférence pour la plus jeune de ses filles, Léa. En allant en âge, Emilia, l'aînée, sera religieuse, et les deux plus jeunes, Christine et Léa, seront liées par ce que des psychiatres qualifieront de « sororité fusionnelle ».

En 1920, Christine a quinze ans. Sa mère lui trouve sa première place de bonne. Quatre ans plus tard, c'est Léa, à son tour, qui est placée à la campagne comme servante. Puis elles trouvent, ce qui les rend heureuses, une place dans la même maison, l'une cuisinière, l'autre femme de chambre. Les deux jeunes femmes travaillent convenablement et se voient, dans l'ensemble, délivrer de leurs différents employeurs de bons certificats. Car elles changent fréquemment d'employeurs, au gré des revendications financières de leur mère qui prélève une partie de leurs gages. Tout au plus constate-t-on, chez Christine, qu'elle supporte mal les remarques de ses employeurs, une tendance à exprimer un esprit frondeur.

En 1927, les deux sœurs trouvent à se faire employer au Mans chez les Lancelin, couple bourgeois qui a une grande fille, Geneviève. Lui est avoué, mais vend sa charge en 1929, et la famille, qui s'installe 6, rue de la Bruyère, près de la cathédrale, mène une existence oisive de rentiers sans histoire. Les sœurs sont installées au deuxième étage de l'immeuble, où se trouve une lingerie.

Le service est strict, Mme Lancelin exigeante, elle ne supporte ni familiarité ni la moindre erreur – ce qui est dans l'air du temps –, mais la place n'est pas mauvaise. Selon les critères de l'époque, les Lancelin sont des gens parfaitement corrects, et les deux sœurs ne semblent pas malheureuses de leur sort. Tout au plus peut-on signaler, en septembre 1931, un événement annonciateur de ce qui est probablement la dégradation de la santé psychique de Christine et peut-être des deux sœurs. Elles se présentent à la mairie, pour se plaindre d'être persécutées, et d'abord par le maire lui-même... Invitées à s'exprimer devant le commissaire Dupuy, elles se taisent. M. Lancelin est avisé du fait, mais avec son épouse ils sont parfaitement satisfaits de leur personnel. Leur règle, du reste, est de ne jamais se mêler de la vie privée du personnel.

Le 2 février 1933, jour de la Chandeleur, il est prévu que les Lancelin dînent dehors et aillent directement de leurs activités de l'après-midi à leur dîner. Les sœurs sont seules, affairées au repassage. Sont-elles en train de travailler ? Sont-elles dans leur chambre, couchées enlacées, comme cela est leur habitude ? Peu importe. Les filles entendent du bruit au rez-de-chaussée, descendent et, au palier du premier étage, se retrouvent nez à nez avec Mme Lancelin et sa fille. Que se passe-t-il ? On ne le saura jamais. Les deux sœurs se jettent sur les deux femmes avec une violence inouïe, les battent furieusement, leur arrachent les yeux avec les doigts. Les pauvres femmes sont frappées avec un vase en étain, puis les deux sœurs vont à la cuisine se saisir de couteaux et labourent littéralement le corps des malheureuses.

Enfin, apaisées, elles vont se laver les mains, fermer les rideaux et se coucher dans leur chambre, où M. Lancelin, inquiet de ne pas voir arriver son épouse, les trouve, blotties dans les bras l'une de l'autre.

Pour illustrer la fureur des coups portés, les conclusions du Dr Chartier, médecin légiste, sont

Le premier hebdomadaire des faits-divers

6e Année - N° 224 — 1 FR. 50 - TOUS LES JEUDIS - 16 PAGES — 9 Février 1933

DÉTECTIVE

Les brebis enragées

Deux anges? Non! Deux monstres qui, au Mans, arrachèrent les yeux de leurs patronnes. Orbites vides, crânes défoncés, mais vivantes encore, les victimes moururent après une atroce agonie.

(Lire, pages 3 et 7, l'enquête hallucinante de notre envoyé spécial F. Dupin.)

AU SOMMAIRE DE CE NUMÉRO : Démons et déments, par Louis Roubaud — La loi de la mer, par L. Palauqui — L'auberge aux rouliers, par Luc Dornain — L'explosion de Billancourt, par M. L. — Le cadavre volé, par J. Castellano — L'art du « milieu », par Maggie G...

éclairantes : « Madame et Mademoiselle Lancelin ont été tuées presque sans lutte, avec un acharnement et un raffinement de cruauté dont la littérature médico-légale offre peu d'exemples. Les instruments du crime ont été multiples : pot d'étain, marteau, couteaux, et le fait le plus particulier du crime est l'arrachement des yeux, à l'aide des doigts, sur des victimes encore vivantes, mais incapables de se défendre parce que déjà affaiblies par des blessures considérables. »

Pendant l'enquête, Christine reconnaîtra les faits et Léa acquiescera aux déclarations de sa sœur, reconnaissant sa responsabilité dans le double meurtre. A la prison du Mans, Christine est mise sous camisolc : dans unc crisc dc démence, elle souhaitait s'arracher ses propres yeux et menaçait d'en faire autant au juge d'instruction et aux surveillantes.

Les experts aliénistes qui examinent les deux femmes sont persuadés qu'elles simulent, les jugent normales et écartent toute possibilité d'une relation amoureuse passionnelle entre elles. Cela alors que Christine, pour sa défense, affirme cette chose hallucinante : « Au cours d'une vie antérieure, ma sœur a été mon mari... »

...

CI-CONTRE
Le procès de Léa et Christine Papin, coupables du double meurtre de leurs patronnes le 2 février 1933 au Mans, France.

... Le procès s'ouvre à la cour d'assises de la Sarthe, le 29 septembre 1933. Christine est accusée des deux meurtres, Léa de coresponsabilité dans celui de Geneviève Lancelin. Les accusées ne trouvent rien à reprocher à Mme Lancelin ou à sa fille. Les médecins déposent à la barre. Seul contre tous, le Dr Logre, aliéniste cité par la défense, évoque un diagnostic possible d'hystéro-épilepsie.

Le procureur de la République, M. Riégert, requiert la peine de mort pour Christine, la réclusion à perpétuité pour Léa. Les jurés rendent leur verdict : les circonstances atténuantes sont effectivement accordées à Léa, condamnée à dix ans de travaux forcés et à vingt ans d'interdiction de séjour. Christine est condamnée à la peine de mort. Le 22 janvier 1934, le président Albert Lebrun la gracie et commue sa peine en travaux forcés à perpétuité.

L'état de santé mental de Christine ne cesse de s'aggraver. Elle finira ses jours à l'asile d'aliénés de Rennes et décédera le 18 mai 1937, des conséquences d'une longue dénutrition. Léa sera libérée en 1943, vivra avec sa mère, puis décédera en 2001, à 89 ans, dans l'anonymat.

Sans avoir pu les examiner, Jacques Lacan se penchera sur le cas des sœurs Papin. « L'affirmation, écrira le célèbre psychanalyste, selon laquelle les sœurs ne pouvaient avoir été frappées d'une crise de folie simultanée est complètement fausse. Les délires à deux sont parmi les formes les plus anciennement reconnues des psychoses. Les observations montrent qu'ils se produisent électivement entre proches parents, père et fils, mère et fille, frères ou sœurs. » Sa thèse est celle d'une psychose paranoïaque meurtrière qu'il conclut ainsi : « Au soir fatidique, dans l'anxiété d'une punition imminente, les sœurs mêlent à l'image de leurs maîtresses le mirage de leur mal. C'est leur détresse qu'elles détestent dans le couple qu'elles entraînent dans un atroce quadrille. Elles arrachent les yeux, comme châtraient les Bacchantes. La curiosité sacrilège qui fait l'angoisse de l'homme depuis le fond des âges, c'est elle qui les anime quant elles déchirent leurs victimes, quand elles traquent dans leurs blessures béantes ce que Christine plus tard devant le juge devait appeler dans son innocence "le mystère de la vie". »

Ces « mystères » passionnent écrivains et cinéastes. En 1947, Jean Genet écrit *Les Bonnes*, pièce adaptée plus tard en film sous le titre *Les Abysses* par Nikos Papatakis (1963). Claude Chabrol a repris la trame de l'affaire pour *La Cérémonie* (1995), avec Isabelle Huppert et Sandrine Bonnaire. L'affaire fera à nouveau l'objet d'une adaptation de Jean-Pierre Denis dans *Les Blessures assassines* (2 000) et la même année *En quête des sœurs Papin*, docufiction de Claude Ventura.

PARKER, BONNIE ET BARROW, CLYDE

CI-CONTRE
Photographie anonyme, 1933, Bonnie Parker (1911-1934) et son partenaire, Clyde Barrow (1909-1934).

Certains criminels ont laissé à d'autres, poètes ou journalistes en mal de romantisme, le soin de bâtir leur légende et de convertir leur existence criminelle, parfois monstrueuse, en un monument admirable. De changer, en somme, leur état de coupable en celui de héros, voire de victime. Bonnie Parker et Clyde Barrow – dont on connaît surtout les prénoms et le couple qu'ils ont formé, aussi célèbre qu'une marque commerciale, « Bonnie and Clyde » – n'ont pas laissé ce soin à d'autres : en même temps qu'ils signaient leurs crimes, ils ont écrit leur légende. Sans doute demeureront-ils longtemps ces malfaiteurs marginaux, chantés et adulés, le symbole étonnant d'une passion à la fois amoureuse et criminelle, poussée jusqu'à une mort partagée sous les balles de la police.

Bonnie Elizabeth Parker est née le 1er octobre 1910 à Rowena (Texas). Deuxième d'une famille de trois enfants, elle perd son père quand elle a quatre ans, et vit avec sa mère, Emma Krause, chez ses grands-parents à Cement City, banlieue industrielle de Dallas. Son enfance se distingue par des études secondaires brillantes, jalonnées par de nombreux prix, notamment en orthographe et littérature. Adulte, cette prédisposition littéraire s'illustrera par des poèmes, *L'Histoire du suicide* ou *Fin du sentier* (*The Trail's End*, connu comme *The Story of Bonnie and Clyde*), qui ne compteront pas peu pour sa réputation. A 15 ans, elle tombe amoureuse d'un camarade de classe, Roy Thornton, et l'épouse, à la veille de son seizième anniversaire. Les jeunes gens quittent l'école, le garçon est souvent absent, connaît des démêlés avec la justice, le mariage est finalement un échec : les jeunes époux se quittent en janvier 1929 – Bonnie n'a pas 19 ans –, sans pour autant divorcer. Lorsqu'elle sera abattue par la police, la jeune femme portera toujours son alliance, cependant que son mari sera en prison, purgeant une peine de quatre-vingt-dix-neuf ans, pour meurtre. Après sa séparation, Bonnie travaille comme serveuse et continue à vivre avec sa mère. C'est en janvier 1930, rendant visite à une amie malade, qu'elle fait la connaissance de Clyde Barrow, venu visiter la même personne. Le coup de foudre est immédiat.

Clyde Chestnut Barrow est né le 24 mars 1909. Il voit le jour dans une famille misérable et nombreuse, installée dans un bidonville d'Ellis County, près de Telico, au sud de Dallas. Ses parents, arrivés là dans les années 1920, ont commencé par survivre dans un wagon, avant de trouver les moyens d'acheter une tente... Ses premiers démêlés avec la justice datent de 1926 : vol de voiture, recel de nourriture volée... Des bricoles. A partir de ce moment-là, Clyde multiplie attaques à main armée et cambriolages, indifféremment des coffres-forts, des magasins, des véhicules...

Peu après avoir fait la connaissance de celle qui deviendra sa compagne, Clyde se fait arrêter pour un cambriolage et incarcérer à la prison d'Eastham. Il s'en échappe, en utilisant un pistolet que Bonnie a fait entrer clandestinement, est repris au bout d'une semaine, et réincarcéré. Après quelques mois, en février 1932, Clyde est finalement libéré sur parole. Avec Bonnie, ils prennent alors la tête d'une petite bande, et, pendant quelques mois, poursuivent une vie violente et criminelle. Il semblerait que Clyde ait, en prison, été victime d'agressions répétées, notamment sexuelles, et qu'il y ait mis un terme en fracassant le crâne de son agresseur avec un tuyau de plomberie. Ces épreuves lui laisseront un caractère endurci et une haine viscérale du milieu carcéral ; il est admis que s'il verse alors radicalement dans la délinquance ce n'est pas par esprit de lucre, pour réussir des gros coups, mais par vengeance envers la société. Le but un peu naïf de ce qu'on appelle « la bande de Barrow » – en plus de Bonnie et de Clyde, la fine équipe compte un frère de Clyde, Marvin, dit Buck, ainsi qu'un nommé Ralph Fults, cela sans parler de complices plus ou moins épisodiques – est de réunir assez d'argent et d'armes pour organiser ...

... un raid permettant la libération de tous les prisonniers incarcérés à Eastham...

Du printemps 1932 au 23 mai 1934, quand ils sont finalement abattus par la police, Bonnie et Clyde, souvent accompagnés de complices, se lancent à travers les Etats-Unis dans une équipée infernale qui mêle moments de fête – dont on n'a guère de traces – et crimes de sang, dont la liste constitue une sombre litanie. Le 5 août, éméchés, Clyde et un de ses complices, Hamilton, ouvrent le feu sur deux officiers de police qui venaient les contrôler pour tapage, tuant l'un, blessant gravement l'autre. Le 11 octobre, ils tuent un magasinier, Howard Hall, qui avait le malheur de se trouver dans son commerce de Sherman (Texas) au moment où la bande venait le cambrioler. Butin : vingt-huit dollars et un peu d'épicerie.

Toujours en 1932, à Temple (Texas), le jour de Noël, Clyde, pour la circonstance assisté d'un jeune complice de 16 ans, W.D. Jones, tue un malheureux père de famille, Doyle Johnson, dont il voulait voler la voiture. Deux semaines plus tard, la même équipe, en présence cette fois-ci de Bonnie, abat froidement Malcolm Davis, shérif adjoint de Tarrant.

Le 13 avril 1933, Bonnie et Clyde vivent avec le jeune Jones, Buck, frère de Clyde, et son épouse, Blanche, à Joplin (Missouri). Manipulant une arme – un BAR, Browning Automatic Riffle, arme préférée du garçon –, Clyde fait partir un coup de feu qui attire la police : cinq agents se présentent, accueillis par des rafales. Le détective McGinnis est tué, l'agent Harryman mortellement blessé. Les cinq malfaiteurs prennent la fuite, abandonnant de nombreux papiers permettant leur identification, des photos qui, publiées, rendront par la suite le couple Bonnie et Clyde célèbre, et des poèmes rédigés par Bonnie à ses moments perdus.

Les forces de l'ordre ne restent pas inertes face à ce déferlement de violence. La bande est traquée et ses membres, l'un après l'autre, finissent par tomber. Au cours d'une fusillade avec la police dans l'Iowa le 29 juillet 1933, Buck Barrow est mortellement blessé, Blanche, son épouse, capturée. Le jeune Jones est interpellé en novembre 1933 à Houston (Texas). Ce même mois, le 22, Bonnie et Clyde échappent à une embuscade policière près de Grand Prairie (Texas) ; le couple s'échappe sous les tirs de la police, enlève un avocat pour couvrir sa fuite et disparaît dans la nature. Le mois suivant, le 21 décembre 1933, Bonnie et Clyde commettent encore un vol à Shreveport (Louisiane). Le 16 janvier 1934, cinq prisonniers – dont leur complice Raymond Hamilton – sont libérés de la prison d'Eastham, par les soins de Clyde et de Bonnie. Dans l'opération, deux gardes sont tués. Le 1er avril 1934, Bonnie et Clyde rencontrent deux jeunes patrouilleurs routiers à proximité de Grapevine (Texas) : avant qu'ils aient le temps de se saisir de leurs armes, ils les abattent froidement. Le 6 avril 1934, un agent de police à Miami (Oklahoma) est tué par le couple qui enlève le chef de la police de la localité, blessé.

La police est sur les dents. Les services diffusent inlassablement avis de recherche, empreintes digitales, photos, descriptifs, dossiers judiciaires, et toutes les données possibles et imaginables qui pourraient être utiles. Finalement, la police apprend que le couple est dans les parages de Ruston (Louisiane), chez des amis du même calibre qu'eux, les Methvin. A l'aube du 23 mai 1934, une troupe de policiers de Louisiane et du Texas les attend en planque au bord d'une route : dès qu'ils reconnaissent le couple, les policiers tirent. Après une des chasses à l'homme les plus épiques et meurtrières des Etats-Unis, Clyde Barrow et Bonnie Parker sont tués. Dans le véhicule criblé de balles, on trouve une douzaine d'armes et ce qu'il fallait de munitions pour les approvisionner généreusement.

Ils vont sans délai entrer dans la légende, héros d'une littérature et d'une filmographie abondante, de chansons, et d'un engouement qui ne tarit pas. Sans pouvoir les signaler tous, on peut mentionner le premier film inspiré par la vie de Bonnie et Clyde, de Fritz Lang, *J'ai le droit de vivre* (*You only live once*), avec Henry Fonda et Sylvia Sidney, sorti seulement trois ans après leur mort. On peut également citer *Bonnie and Clyde* d'Arthur Penn (1967), avec Warren Beatty et Faye Dunaway. A l'époque l'affaire était presque oubliée aux Etats-Unis et quasiment inconnue en Europe, sauf des lecteurs de John Toland (*The Dillinger Days*, publié en 1963, paru en France sous le titre *Les Irréductibles* en 1966). C'est ce film éponyme qui relance – s'il ne le crée – le mythe de Bonnie and Clyde, du jour au lendemain devenus des icônes de la génération soixante-huitarde. C'est ce mythe qu'exploite Serge Gainsbourg, en 1968, quand il fait chanter à Brigitte Bardot, au sommet de son art, « Bonnie and Clyde », version romantique de la vie des amants criminels, dont les paroles sont inspirées par le poème de Bonnie Parker, *The Trail's End*, la fin du chemin.

CI-CONTRE
Bonnie Parker (1910-1934), partenaire de Clyde Barrow (1909-1934).

PEINE DE MORT

CI-CONTRE
Exécution publique d'Eugène Weidmann à Versailles le 17 juin 1939.

Depuis 1981, la peine capitale n'existe plus en France. Sa suppression est désormais gravée dans le marbre de la loi.

Jusqu'à son abolition en 1981, la peine de mort a été appliquée en France de toute éternité. Avec des nuances et des variantes, selon les époques, les types de crimes, le statut du criminel, les procédés employés pour exécuter la sentence, etc. Avec un point commun à la plupart des cas : la publicité des exécutions. La pendaison est longtemps restée le mode d'exécution ordinaire. A Paris, le principal gibet des rois de France, où étaient pratiquées les pendaisons, était celui de Montfaucon, de sinistre mémoire. Surnommé « Fourches de Grande Justice », il était installé à proximité de l'actuelle place du Colonel-Fabien. La décapitation était réservée aux nobles, à l'exception de ceux, ministres ou officiers du Roi, coupables de détournement de fonds publics ou de concussion. Ceux-ci étaient pendus, manière de signifier que leurs malversations étaient indignes de leur état. Les hérétiques et les incendiaires, pour ces derniers par une sorte de « retour de flammes », se voyaient condamnés au bûcher ; au fil du temps, s'est généralisée la pratique de l'étranglement ou de la pendaison avant la mise à feu purificatrice. Les faux-monnayeurs étaient ébouillantés, quant aux pires meurtriers et aux bandits de grand chemin, ils étaient « roués », fixés sur une roue, le corps brisé en plusieurs endroits, et ils agonisaient lentement, avec un supplice plus ou moins long en fonction de la gravité de leurs actes. Enfin, les parricides, les coupables de haute trahison – avant que ce châtiment ne soit réservé qu'aux régicides –, subissaient l'écartèlement, précédé de l'amputation de la main.

Le code pénal de 1791 a unifié tous ces procédés d'exécution et prévu, dans son article 3, que « tout condamné à mort aura la tête tranchée ». Pour sa concision exemplaire, la formule faisait l'admiration de Stendhal. C'est à cette époque que le mode d'exécution par guillotine est devenu la règle. Paradoxalement, alors que cette machine avait été inventée dans un souci d'humaniser (*sic*) la peine capitale, elle a permis une espèce d'industrialisation de la peine de mort, dont la Révolution, aux heures sombres de la Terreur, ne s'est pas privée d'explorer les possibilités. A côté de ce mode civil de mise à mort, les militaires condamnés à la peine capitale terminent devant un peloton d'exécution.

On estime que le mouvement abolitionniste français voit le jour en 1757, au moment de l'exécution particulièrement cruelle de Robert-François Damiens coupable d'avoir voulu tuer le roi Louis XV. C'est cependant au précurseur des criminologues, Cesare Beccaria (1738-1794), que l'on doit sans doute la première contestation argumentée de l'efficacité de la peine de mort. Ce point de vue, il l'a exprimé en 1764 dans son livre *Des délits et des peines*.

Pendant tout le XIXe siècle, la peine capitale subit les assauts de nombreux détracteurs, en particulier ceux, fameux, de Victor Hugo qui publie, en 1829 *Le Dernier Jour d'un condamné*. Le 25 novembre 1870, un décret d'Adolphe Crémieux supprime l'échafaud où se dresse encore la guillotine – cette haute estrade avait pendant des siècles fait partie du décorum des exécutions.

Partisan de l'abolition, le président de la République Armand Fallières, à partir de 1906, gracie tous les condamnés, provoquant, notamment pour le meurtrier Albert Soleilland ayant violé et dépecé une petite fille de 11 ans, une féroce campagne de presse à son encontre.

Le 8 décembre 1908, Aristide Briand, garde des Sceaux, appuyé par Jean Jaurès, propose à l'Assemblée nationale l'abolition de la peine capitale. Le texte est repoussé par 330 voix contre 201.

Le 24 juin 1939, après l'émotion provoquée par l'exécution d'Eugène Weidmann, Edouard Daladier, président du Conseil, interdit les exécutions publiques. Elles se dérouleront désormais dans l'enceinte des prisons, à l'abri des regards. Sous la Ve République, de 1958 à 1981, ont lieu dix-neuf exécutions de droit commun, et, dans le cadre des événements d'Algérie, vingt-cinq exécutions de membres du FLN, guillotinés à la suite des décisions

de tribunaux militaires. Responsable de l'attentat contre le général de Gaulle au Petit-Clamart, le colonel Bastien-Thiry est le dernier militaire fusillé, le 11 mars 1963.

Guillotiné le 10 septembre 1977, Hamida Djandoubi a été le dernier condamné exécuté en France, à Marseille. Il est également le dernier de ce qu'on appelait alors l'Union européenne.

Avocat devenu ministre de la Justice après l'élection du président François Mitterrand en 1981, c'est Robert Badinter qui propose enfin le 16 septembre 1981, au nom du gouvernement français, à l'Assemblée nationale, l'abolition de la peine capitale. Le texte est adopté par 369 voix contre 113. Trente-sept députés de droite ou du centre droit s'étant ralliés à l'abolition.

PETIOT, MARCEL

CI-CONTRE
Le docteur Marcel Petiot lors de son procès, à Paris, le 18 mars 1946.

Dans la longue cohorte des criminels fameux, Marcel Petiot cumule deux caractéristiques qui, en plus du nombre de ses victimes, expliquent sa célébrité. Il a d'abord été médecin. Il est toujours troublant de voir quelqu'un placé sous le patronage d'Hippocrate mettre sa science non au service des malades, mais à celui de crimes crapuleux. Il a ensuite sévi pendant l'Occupation, mettant à profit cette période trouble non pour devenir héros ou vil salaud, mais pour pousser à leur paroxysme délirant ses activités criminelles.

Marcel Petiot (1897-1946) est né à Auxerre, d'un père employé des Postes et d'une mère au foyer, ce qui ne suffit pas à prédisposer au crime. A 7 ans, s'il est doué, il est déjà étrange : il fait circuler des photos pornographiques en classe et, un jour, tire un coup du revolver de son père, qu'il a dérobé, pendant un cours d'histoire. On l'a prétendu cruel avec les animaux, ébouillantant et martyrisant les chats. Peu importe. Sa mère, internée pour troubles psychiatriques, meurt quand il a 15 ans. Malgré son caractère bizarre et une scolarité compliquée par de successifs renvois d'écoles, il décroche son baccalauréat en 1915 à 18 ans. C'est la guerre. Il s'engage au 89e régiment d'infanterie, est blessé au pied gauche, mais finit par être réformé pour déficience mentale. Ce qui ne l'empêche pas de commencer des études de médecine et, quelques années plus tard, en 1921, d'obtenir son doctorat avec mention très bien, preuve que ses facultés intellectuelles n'ont pas été altérées.

Il s'installe à Villeneuve-sur-Yonne et fait distribuer une feuille publicitaire expliquant que, jeune diplômé, il était plus apte que ses concurrents, âgés, pour soigner les maladies « modernes ». Rapidement, il devient un médecin réputé, auquel la rumeur prête une sorte de don de prescience ; ses patients sont troublés de l'entendre leur décrire les maux dont ils se plaignent. Ils ignorent seulement que l'excellent Dr Petiot a installé un micro dans la salle d'attente pour écouter leurs conversations. Ils ignorent également une fâcheuse tendance dudit Dr Petiot à prescrire des drogues qui développent chez ses patients une certaine dépendance. Le jeune médecin est atteint d'un autre défaut : il est irrésistiblement kleptomane et va, par exemple, jusqu'à voler les objets de la maison meublée qu'il occupe, pour les revendre. Un autre fait surprend : en 1926, Petiot a une liaison avec Louise Daveleau, fille d'une de ses patientes. Quelque temps après cette liaison, la maison de cette patiente est dévalisée et incendiée, et la jeune fille disparaît mystérieusement. Tout le monde croit à une fugue. Interrogé, le médecin explique que la jeune femme est effectivement partie à Paris. Plus tard, on retrouvera, au fond d'une rivière des environs, le corps décomposé d'une personne, tassé dans une valise qui ressemblait étrangement à celle du médecin. Coïncidence, sans doute. Personne ne s'appesantit sur cette affaire.

En juin 1927, Petiot se marie avec Georgette Lablais et, la même année, se présente aux élections municipales sous l'étiquette républicain de gauche. Elu, il se comporte à la tête de la mairie en tyran, continue ses petits vols maladifs, multiplie les délits (fausses déclarations à l'assurance maladie, détournement de fonds…), et se retrouve surtout mêlé à de nouvelles morts étranges. Il est par exemple vu avec une femme juste avant qu'elle soit assassinée sauvagement. L'homme, qui a rapporté ce témoignage, est un patient du médecin. Il meurt dans les jours suivants, très vraisemblablement d'une piqûre administrée par Petiot, mais le médecin, qui a délivré le permis d'inhumer, parle de rupture d'anévrisme. Sollicités, les gendarmes n'insistent pas : le maire-médecin est une personnalité. Il finit cependant par être déchu de son mandat, non pour un crime, mais pour un vol de bidons d'huile ! Ce qui ne l'empêche pas, en 1931, de se faire élire au conseil général. Quelque temps plus tard, en 1934, il doit de nouveau renoncer à ses fonctions, cette fois pour avoir trafiqué des compteurs électriques.

Il quitte l'Yonne et va s'installer à Paris, 66, rue Caumartin. Sa réussite est immédiate. Elle est moins fondée sur une bonne réputation professionnelle que sur un actif démarchage publicitaire qui tient du charlatanisme : Petiot se prétend spécialiste de la désintoxication des drogués. Toujours …

CI-CONTRE
Découverte de la cuve dans laquelle le docteur Petiot jette les corps calcinés.

… est-il que le bon docteur apparaît entièrement dévoué à son métier, disponible à toute heure, toujours prompt à soigner gratuitement les plus pauvres : son cabinet est perpétuellement plein.

Un jour, Petiot se fait attraper en train de voler un livre. Il est conduit au poste de police : la confrontation tourne au délire. Consulté, un psychiatre le déclare en état de démence. Des contre-expertises montrent qu'il est responsable de ses actes, mais pervers et amoral, et qu'il est anormalement insensible à la douleur. Cela n'empêche pas Petiot de reprendre ses très lucratives activités médicales.

En 1940, après la débâcle, quand Paris est occupé, il y reste, et affirme haut et fort sa haine des Allemands. L'année suivante, en mai 1941, il achète un hôtel particulier 21, rue Le Sueur dans le 16e arrondissement, avec le projet, assure-t-il, d'y créer une clinique. Il y entreprend instantanément d'importants travaux, commençant par remonter le mur mitoyen – on découvrira, par la suite, que son seul but était de se dissimuler –, il fait aménager un cabinet médical et diverses pièces, plus ou moins accessibles, certaines insonorisées, à la destination incompréhensible. On découvrira des doubles portes, une chambre à gaz équipée d'un judas, un puits rempli de chaux vive.

A partir de 1943, Petiot fait savoir qu'il est susceptible de faire passer en Amérique – plus exactement en Argentine – des personnes menacées de poursuite par la Gestapo. Et il se crée un réseau de rabatteurs – Pintard, dit Francinet, et Raoul Fourrier, l'un étant coiffeur, l'autre maquilleur de théâtre – pour trouver des clients. Les candidats à l'émigration doivent se présenter chez le « docteur Eugène » – c'est ainsi qu'il se fait appeler – munis de leurs biens, bijoux ou espèces, pour les emporter avec eux. Aucun de ces malheureux – il y en aura plusieurs dizaines – ne verra jamais le Nouveau Monde.

La première victime semble avoir été Joachim Guschinow, voisin du médecin. C'est un Juif fortuné qui cherche une filière pour fuir la France. Petiot lui conseille l'Argentine et assure pouvoir lui garantir une fuite sûre. Il a besoin de 75 000 francs pour les intermédiaires. Petiot s'occupe de tout. Le 2 janvier 1942, l'homme vient à un rendez-vous avec lui, amenant dans deux valises l'équivalent de 2 millions de francs en perles et en diamants : il disparaît corps et biens.

La liste des candidats au départ s'allonge. Il y a des Juifs qui veulent fuir les persécutions, il y a des personnes seules, mais également des familles, à qui Petiot propose des tarifs « groupe ». A côté de ces malheureux, il y a des truands, certains en délicatesse avec la Gestapo française – qui les employait pour voler des biens juifs, et qu'ils ont voulu doubler –, certains qui avaient à se reprocher des histoires criminelles plus classiques. Parmi ces voyous qui cherchaient à fuir – et qui finiront rue Le Sueur : Jo le boxeur et sa compagne « la Poute », le « Basque » dit « Main froide » et « Paulette la Chinoise »…

La disparition de ces hommes qui l'ont trahie déplaît souverainement à la Gestapo, et l'inquiète. Elle tend un piège à Petiot en lui envoyant un certain Yvan Dreyfus, détenu qu'elle fait libérer du camp de Compiègne – demandant au passage à sa femme, par l'intermédiaire du Dr Yodkum, chargé de la confiscation des biens juifs à la Gestapo, une somme de trois millions de francs. Yvan Dreyfus prend contact avec le « docteur Eugène », et, à son tour, disparaît sans laisser de traces. Une autre section de la Gestapo s'occupe de Petiot, celle chargée du contre-espionnage et de la lutte contre la Résistance. Elle est dirigée par un certain Friedrich Berger, qui envoie un de ses agents, Beretta, spécialiste de l'infiltration, prendre contact avec les rabatteurs. Raoul Fourrier est ainsi arrêté, le 21 mai 1943. Il livre le nom de Petiot, arrêté dans la foulée, torturé plusieurs jours sans la moindre tendresse (dents sciées, tête écrasée dans un étau) mais qui ne parle pas : il refuse de dire – c'est ce qui intéressait les Allemands – où est passé le premier agent infiltré. A Fresnes, il confie à ses compagnons de cellule, véritables résistants, qu'il est lui-même à la tête d'un réseau de résistance, « Fly Tox », précisément chargé de la liquidation des traîtres. Finalement, le 13 janvier 1944, en l'absence totale de preuves, …

CI-CONTRE
Les valises comprenant les biens de ses multiples victimes et Marcel Petiot dans le box des accusés.

... le Dr Petiot est libéré après huit mois de détention.

A sa sortie, Petiot se rend à Auxerre – où son frère, alors qu'il était emprisonné, a fait entreposer quarante-sept valises, qu'il avait transportées de l'hôtel de la rue Le Sueur –, puis retourne à Paris, chez lui, où, le 20 février, il se fait discrètement livrer 400 kilos de chaux vive. Le 11 mars 1944, incommodés par une fumée nauséabonde s'échappant de la cheminée de l'hôtel particulier, les voisins du 21, rue Le Sueur appellent pompiers et police. La porte est close. Ils sonnent. Personne ne répond. Ils fracturent une fenêtre et, dans la cave, découvrent une scène d'horreur : des morceaux de corps humains brûlent dans la chaudière, d'autres corps jonchent le sol, d'autres encore sont baignés dans une cuve de chaux vive.

En pleine exploration policière arrive un homme à bicyclette qui se présente comme le « frère du Dr Petiot ». Il demande ce qui se passe. Les agents lui font visiter les lieux macabres et l'avisent qu'ils ont prévenu la PJ. L'homme explique qu'il s'agit de cadavres de « boches et de traîtres », qu'il est chef d'un mouvement de résistance et qu'il doit d'urgence prévenir les membres de son réseau. Patriotes, les agents de police le laissent s'enfuir : il se volatilise.

Le 12 mars 1944, encore collaborationniste, la presse présente Petiot comme le type même du criminel résistant. Le Dr Paul, médecin légiste, détaille les restes trouvés : tous humains, ils appartiennent à 5 hommes et 5 femmes, et il y a également 19 scalps. Lors de perquisitions, on trouvera plus de soixante-douze valises, et 655 kilos d'objets divers, parmi lesquels un pyjama d'enfant – qui sera reconnu comme celui d'un jeune garçon disparu avec ses parents.

En fuite, Petiot s'engage dans les Forces françaises de l'intérieur sous le nom de Valéry. Dans le 10e arrondissement, il participe vaillamment aux combats de rue. Sous l'identité d'un déporté que lui a procurée un camarade FFI, il s'engage au 1er régiment de marche de Paris sous le nom de Weterwald, *alias* Valéry, gagne ses galons de lieutenant, puis de capitaine, et demande à être chargé de la liquidation des traîtres, allant jusqu'à adhérer au parti communiste. Mais il est incorrigible. Lors d'une opération homicide, le 16 septembre 1944, il tue avec son équipe un certain Leurogance, fait sauter la porte de son coffre-fort qui ne contient pas de documents mais une collection de timbres estimée cinq millions, et sept millions en liquide, dont évidemment il s'empare.

Dans le même temps, un mandat d'arrêt à son nom est publié. Mais Petiot, soigneusement caché dans les troupes qui ont libéré Paris, demeure introuvable. La presse relaie l'affaire. Le journal *Résistance* publie un article intitulé « Petiot, soldat du Reich ». Furieux de cet affront, Petiot se fend d'un droit de réponse et adresse au journal une lettre délirante, mais manuscrite, de son écriture facile à identifier. La police militaire remonte la piste et l'arrête, le 31 octobre 1944, à la station de métro Saint-Mandé-Tourelles.

Le « capitaine Valéry » s'en tient à une version simple. Un émissaire de Pierre Brossolette, chef du réseau « Arc-en-ciel », lui a demandé de monter une structure clandestine chargée d'exécuter les traîtres, ce qu'il a fait. Il revendique ainsi soixante-trois exécutions. Mais ne peut citer qu'un seul nom, celui d'Yvan Dreyfus.

Au juge d'instruction, il racontera d'abord avoir trouvé les cadavres à son retour de détention par la Gestapo, et avoir tenté de les faire disparaître aidé de camarades résistants dont il refuse de donner les noms. Petiot mêle habilement ses élucubrations à des faits vérifiables sur la Résistance. L'enquête est finalement close le 3 janvier 1946. Petiot n'a jamais été affilié à quelque organisation de Résistance que ce soit, n'a jamais, du moins, été mandaté par qui que soit pour éliminer qui que ce soit. Tous les présumés complices de Petiot (les rabatteurs, sa femme, son frère...) sont mis hors de cause dans les meurtres. Il lui en est reproché vingt-sept, dont quinze Juifs, quatre truands et leurs « compagnes », trois de ses clientes droguées rue Caumartin et une victime non identifiée. Il en reconnaît dix-neuf, mais lors de son procès, il en revendique soixante-trois.

Le procès s'ouvre le 18 mars 1946 à la cour d'assises de Paris. Petiot, qui est déclaré sain d'esprit, est défendu par Me René Floriot. L'accusé s'accroche à sa version du réseau « Fly Tox » : il n'a jamais éliminé que des collaborateurs, des Allemands, qu'il a tués « pour la France ». Ce qui ne lui permet pas d'expliquer pourquoi on a trouvé chez lui un pyjama d'enfant et pourquoi des innocents attestés ont été trouvés parmi ses victimes.

Le 4 avril 1946, malgré une longue plaidoirie, Petiot, reconnu coupable de vingt-quatre des vingt-sept meurtres qu'on lui reproche, est condamné à mort. Son recours en grâce ayant été refusé, il est guillotiné à l'aube le 25 mai à la prison de la Santé à Paris.

Tellement monstrueuse, cette affaire a fait l'objet d'un incroyable nombre de livres, d'essais, de travaux journalistiques. Le film le plus emblématique auquel elle a donné naissance est probablement *Docteur Petiot* (1990), de Christian de Chalonge, dans lequel Michel Serrault tient le rôle d'un des pires serial killers que la France ait jamais connus.

PIERROT LE FOU

CI-CONTRE
À la Une du *Parisien libéré* du 9 mai 1949, l'annonce de la découverte du cadavre de Pierre Loutrel recherché depuis 1946.

Il fut le premier « ennemi public numéro 1 » de l'histoire criminelle française. Lorsqu'il hérite du titre, en 1946, Pierre Loutrel, *alias* Pierrot le Fou, est à la tête du célèbre gang des Tractions Avant. Tour à tour petit voyou, grand collabo, résistant par opportunité avant de devenir chef de bande, sa violence impulsive et sa gâchette facile lui valent son surnom, le Fou. Des mérites largement suffisants pour figurer dans ces pages.

Né en 1916 dans la Sarthe, Pierre Loutrel vient d'une famille paysanne, un milieu qu'il déteste et qu'il fuit dès son adolescence. Déjà violent et instable, il vit de petits emplois de barman, de larcins et de proxénétisme, ce qui lui vaudra quelques mois de prison et le privilège d'accomplir ses obligations militaires dans les bataillons d'Afrique « les Bat'd'Af' », destination disciplinaire de l'époque pour les délinquants avérés ou potentiels. Libéré en 1940, il s'installe à Paris et ne tarde pas à comprendre, comme d'autres gangsters, les avantages d'une collaboration active pour couvrir ses activités criminelles. Il rejoint donc sans état d'âme la Gestapo française, rue Lauriston, dite « la Carlingue ». Il y fait la connaissance de quelques autres malfrats qui deviennent vite ses complices. Enrichi par ses activités criminelles entre 1941 et 1944, Loutrel sent le vent tourner et s'engage dans la Résistance, devenant lieutenant des FFI au sein du réseau Morhange. Chargé des exécutions des collaborateurs dans la région toulousaine, il peut laisser libre cours à sa violence impulsive et n'hésite pas, par exemple, à abattre un officier allemand en public à la terrasse d'un café. A la Libération, après un bref passage à Marseille, il remonte à Paris et retrouve les « amis » des années de guerre. Il y a Jo Attia, dit « le Grand Jo », ancien résistant rescapé de Mauthausen, et vétéran des Bataillons d'Afrique, Raymond Naudy, Toulousain connu dans le réseau Morhange, spécialiste de la mitraillette, et ses anciens complices de la Gestapo, dont Danos et Boucheseiche. Il décide alors de monter une bande spécialisée dans les vols à main armée, dont la particularité est d'utiliser des 11 CV Citroën qui donneront son nom à cette association de malfaiteurs : « Le gang des Tractions Avant ».

Leur montée en puissance les amène à connaître leur apogée durant l'année 1946, avec le hold-up de la poste de Nice, l'un des plus beaux coups de l'après-guerre. Le 1er juillet à 5 heures du matin, Loutrel et Naudy braquent les employés et se font remettre 33 millions de francs avant de prendre la fuite par la mer, dans un canot piloté par un complice, déjouant les barrages routiers mis en place par la police. Mais ce coup de maître est aussi le chant du cygne de la bande. La traque s'intensifie, Pierrot le Fou est décrété ennemi public n° 1. La police porte des coups sévères au gang. Fini les beaux coups, ils sont réduits à multiplier les petits braquages pour survivre. Lors de l'un d'eux, le 6 novembre 1946, Pierre Loutrel, vraisemblablement ivre comme désormais le plus souvent, braque un bijoutier arménien à Paris. Ce dernier se défend, Pierrot le Fou le tue et s'enfuit dans la Traction Avant garée à proximité dans laquelle l'attendent Jo Attia et Boucheseiche. En s'installant sur la banquette, il se tire alors malencontreusement une balle dans la vessie en rangeant son arme dans sa ceinture. Cinq jours plus tard il meurt et ses deux complices l'enterrent discrètement sur une île de la Seine près de Mantes. Sa compagne, Muguette Motta, voulant en avoir le cœur net, est emmenée par les deux hommes sur place où elle est abattue d'une balle dans la nuque par Boucheseiche et enterrée tout aussi anonyme à côté de « son homme ».

La police continuera de chercher « l'ennemi public numéro 1 » durant trois ans encore. L'année suivante ce sont Attia et Boucheseiche qui sont arrêtés. Puis en 1948 Naudy, et Abel Danos. Enfin, le 6 mai 1949, sur un « renseignement anonyme », la police exhume et identifie les restes de Pierre Loutrel et de sa compagne. Le dossier « Pierrot le Fou » peut être refermé.

L'histoire de Pierre Loutrel est donc bien moins romantique que le road movie réalisé par Jean-Luc Godard, sorti sous le titre *Pierrot le Fou* en 1965.

But CLUB
...nte aujourd'hui des
...ents exceptionnels sur
...OUPE DE FRANCE
et
...ctoire de Cerdan

EDITION DE 5 H

Le Parisien libéré

124, rue Réaumur, PARIS (2e).
Tél : GUT. 75-20 (8 lignes).
Publicité générale : 114, Champs-Elysées

6e ANNEE — N° 1446
Lundi 9 mai 1949

8 F

miracle de la vie
LE MAGAZINE DE LA...
PASSIONNANT par ses r...
INSTRUCTIF par le dicti...
médecine...
NÉCESSAIRE pour votre...
d'Assuré...

...uatre ans après

...A FRANCE ENTIÈRE CÉLÉBRÉ LE JOUR V

...marqua la capitulation du IIIe Reich

...Dans la nuit ...République fédérale ...llemande (Ouest) ...st née à Bonn

...oupe les onze "Laender" occiden- ...ais pourrait eventuellement être ...ndue à l'Allemagne entière

...e monde entier, on n'a pu s'empêcher de faire le rapproche-... Voilà quatre ans, la guerre prenait fin en Europe. Dans une ... d'école communale, l'Allemagne signait, à Reims, sa capitu-...onditions, le 8 mai 1945. L'anniversaire a été célébré, comme ...ar toutes les Nations unies. En France, il a été l'occasion de ...articulières dédiées à la victoire contre le Reich, à Jeanne ...ntenaire de la naissance de Gallieni et au sixième centenaire ...ent du Dauphiné à la France.

...nt que nous nous retrempions dans le souvenir, un nou-...sait à quelque 600 km. ... après l'écrasement du ... « République fédérale ... faisait son entrée dans ...près huit mois de tra-...blée parlementaire d'Al-... ... Constitution à 46 mil-

... EN PAGE 3 : ...SITIONS PRINCIPALES ...STITUTION DE BONN

...ands, groupés en onze ... constituent les zones ...méricaine et anglaise

LA FOULE PARISIENNE A UNI AU SOUVENIR de la Victoire JEANNE D'ARC ET GALLIENI

Le deuxième dimanche de mai fut, à plus d'un titre, la journée du souvenir. La fête de Jeanne d'Arc et celle de la Victoire coïncidaient encore avec le centenaire de la naissance du maréchal Gallieni et le sixième centenaire du rattachement du Dauphiné à la France.

Il s'est déjà écoulé quatre années depuis la capitulation sans conditions de l'Allemagne à Reims, mais les Français ont encore pré-...

APRÈS DEUX JOURS DE RECHERCHES

Le cadavre de Pierrot le Fou a été retrouvé

enterré dans une île près de Mantes

Mais le mystère plane toujours sur les circonstances de sa mort

On ne pourra plus dire ni écrire : « Pierrot le Fou court encore ! » On a la certitude, cette fois, que le trop fameux gangster a terminé définitivement sa carrière mouvementée. Les recherches ...

Au petit matin dans une imprimerie de Puteaux

SEPT GANGSTERS S'EMPARENT DE 112 MILLIONS en billets neufs ...destinés à la Banque du Maroc

Un vol audacieux a eu lieu hier matin à l'imprimerie Prieu et Dubois, 12, rue Boieldieu, à Puteaux. Neuf caissettes contenant chacune 12 millions et demi en billets de 500 francs et destinés à la Banque d'Etat du Maroc, ont été emportés par sept gangsters, dans une camionnette. On connait heureusement les numéros de ces billets d'un nouveau type qui n'étaient pas encore entrés en circulation.

Attaque à main armée

Dimanche matin, vers 3 heures, M. Joseph-Marie Loose, 24 ans, né à Bruges, et étudiant à Paris à l'institut des hautes études cinématographiques, quittait le domicile de M. Raymond Lambert, 10, rue des Damattes à Puteaux, pour se rendre chez le père de ce dernier : M. Louis Lambert, chef d'atelier et gardien à l'imprimerie Prieu et Dubois, qui l'héberge pendant ses séjours à Paris dans le petit pavillon qu'il occupe, à côté de l'imprimerie. Comme il entrait, le jeune homme fut soudain entouré par quatre individus armés bientôt rejoints par trois autres. Il fut rapidement fouillé et on le fit asseoir sur un tas de scories, face au mur de l'usine, sous la garde de deux hommes, pendant que les cinq autres pénétraient dans l'établissement par une fenêtre des lavabos ...

Bien renseignés...

De là, prenant des clefs restées dans un bureau, ils s'introduisaient dans la pièce où étaient entreposées une quarantaine de caissettes en bois blanc, cerclées de fer, et portant les lettres B. E. M. (Banque d'Etat du Maroc). Chaque caissette, de 60 cm sur 40 cm. environ, pesait près de 50 kilos. Ils en prirent neuf et sortirent par une fenêtre. Au même instant, une camionnette ... gris sombre ... Il était près de 5 h. ...

A Colombes devant 60.000 spect...

Victoir... sensationne... du Raci... sur Lill... 5 à 2

Les Parisiens, de haute... ont gagné la Coupe de F... après un match spectaculaire e...

Plusieurs livres relatèrent l'épopée de Pierre Loutrel et du gang des Tractions Avant : *Les Belles Années du « milieu » 1940-1944 – Le grand banditisme dans la machine répressive allemande en France »*, Grégory Auda, Editions Michalon, 2002 ; *Le Gang* de Roger Borniche qui s'attribua la responsabilité de la traque de cette bande, paru aux éditions Fayard en 1975, et *Les Grands Criminels*, Editions Belfond-Le Pré aux Clercs, par Alphonse Boudard, en 1989.

POLARS

CI-CONTRE
Illustration du roman *Double assassinat dans la rue Morgue (The Murders in the Rue Morgue)*, de Edgar Allan Poe (1809-1849), 1841.

Raymond Chandler, qui avait beaucoup vécu, avait des opinions arrêtées : « Qu'on me montre quelqu'un qui ne peut pas souffrir le roman policier : ce sera un pauvre type, un pauvre type intelligent – peut-être – mais un pauvre type tout de même. » Pour échapper à ce type de jugement, il faut commencer par définir le polar.

C'est sans doute l'écrivain Régis Messac (1893-1945) qui, le premier, dans une thèse soutenue en décembre 1929 sur Le *« Detective Novel » et l'influence de la pensée scientifique*, a esquissé une définition du roman policier. Il considère qu'une telle œuvre contient « un récit consacré avant tout à la découverte méthodique et graduelle, par des moyens rationnels, des circonstances exactes d'un événement mystérieux » et que ce mystère est « graduellement éclairci par les raisonnements et les recherches d'un policier ».

Cela étant, même s'il n'existe pas de typologie officielle et si les frontières entre chaque genre ne sont pas toujours étanches, il faut admettre que sous l'étiquette « roman policier » se rangent des réalités littéraires très différentes. Qui font la joie des experts passionnés – en saluant ici la sympathique association des *Polarophiles tranquilles* – jamais en peine d'une discussion enflammée sur le point de savoir si tel roman est ou n'est pas policier, etc. *Polars et Films noirs*, de François Guérif et Claude Mesplède (Timée Editions, 2006) – dont les conclusions ont servi de trame aux présents développements –, apporte sur la question des éclaircissements précieux.

Quand ils ont oublié leurs querelles, la plupart des spécialistes admettent que le précurseur officiel du genre est Edgar Alan Poe, avec *The Murders in the Rue Morgue* (en français *Double assassinat dans la rue Morgue*, avec une traduction de Charles Baudelaire), publié en 1841. Clairement inspiré par les *Mémoires* de Vidocq et par l'œuvre d'Honoré de Balzac, l'auteur met en scène, à Paris, un détective amateur, le chevalier Auguste Dupin, appelé à résoudre une histoire de meurtre incompréhensible pour la police.

Plus de vingt ans plus tard, le Français Emile Gaboriau, inspiré par les récits des feuilletonistes Ponson du Terrail et Paul Féval avec lequel il travaillait, publie en 1866 *L'Affaire Lerouge*, considéré comme le premier véritable roman policier. Une veuve est assassinée chez elle et trois personnages tentent de résoudre l'affaire : le chef de la police Gévrol, qui fera fausse route, un jeune inspecteur de police, Lecoq (dont le nom est également un hommage à Vidocq), assisté du vieux père Tabaret, dit « Tirauclair », dont les déductions avisées éclairent l'enquête. Le livre rencontre un appréciable succès et, dans la foulée, Emile Gaboriau publie la suite des aventures de l'inspecteur de la Sûreté Lecoq, avec notamment Le Crime d'Orcival (1866), *Le Dossier n° 113* et *Les Esclaves de Paris* (1868), *Monsieur Lecoq* (1869), *La Corde au cou* (1873). Le genre policier est lancé.

D'autant que, de l'autre côté de la Manche, Conan Doyle publie peu après, en 1887, la première aventure de l'excellent Sherlock Holmes, qui connaît un succès immédiat et sera suivie de cinquante-six nouvelles et quatre romans. La réussite populaire de ces aventures tient à l'imagination de Conan Doyle, à la sagacité jamais prise en défaut de son héros, mais, par-dessus tout, probablement, à ce que l'auteur utilise dans ses récits un sens affirmé de l'observation qui lui permet – comme Gaboriau l'avait fait pour Paris – de décrire méticuleusement le Londres contemporain. Cela va constituer une qualité constante du roman policier : le décor va servir de cadre à la trame du récit, composée, elle, comme toute affaire criminelle, d'un fait criminel ou délictuel, d'un mobile, d'un ou des coupables, d'une ou des victimes, d'un mode opératoire, d'une enquête.

Pendant que le genre voit le jour en Europe, l'époque est aux Etats-Unis à ce qu'on appelle les *dime novels* (romans à une dîme, qu'on pourrait dire à quatre sous... ; en Italie, on parlera de livres à mille lires, titre d'une célèbre collection). Il s'agit de fascicules de 32 à 250 pages, vendus dix cents (*one dime*), qui, pendant des décennies, sont le véritable vecteur de la littérature populaire. Y sont ...

D. VIERGE

CI-CONTRE
Les Dix Petits Nègres d'Agatha Christie (1890-1976) dans la collection « Le Masque » à la fin du XXe siècle. Ce roman est l'un des plus vendus au monde de tous les romans policiers.

... publiés des récits complets, mais surtout des feuilletons. A l'origine dédiés aux légendes de l'Ouest – et de sa conquête –, les *dime novels* accueillent, à partir de 1872, les premières aventures policières, avec les péripéties, racontées par un nommé Harlan Halsey, d'un détective, *Old Sleuth* (Le Vieux Limier). Le succès considérable de cette initiative va conduire à une concurrence acharnée entre rédacteurs et éditeurs, et aboutir à la naissance d'un autre détective, en 1886, qui va devenir hyper-célèbre, Nick Carter, dont les aventures sont publiées dans le *New York Weekly*. Après son créateur, John Coryell, d'innombrables auteurs se succéderont, jusqu'en 1915, pour publier plus d'un millier d'aventures de ce détective. Le genre plaît.

Toujours aux Etats-Unis, et à la même époque, se développent ce qu'on appelle les *pulps*, magazines dont le nom vient du papier de mauvaise qualité à forte teneur en *pulpe* de bois – ce qui en limite le coût ; ce sont ces revues populaires qui vont donner leur titre au film *Pulp Fiction*, qui raconte une « fiction » digne d'un *pulp*. Ces magazines bon marché publient des histoires entières. Le premier dédié à la fiction policière est, en 1915, *Detective Story Magazine*.

Un autre *pulp magazine*, *Black Mask*, qui paraîtra entre 1920 et 1951, va adopter, à partir de 1923, une ligne éditoriale résolument tournée vers ce qu'on appelle le polar *hard boiled*, qui raconte les aventures d'un héros « dur à cuire » ; cette publication peut être considérée comme l'acte de naissance du polar et du roman noir. Elle ouvre la voie à Dashiell Hammett (1894-1961) et à son héros – lui aussi un « privé » –, Continental Op. Le romancier est, à bon droit, considéré comme le père du roman noir. Cette littérature se caractérise par son ancrage dans la réalité sociale qui devient elle-même un élément important du livre. On doit à Hammett les inoubliables *La Moisson rouge* et *Le Faucon maltais*, mais également *L'Introuvable*, aujourd'hui bien oublié, qui rapporte les aventures du détective à la retraite Nick Charles et sa femme milliardaire Nora, accompagnés de leur chien Asta, qui ont été de véritables stars de la littérature, de la radio et de la télévision jusqu'en 1959.

Arrive celui que les amateurs tiennent pour le maître absolu de ce genre de littérature, au demeurant admirateur du précédent : Raymond Chandler. C'est en 1933, évidemment chez *Black Mask*, qu'il publie sa première nouvelle, *Les maîtres chanteurs ne tirent pas*. A propos de son illustre prédécesseur, il observera qu'« Hammett a sorti le cadavre de son vase vénitien pour le descendre dans la rue... Il a rendu le crime aux gens qui ont de bonnes raisons de le commettre, et pas seulement pour fournir un cadavre. Il a jeté ces gens sur le papier tels qu'ils étaient. Il les a fait parler, penser, avec leur langage de tous les jours ». Avec seulement sept romans (*Le Grand Sommeil*, *Adieu ma jolie*, *La Grande Fenêtre*, *La Dame du lac*, *Fais pas ta rosière*, *The Long Good-bye*, *Charade pour écroulés*), tous centrés sur l'incontournable détective Philip Marlowe, Raymond Chandler est une légende du roman noir.

Un peu avant lui, en France, Maurice Leblanc (1864-1941) impose Arsène Lupin, et Gaston Leroux (1868-1927) écrit deux classiques du genre, *Le Mystère de la chambre jaune* et *Le Parfum de la dame en noir*. C'est l'époque, où, en Angleterre, Agatha Christie commence à décrire les premiers pas d'Hercule Poirot dans *La Mystérieuse Affaire de Styles*.

La France donnera ensuite au roman policier à la fois Maigret du Belge Georges Simenon, à partir de 1931, puis Nestor Burma de Léo Malet dès 1943.

Aux Etats-Unis, à partir de la fin des années 1920, le polar s'abreuve largement d'histoires de gangsters, de prohibition, de boxe, ou de faits divers criminels. C'est le cas, par exemple, du célèbre *Scarface* d'Armitage Trail (pseudonyme de Maurice Coons). Ou bien de l'affaire du *Dahlia noir* : la découverte le 15 janvier 1947, sur un terrain vague de Los Angeles, du corps mutilé de l'actrice Betty Short, 22 ans, a été remise au goût du jour, quarante ans après les faits, par le livre éponyme de James Ellroy, à son tour devenu une référence du roman noir.

Le succès du « polar » tient probablement à la diversité des genres recouverts par cette étiquette

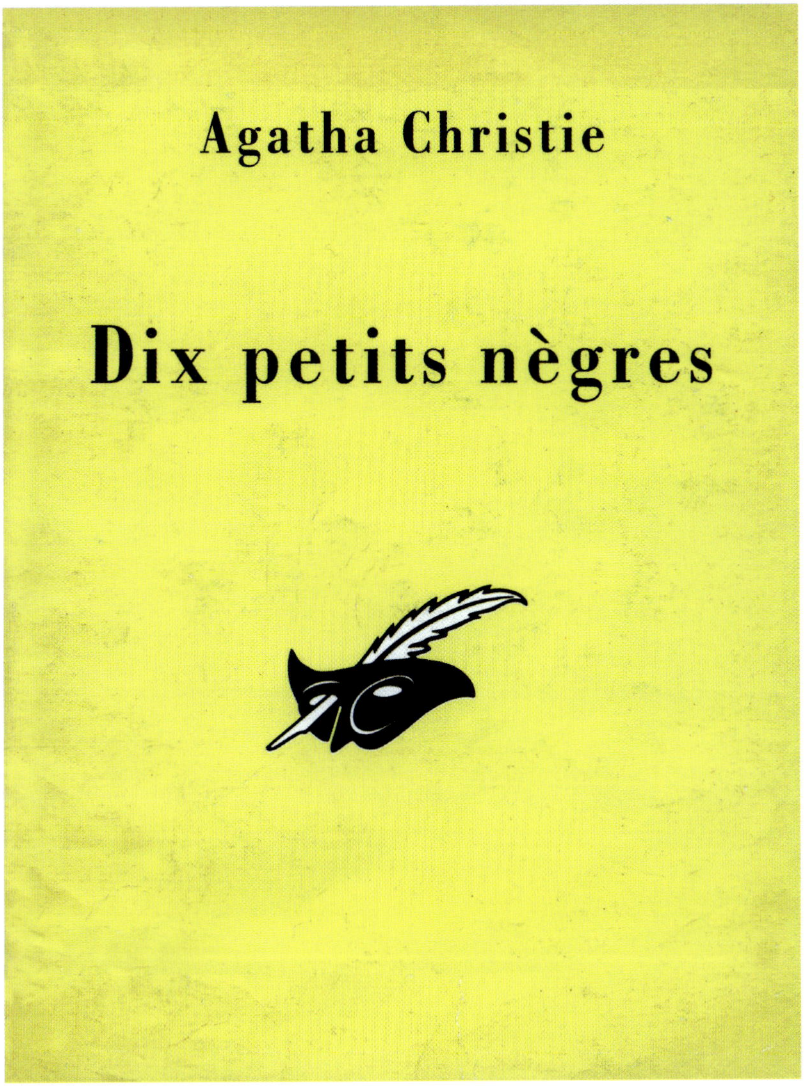

générique. Car le récit policier se conjugue à plusieurs sauces. Il y a le polar judiciaire, sur la base d'un procès. Le sous-genre politique, qui frise souvent avec le roman d'espionnage. Le très classique roman de procédure policière, qui nourrit le gros bataillon des titres, parfois mêlé d'intrigues psychiatriques si l'on y trouve par exemple l'étude d'un serial killer dont il faut décoder la psychologie, à ne pas mélanger surtout avec le polar médical qui est une sous-catégorie encore à part. Avec tout cela s'entremêle le roman à énigme, le célèbre *whodunit* (contraction de *who done it* ? Qui l'a fait ?) anglo-saxon, qui est une méthode narrative autant qu'un genre, et qui peut très bien se passer d'un intervenant policier ou détective… Le policier historique est également à la mode, avec des enquêtes se déroulant dans des périodes plus ou moins anciennes, de même que le polar ésotérique qui a beaucoup fait parler de lui ces dernières années. Le roman noir axé sur la réalité sociale, qui comporte parfois une critique sociétale, est à lui seul une branche maîtresse de cette veine d'inspiration. On peut classer également certaines œuvres dans la catégorie policière humoristique ; quant aux « technopolars », la querelle est souvent vive de savoir s'ils méritent le qualificatif de « polars » ou bien s'ils ressortent à la science-fiction, l'anticipation, voire à plusieurs catégories en même temps.

Profiler exactement le « polar » comme on pourrait le faire d'un tueur en série, notamment dans ses déclinaisons marginales, semble donc une enquête impossible. Ses victimes potentielles – 70 % sont des femmes – ont encore du souci à se faire.

POSTICHES (GANG DES)

CI-CONTRE
André Bellaïche, membre du gang des Postiches, libéré en 1997.

Leur bilan est éloquent : une trentaine de banques pillées, 1 300 coffres forcés, avec un mode opératoire récurrent. La bande entre dans la banque, ses membres travestis de manière bourgeoise et grimés, portant postiches de barbes ou de moustaches, et se sépare en deux équipes. L'une tient en respect les otages et fait le guet, l'autre pille la salle des coffres. Equipés de scanner pour écouter les interventions de police, récupérant chaque fois que c'est possible les bandes des enregistrements des systèmes vidéo, durant cinq ans les gangsters semblent insaisissables.

Originaires de l'Est parisien, de Belleville et de Montreuil, issus de milieux modestes, la bande se constitue autour d'un noyau de gamins vivant de petite et moyenne délinquance. Le trio initial de copains est constitué d'André Bellaïche, Mohamed Badaoui et Bruno Berliner, qui vont suivre ensemble une trajectoire criminelle ascendante.

Le premier gros coup se déroule le 27 février 1975 dans une banque, avenue de la République dans le 3e arrondissement de Paris. Trois hommes prennent en otage le personnel et les clients. Un des employés est tué, de même qu'un malfaiteur. Mohamed Badaoui est identifié. Cerné par la police, dont la BRI dirigée par Robert Broussard, durant dix heures, les deux braqueurs survivants arrivent à prendre la fuite. Revenus en France, ils organisent l'épopée du gang des Postiches auquel on attribue son premier braquage le 28 septembre 1981 à la BNP de la rue Docteur-Blanche dans le 16e arrondissement. La notoriété des Postiches, la sympathie qu'ils inspirent dans l'opinion populaire, à la fois en volant des supposés riches et en raison de leurs déguisements, parfois sous des masques politiques, leurs pieds de nez à la police, tout cela s'inscrit dans un réflexe très français d'aimer ceux qui se présentent comme des sortes de « Robin des Bois ». L'épopée des vols à main armée s'arrête le 14 janvier 1986, lors du braquage de l'agence du Crédit Lyonnais de la rue du Docteur-Blanche. Un dispositif mixte BRB-BRI cerne la banque alors que se trouvent apparemment à l'action Jean-Claude Myszka, Patrick Geay, Robert Marguery et les deux membres « historiques », André Bellaïche et Bruno Berliner. Les consignes des membres des deux brigades sont claires : laisser les braqueurs agir, les prendre en filature après le vol à main armée, puis, alors qu'ils sont moins soumis au stress, les interpeller. Le commissaire divisionnaire Raymond Mertz, chef de la BRB, décide pourtant d'intervenir « à chaud ». Il s'ensuit une fusillade confuse, au cours de laquelle Bruno Berliner est tué, de même que l'enquêteur de police Jean Vrindts. Trois autres policiers sont blessés et deux inspecteurs pris en otages pour couvrir la fuite de Bellaïche et Geay, tandis que Myszka s'échappe à pied et que Marguery est interpellé.

L'affaire fait grand bruit et entraîne pour la première fois une fronde et une grève des policiers au 36, quai des Orfèvres. Pendant ce temps, les trois fuyards se mettent « au vert » en Italie. Bellaïche est interpellé le 5 août dans ce pays lors d'un contrôle de routine et incarcéré à la prison de Rebibbia à Rome. Il s'évade en compagnie de son codétenu Gian-Luigi Esposito, un braqueur d'extrême droite, grâce à Myszka, accompagné de François Besse, par la voie des airs en prenant en otage un pilote d'hélicoptère aux commandes de son appareil, le 23 novembre 1986. Bellaïche, Myszka, Geay et Esposito se planquent alors dans une maison de Yerres, où ils sont interpellés par le RAID et la BRI le 23 novembre 1986 à l'aube. C'est la fin du gang des Postiches.

Onze personnes au total furent diversement condamnées pour les faits que l'on a pu attribuer au noyau dur de cette association de malfaiteurs et à leurs complices occasionnels.

C'est Bellaïche qui s'en sort le mieux. Finalement acquitté en 1991 pour le vol à main armée meurtrier de 1975, mais condamné à sept ans de prison pour recel de vols qualifiés, il est libéré le 25 juin 1991. Puis, en mars 1996, pour les faits proprement dits du « gang des Postiches », il est le moins lourdement condamné de ses complices, avec une peine de huit ans d'emprisonnement qui lui permet d'être à nouveau libre fin 1997.

C'est lui qui perpétue la légende de cette bande dont il a la réputation d'avoir été le leader,

avec verve et gouaille, mais sans jamais, comme toujours, livrer de détails.

De manière imprévue, c'est en 2004 que l'on entend à nouveau parler de ce gang et de leur butin. Le tueur Michel Fourniret déclare s'être servi d'une partie de celui-ci pour financer ses activités criminelles. Il aurait appris d'un codétenu, Jean-Pierre Hellegouarch, lui-même lié avec Gian-Luigi Esposito, un des complices tardifs de Bellaïche, où se trouvait cachée une partie de l'or de la bande. Hellegouarch incarcéré lui aurait en effet fait passer un message par sa compagne, Farida Hamiche, lui demandant d'aller récupérer le butin dans un cimetière des Yvelines pour le mettre à disposition dans un appartement de Vitry. Fourniret aurait alors procédé à la récupération avec la femme, puis assassiné Farida Hamiche, dont le corps n'a jamais été retrouvé, lors de ce qu'il a qualifié froidement de simple « transfert de propriété ».

Le gang des Postiches a inspiré de nombreuses enquêtes et fictions. Parmi les livres, *Les Postiches, un gang des années 80*, de la journaliste Patricia Tourancheau, paru aux Editions Fayard en 2004, *Ma vie sans postiche,* par André Bellaïche en 2007 aux Editions First, *J'avais dix-huit ans,* d'Elisabeth Fanger, l'ex-compagne de Badaoui, en 2004.

PRINCIP, GAVRILO

CI-CONTRE

Photographie de Gavrilo Princip, serbe de Bosnie assassin de l'archiduc Franz Ferdinand d'Autriche (1863-1914), et son épouse, la duchesse de Hohenberg (1868-1914).

Si on considère les conséquences de son geste, il faut admettre que Gavrilo Princip est un des plus épouvantables *mass murderers* de l'histoire de l'humanité. Si son geste n'a directement causé la mort que de deux personnes – ce qui n'est pas considérable –, il a eu un tel retentissement qu'on peut estimer à 9 millions le nombre de décès qu'il a indirectement provoqués, sans parler des blessés, en presque aussi grand nombre… Il a suffi à ce jeune homme de tuer qui il fallait, là où il le fallait. Vieille problématique de l'étincelle qui met le feu aux poudres, ou d'un imperceptible battement d'aile de papillon, qui a un retentissement planétaire.

Avec ses camarades, Gavrilo Princip a choisi d'éliminer l'archiduc François-Ferdinand d'Autriche, héritier de la couronne impériale : son geste allait marquer le commencement d'un des conflits les plus sanglants de l'histoire du monde, la Première Guerre mondiale.

Le nombre incroyable des victimes de ce conflit, la durée de cette guerre, son extension à la planète entière n'ont pas empêché Princip, dans sa patrie, de devenir – et, en grande partie, de demeurer encore aujourd'hui – un héros.

Cet étudiant serbe est né le 13 juillet 1894 en Bosnie-Herzégovine. Il appartient au mouvement nationaliste serbe Mlada Bosna, « Jeune Bosnie », qui milite pour que la Bosnie se libère du joug austro-hongrois et rejoigne la Serbie. Depuis 1878 et le traité de Berlin, la Bosnie se trouve en effet administrée par Vienne, qui l'a purement et simplement annexée en 1908. Au grand déplaisir de la Serbie – où beaucoup aspirent à une « Grande Serbie », qui annexerait, en plus des territoires sous administration autrichienne, ceux dépendant de l'Empire ottoman : Kosovo, Macédoine et Sandjak. Au grand mécontentement de la Russie, son alliée, qui estime que le monde slave doit rester sous sa protection. Et à la grande colère des mouvements nationalistes serbes, dans le genre de celui auquel a adhéré le jeune Princip.

Quand on apprend la date de la visite de l'archiduc François-Ferdinand à Sarajevo, chef-lieu de la Bosnie, tout le monde serbe est en émoi. Car si le 28 juin est la fête de saint Guy, fort révéré dans le monde orthodoxe, c'est également la date anniversaire de la bataille de Kosovo Polje – dite « du champ des Merles » – qu'en 1389 les Serbes avaient perdue contre les Ottomans, ce qui avait amputé leur territoire de ce qu'ils considèrent comme le berceau de la nation serbe. De sorte que lorsque François-Ferdinand, appelé un jour à succéder à son oncle, le vieil empereur François-Joseph, et qui est pour l'heure inspecteur général des armées, se rend à Sarajevo le 28 juin 1914 présider à des manœuvres militaires, les nationalistes serbes ne peuvent s'empêcher de tenir cette visite pour une provocation. Malgré les menaces d'attentat, le programme de l'archiduc est cependant maintenu. Il profitera de l'occasion pour présenter publiquement son épouse, Sophie Chotek, princesse de Hohenberg.

Les détails de l'attentat n'importent guère, savoir si derrière Mlada Bosna, Princip et six autres conjurés, il y avait ou non la Main noire, organisation secrète serbe qui disposait de ramifications aux plus hauts niveaux de l'administration et de l'armée serbes, cela n'importe qu'aux historiens – et, depuis près d'un siècle, n'est du reste pas clairement tranché.

Après avoir échappé à un premier attentat, qui fait des blessés, François-Ferdinand et son épouse sont tués par Princip à coups de revolver. Les conséquences de ce geste seront immenses : l'Autriche-Hongrie accuse la Serbie d'avoir fomenté l'attentat et finit par déclarer une guerre « préventive » à ce pays. En quelques heures, Russie, France, Angleterre, Allemagne se trouvent entraînées dans cette guerre, qui deviendra mondiale.

Quant à Gavrilo Princip, trop jeune pour être condamné à mort selon le droit austro-hongrois, il est emprisonné à la forteresse de Theresienstadt (actuelle Terezín, en République tchèque) où il meurt le 28 avril 1918 de la tuberculose contractée pendant son enfance.

Il a été considéré comme un véritable héros par la Yougoslavie – d'abord par la Yougoslavie royaliste, puis par le régime de Tito –, d'innombrables rues, places et ponts portant son nom. Ce sont aujourd'hui les peuples serbes qui glorifient sa mémoire.

CI-CONTRE

L'Assassinat d'Henri IV (1553-1610), huile sur toile, Charles Housez (1822-1888).

de **QUAI DES ORFÈVRES**

QR

à **ROBIN DES BOIS**

QUAI DES ORFÈVRES

CI-CONTRE
Affiche du film *Quai des Orfèvres* de Henri-Georges Clouzot et Jean Ferry avec Louis Jouvet, 1947.

Alors qu'y sont passés des milliers de malfrats plus ou moins fameux, les escaliers qui conduisent à la Brigade criminelle ont sans doute atteint le summum de la célébrité avec le commissaire Maigret. C'est du quai des Orfèvres qu'il dirige ses enquêtes, et là, la plupart du temps, que finissent les coupables. Dans la fiction – comme dans la réalité –, le « 36 », comme disent ses familiers, est depuis plus d'un siècle l'image mythique et historique de la police judiciaire parisienne.

Dans ses couloirs flotte le souvenir des grands criminels qui y sont passés dont beaucoup sont évoqués dans cet ouvrage, Landru, Petiot, , les frères Zemmour, derniers parrains parisiens « à l'ancienne », la bande d'Action directe, tant d'autres. C'est peu de dire que si les murs pouvaient parler ils pourraient raconter l'histoire criminelle parisienne depuis 1871, et qu'il y aurait de quoi remplir des bibliothèques entières.

Au 36, quai des Orfèvres (le nom de cette artère est un héritage de voieries anciennes, occupées par des orfèvres), se trouvent en effet la direction de la police judiciaire, la célèbre Brigade criminelle et, dans les sous-sols, les archives de ces services. C'est également le siège de « l'Antigang », officiellement Brigade de recherche et d'intervention.

Ces services judiciaires, autrefois regroupés avec ceux de la préfecture de police dans les locaux de l'ancien hôtel des présidents du Parlement dans l'étroite rue de Jérusalem – qui n'existe plus depuis les travaux d'extension du Palais de justice –, ont été domiciliés à cette adresse en 1871, sur décision de Jules Ferry.

Les amoureux de cette adresse liront avec plaisir, abondamment illustrée, l'*Histoire du quai des Orfèvres*, de Claude Cancès, ancien directeur de la police judiciaire parisienne, et Claude Diaz, ancien contrôleur général de police (Jacob-Duvernet, 2011). En attendant un déménagement qui sera aussi, pour beaucoup, un déchirement.

Au cinéma – en plus d'un incroyable nombre d'œuvres de fiction –, deux films ont particulièrement mis en valeur les fameux locaux : *Quai des Orfèvres*, d'Henri-Georges Clouzot, en 1947 (prix de la mise en scène au festival de Venise), et *36, quai des Orfèvres*, d'Olivier Marchal, en 2004, librement inspiré de « l'affaire Dominique Loiseau ».

Créé en 1947 par Jacques Catineau, le prix du Quai des Orfèvres récompense chaque année un récit policier ou judiciaire qui n'a pas encore été publié. Sous l'autorité du directeur en exercice de la police judiciaire, le jury compte vingt-deux (!) membres, hauts magistrats, grands policiers qualifiés, anciens directeurs du « 36 », avocats, journalistes « à la notoriété et à l'indépendance reconnues ». En 2012, le prix a récompensé *L'Hermine était pourpre*, de Pierre Borromée (Fayard).

LES FILMS CORONA. 55, CHAMPS-ÉLYSÉES présentent UNE PRODUCTION MAJESTIC-FILM
LOUIS JOUVET
SIMONE RENANT
BERNARD BLIER
ET
SUZY DELAIR
DANS UN FILM DE
HENRI-GEORGES CLOUZOT
A
B
C
PRODUCTION
MAJESTIC
QUAI DES ORFÈVRES
D'après un roman de S.-A. STEEMAN
Adaptation, dialogues de HENRI-GEORGES CLOUZOT et JEAN FERRY
Prises de vues de ARMAND THIRARD . décors de MAX DOUY
avec
PIERRE LARQUEY
JEANNE FUSIER GIR . CLAUDINE DUPUIS
et
CHARLES DULLIN
Musique de FRANCIS LOPEZ. Editions PAUL BEUSCHER - ARPEGE. Directeur de Production: L. WIPF

QUINCEY, THOMAS DE

CI-CONTRE
Thomas de Quincey, huile sur toile, 1845, de John Watson Gordon (1788-1864).

Un écrivain et journaliste britannique, qui n'a pas de sang sur les mains, peut-il dignement figurer dans le *Dictionnaire amoureux du crime* ? Il y en a au moins un, Thomas De Quincey, auteur d'un ouvrage sulfureux au titre magnifique : *De l'assassinat considéré comme un des beaux-arts*.

Thomas De Quincey naît en 1785 à Manchester, dans une famille bourgeoise. Elève brillant, il maîtrise le grec ancien à 13 ans, et, à 15, écrit des poèmes dans cette langue. Par-dessus tout, c'est un esprit indépendant qui, pour prouver sa liberté, s'enfuit du domicile familial à 17 ans pour goûter à la bohème de Londres. Il y vit de mendicité, partage l'existence d'une jeune prostituée, et découvre les vertus antalgiques et apaisantes de l'opium.

Cette parenthèse refermée, il poursuit ses études au Worcester College d'Oxford, se lie avec le poète Coleridge et intègre, grâce à lui, le célèbre « Cercle des poètes du Lac ». Sans le sou, la poésie rapportant peu, il se lance dans le journalisme – il se livrera à cette activité toute sa vie – et, en 1816, s'établit à Edimbourg. C'est là qu'il élève sa famille de huit enfants.

Toujours opiomane, sa consommation dépasse le simple usage thérapeutique, ce qui lui inspire en 1822 ses *Confessions d'un mangeur d'opium*, ouvrage passablement provocateur, où il analyse lucidement sa toxicomanie. Enfin, ce qui lui vaut qu'on se souvienne de lui ici, il commence à publier en 1827 *De l'assassinat considéré comme un des beaux-arts*.

Cet ouvrage est constitué de trois parties, les deux premières, originalement destinées à des publications de presse dans le *Blackwood's Magazine*, la première en 1827, sous forme d'une fausse conférence, la suite en 1839, puis un post-scriptum rajouté dans la version sous forme de livre publiée en 1854. L'auteur imagine une société d'experts qui se réunirait pour apprécier les crimes notables de l'histoire de l'humanité, depuis Caïn jusqu'à nos jours. Cette honorable société ne s'intéresserait qu'à l'aspect esthétique des crimes en question et porterait des toasts aux plus remarquables. L'ouvrage se termine avec l'évocation du meurtrier en série John Williams, qui décima, entre le 7 et le 19 décembre 1811, deux maisonnées entières sur la Ratcliffe Highway dans le quartier londonien de Wapping. Il paraît avoir été le premier à tuer une famille entière de cinq personnes, les parents Marr, leurs deux bébés et le garçon de course de leur commerce de draperie, puis à avoir répété l'opération, en tuant les membres de la famille Williamson, quatre personnes, le couple, une servante et leur petit-fils de 14 ans. L'auteur de ces crimes, un marin de 27 ans, John Williams (également connu sous le nom Murphy), se suicidera en prison après son arrestation. Il a été enterré, un pieu passé à travers le corps, à la jonction de Ratcliffe Highway et de Canon Street.

Thomas De Quincey meurt en 1859, mais son ouvrage continue à faire les délices des criminologues et des esprits curieux. André Breton en avait extrait des passages dans son *Anthologie de l'humour noir*.

RAIS, GILLES DE

CI-CONTRE
Gilles de Rais (1404-1440), compagnon d'armes de Jeanne d'Arc, gravure XIXe, anonyme.

Gilles de Montmorency-Laval est né probablement à la fin de l'année 1404, au château de Champtocé-sur-Loire, entre Angers et Nantes. A l'époque, cette région est située dans une « marche », zone frontalière où les seigneurs jouissent d'une certaine indépendance par rapport au pouvoir royal, jouant entre l'influence du roi de France, de la couronne anglaise et le jeu parfois trouble du duc de Bretagne. Orphelin à 11 ans, il est pris en charge par son grand-père, Jean de Craon, un homme avide, violent, prêt à tout pour s'enrichir. A cette fin, il fait enlever sa propre cousine, Catherine de Thouars, 16 ans, la marie avec Gilles de Rais et s'unit lui-même avec la grand-mère de la jeune mariée afin d'assurer la jonction des immenses propriétés des deux familles. Reste à l'aïeul à placer Gilles dans une cour royale. Il choisit celle du Dauphin, confiant son petit-fils à Georges de La Trémoille, chef de guerre, son cousin. Face aux Anglais, le jeune homme brille à la fois par son courage et la magnificence de son équipage. En octobre 1428, les Anglais assiègent Orléans. Jeanne la pucelle persuade le Dauphin qu'il est bien l'héritier du trône de France et qu'elle lui permettra d'être couronné à Reims. La Trémoille confie alors à Gilles de Rais le commandement des troupes qui accompagneront Jeanne. Après quatre jours de combats, Orléans est libérée le 8 mai 1429, Charles VII sacré roi de France le 17 juillet de la même année. Le roi nomme Gilles de Rais maréchal de France en récompense de sa participation à la campagne militaire. Il est à 25 ans un des hommes les plus riches et les plus puissants de France. Jeanne d'Arc, abandonnée par la plupart des capitaines du roi, est prise à Compiègne par les Bourguignons.

Rentré sur ses terres, Gilles de Rais affiche un train de vie somptueux et commence à vendre biens et châteaux pour financer ses fantaisies. C'est aussi le début des disparitions d'enfants dans toute la région. C'est aussi l'époque où Gilles de Rais se prend de passion pour l'alchimie. Ses résidences accueillent sorciers et magiciens en tous genres. Mais c'est en voulant reprendre par les armes l'un de ses biens vendu à un ecclésiastique que Gilles de Rais signe sa perte. Il s'attaque à l'un des fidèles du duc de Bretagne dont le conseiller est Jean de Malestroit, évêque de Nantes. Cette fois, c'est trop. L'enquête est lancée, les plaintes affluent. Le 29 juillet, l'évêque publie une déclaration d'infamie de Gilles de Rais.

Le 15 septembre, le duc de Bretagne procède avec sa troupe à l'arrestation sans heurts de Gilles de Rais et de son entourage. Il y a alors deux procès. L'un, au civil, devant le parlement de Bretagne, dirigé par Pierre de l'Hôpital, sénéchal de Rennes, pour félonie, crimes de sang, enlèvements et assassinats d'enfants. L'autre, ecclésiastique, mené par Jean de Malestroit, pour les crimes d'apostasie, d'hérésie, et de pratiques magiques et divinatoires impliquant commerce avec le diable et sodomie. C'est devant cette instance que les faits furent décrits avec le plus de précision. On parlera de 800, voire d'un millier de petites victimes.

Gilles de Rais, sous la menace d'excommunication, passe aux aveux de manière précise et horrible. Il reconnaît les chefs d'inculpation sans pouvoir dire lui-même combien d'enfants furent victimes. Il se livrait à des actes sexuels sur les enfants, avant ou après leur mort, et reconnaît les sévices, par lui-même ou par ses complices, dont il détaille également la liste : « ... tantôt ils séparaient la tête du corps avec des dagues, des poignards et des couteaux, tantôt, ils les frappaient violemment sur la tête avec un bâton, ou avec d'autres objets contondants, tantôt ils les suspendaient dans sa chambre par une perche ou par un crochet avec des cordes et ils les étranglaient... »

Le 23 octobre, il est condamné à mort par la juridiction civile avec ses complices Henriet et Poitou. Il est exécuté par pendaison le 26 octobre 1440 après repentance publique.

Criminel hors norme, cet ogre tueur d'enfants a ensuite reçu le surnom fort impropre de « Barbe Bleue ». Car le héros de Perrault ne tuait que des femmes.

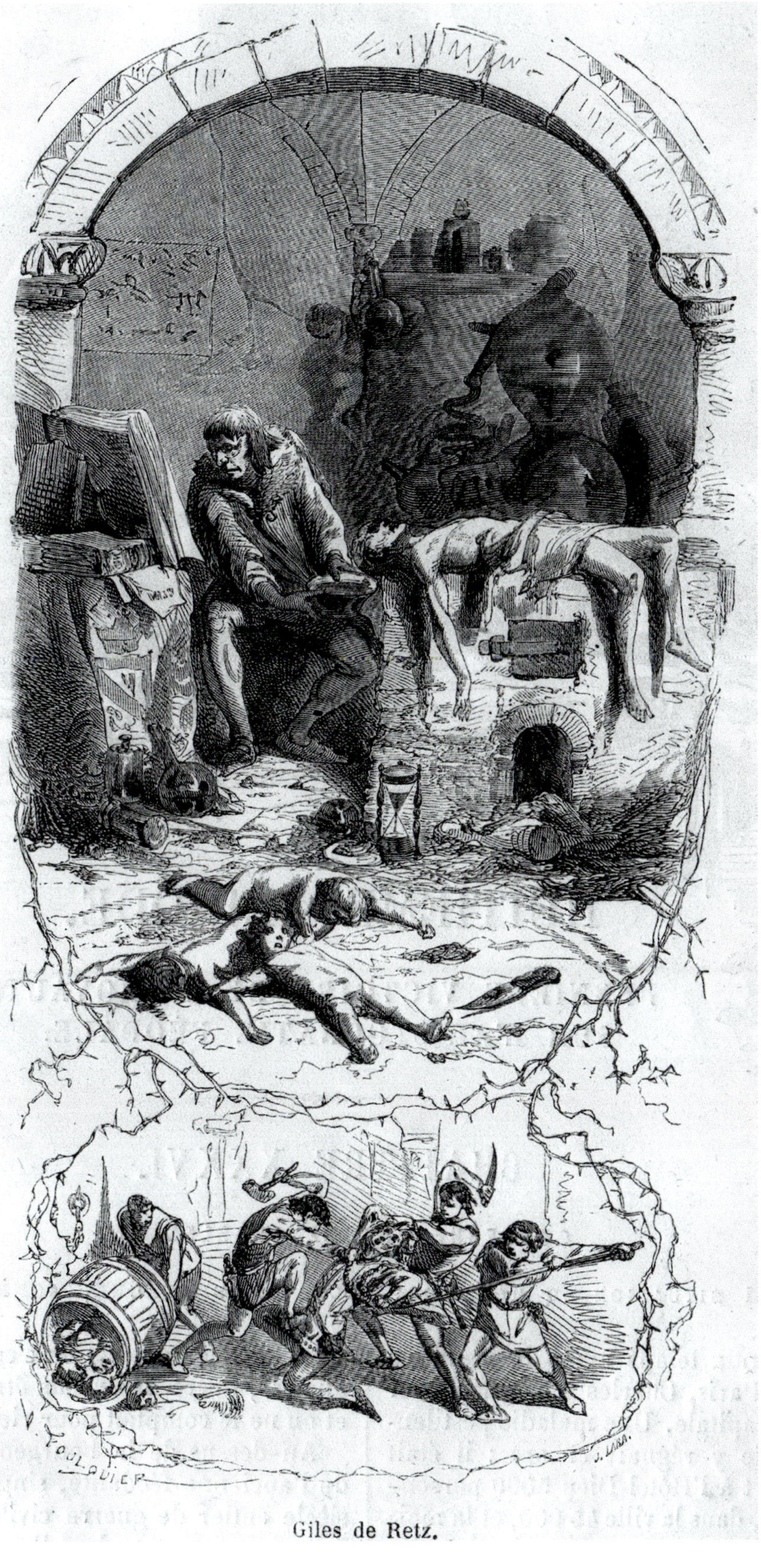

Giles de Retz.

RAVACHOL (FRANÇOIS, CLAUDIUS KŒNIGSTEIN DIT)

CI-CONTRE
L'appartement du 39 rue de Clichy après l'explosion d'une bombe déposée par l'anarchiste François Claudius Koenigstein dit Ravachol.

Si, pour le commun des mortels, Ravachol est à peu près complètement oublié, il demeure une des idoles mythiques des milieux anarchisants.

François Claudius Kœnigstein, dit Ravachol, est né en 1859 à Saint-Chamond. Abandonnée par son mari, sa mère, Marie Ravachol, ouvrière dans la soie, doit subvenir seule aux besoins de ses quatre enfants. Elle place le jeune garçon, d'abord chez une nourrice, puis en hospice, enfin, à l'âge de 8 ans, dans une ferme. Après divers petits métiers agricoles ou ouvriers, il trouve une place d'apprenti teinturier. Vers l'âge de 18 ans, il se détourne de la religion et, féru de lecture, se plonge dans la presse socialiste, *Le Prolétariat* ou *Le Citoyen de Paris*, tout en fréquentant les conférences politiques qui diffusent les idées collectivistes, et en faisant la connaissance de militants anarchistes, Toussaint Bordat, Régis Faure.

Licencié, en même temps que son frère, de son emploi, il commence à se livrer, en s'abritant derrière des mobiles « politiques », à différentes activités délictueuses : vols alimentaires, contrebande d'alcool, trafic de fausse monnaie, avant de commettre, à partir de 1891, des cambriolages. Son premier signalement judiciaire date de 1890, avec un passage à la prison de Saint-Etienne.

En mai 1891, il s'illustre en ouvrant le cercueil d'une certaine comtesse de la Rochetaillé à Terre-Noire (commune aujourd'hui rattachée à Saint-Etienne) pour y voler des bijoux, mais la dépouille en est dépourvue. Le 18 juin de la même année, à Chambles (département de la Loire), il tue Jacques Brunel, vieil ermite riche. Arrêté le 27 juin, il parvient à s'enfuir. Il fait croire à son suicide et se réfugie à Barcelone, chez un militant anarchiste, Paul Bernard, également exilé pour échapper à des poursuites judiciaires, mais liées à son activité politique (incitation au meurtre, au pillage et à l'incendie), et qui s'exerce en Espagne à la fabrication d'explosifs. Sous le nom de Léon Léger, il revient en France, en août, à Paris, hébergé chez des camarades anarchistes.

C'est l'époque où à Fourmies (Nord), le 1er mai 1891, la police a tiré sur la foule qui manifestait pour la journée de huit heures. Le même jour, à Clichy, des échanges de coups de feu ont eu lieu avec les forces de l'ordre. Des manifestants ont été blessés. Il y a eu des interpellations. Plusieurs des manifestants arrêtés sont jugés fin août. Ravachol est révolté par l'issue du procès. Le blessé est acquitté, mais Henri-Louis Descamps est condamné à cinq ans de prison et Charles Auguste Dardare à trois. L'avocat général Bulot avait requis la peine de mort. Les anarchistes groupés autour de Ravachol décident de venger les condamnés en posant une bombe au domicile du président de la cour d'assises, 136, boulevard Saint-Germain. L'explosion fait un blessé anonyme. Le 15 mars, une bombe explose à nouveau à la caserne Lobau qui héberge des gardes mobiles : comme le précédent attentat, presse et police en attribuent la paternité à Ravachol (alors que l'auteur est un nommé Théodule Meunier, également militant anarchiste). Ravachol se retrouve encore plus activement recherché. Ce qui presse la réalisation de ses projets : faire sauter l'immeuble où habite l'avocat général Bulot, qui a requis la peine de mort dans le procès de Clichy.

Le signalement de Ravachol dans la presse est précis et mentionne notamment une cicatrice visible à la main gauche. Le 27 mars, il se rend au 39, rue de Clichy, domicile de son objectif, et décide de poser sa bombe, plus puissante que la précédente, réalisée avec cent vingt cartouches de dynamite. Il ignore, cette fois encore, à quel niveau habite le magistrat et place l'engin au deuxième étage : l'avocat général est indemne, mais sept personnes sont blessées, et les dégâts estimés à 140 000 francs. Insouciant,

Ravachol quitte les lieux et va déjeuner au restaurant Véry, boulevard Magenta, où il tente de prêcher ses idées anarchistes au garçon, Jules Lhérot. Trois jours plus tard, le 30 mars, Ravachol revient dans le même établissement pour terminer de convaincre celui qu'il pense un anarchiste en puissance. Mais celui-ci l'a reconnu à sa cicatrice, il prévient son oncle, qui appelle la police : Ravachol est interpellé.

Le 25 avril, veille du procès de Ravachol, une bombe explose dans le restaurant Véry, tuant le patron et un client.

Devant la cour d'assises de la Seine, Ravachol tente de minimiser le rôle de ses complices et assume tous les attentats commis pour venger les condamnés de l'affaire de Clichy. Avec Charles Simon, son plus proche complice, il est condamné aux travaux forcés à perpétuité, les autres sont acquittés. Le mois suivant, Ravachol est jugé pour le meurtre de Jacques Brunel et la violation de sépulture précitée, condamné à mort le 21 juin et exécuté le 11 juillet 1892 à Montbrison.

RAVAILLAC, JEAN, FRANÇOIS

CI-CONTRE
L'Assassinat d'Henri IV (1553-1610), huile sur toile, Charles Housez (1822-1888).

Ravaillac est probablement un des régicides les plus connus de l'histoire de France. Depuis les bancs de l'école, personne n'ignore les circonstances de l'assassinat d'Henri IV, le 14 mai 1610, et le menu du supplice auquel a été condamné son assassin.

François Ravaillac est né en 1577 à Angoulême, région traumatisée par les guerres de Religion. Jeune homme, clerc de procureur puis maître d'école, il se distingue par une croyance religieuse très profonde. Il aimerait devenir religieux, mais sa foi est troublée par des visions confuses, ce qui lui ferme la porte des ordres auxquels il va taper, Feuillants ou Compagnie de Jésus. En 1609, une de ses visions lui demande – ou lui commande – de convaincre le roi de convertir les huguenots. Ses tentatives pour rencontrer le souverain s'avèrent vaines. Dans son coin, il croit pouvoir interpréter la décision d'envahir les Pays-Bas, alors sous domination espagnole, comme une attaque contre la religion catholique, et décide donc de tuer Henri IV.

Il vole un couteau dans une auberge, hésite, se ravise plusieurs fois, quitte Paris, s'oriente vers la Saintonge, retourne sur ses pas et, le 14 mai 1610, se retrouve finalement rue de la Ferronnerie, contre le carrosse royal où le roi est avec les ducs d'Epernon et de Montbazon. Il profite d'un ralentissement et porte trois coups de couteau au souverain, le premier sans gravité, le deuxième sectionne la veine cave et l'aorte royales, le troisième, paré par le duc de Montbazon. Le roi meurt sur-le-champ, Ravaillac arrêté sur place est évacué par le duc d'Epernon pour éviter qu'il ne soit lynché par la foule.

Incarcéré à la Conciergerie, il est livré à la question, reconnaît évidemment le régicide, et condamné à mort. Il est exécuté en place de Grève le 27 mai 1610, après un supplice précisément décrit dans le jugement du Parlement de Paris, qui prévoit qu'il sera « tenaillé aux mamelles, bras, cuisses et gras des jambes, sa main droite, qui tenait le couteau avec lequel il a commis ledit régicide, sera brûlée de feu de soufre, et sur les endroits tenaillés, il sera jeté du plomb fondu, de l'huile bouillante, de la poix, de la résine brûlante, de la cire et soufre fondus ensemble. Ensuite, son corps sera tiré et écartelé par quatre chevaux. Les membres de son corps seront consommés au feu, réduits en cendres et jetés au vent ». Sa maison natale est détruite avec interdiction de rebâtir, ses parents exilés, sa fratrie condamnée à changer de patronyme.

Ravaillac a toujours dit avoir agi seul. Ce qui n'a pas empêché nombre d'observateurs de son temps ou d'historiens d'imaginer que cet illuminé avait été manipulé. Par qui ? Les Jésuites ? Le duc d'Epernon, assisté de Charlotte du Tillet, sa maîtresse ? La marquise de Verneuil, qui aurait agi pour le compte de la couronne espagnole ? L'archiduc des Pays-Bas, Albert de Habsbourg ? Beaucoup d'histoires séduisantes ont été racontées, mais guère de preuves convaincantes vraiment apportées.

RIINA, TOTO

CI-CONTRE
Le chef de la mafia Salvatore Totò Riina à l'âge de 24 ans, en 1954.

C'est sans doute le chef mafieux auquel on attribue, directement ou non, le plus grand nombre de victimes. On estime qu'il a lui-même tué une quarantaine de personnes et commandité l'élimination d'un millier. Chiffres respectables qui, au classement universel des assassins, doivent probablement situer le personnage juste après les criminels de guerre. Décidant de la vie ou de la mort au sein de Cosa Nostra, ayant déclaré la guerre à l'Etat et à ses représentants, Toto Riina symbolise la terreur mafieuse du milieu des années 1960 jusqu'à son incarcération, en 1993.

Salvatore Riina est né le 16 novembre 1930 dans la petite localité de Corleone, en Sicile. Il est surnommé *U Curtu* (le Petit), car il mesure 1,58 mètre, sobriquet qu'on n'évoque, est-il besoin de le souligner, qu'en son absence, car on l'appelle aussi *A Belva* (la Bête), référence à sa sauvagerie. Il entre dans la famille mafieuse de son village, les Corleonesi, après le test initiatique de rigueur : un meurtre. Il a 18 ans. Il s'adonne à la plupart des activités de la société à laquelle il vient d'adhérer, cantonné, compte tenu de son jeune âge, dans des fonctions subalternes (extorsion de fonds, perception de rançons, meurtres, etc.).

En 1958, le parrain historique de cette famille, Michele Navarra, est tué par un mafioso ambitieux, Luciano Liggio. C'est dans l'ombre de ce personnage que le jeune Toto Riina, et un autre gangster, Bernardo Provenzano, prennent de l'envergure, cependant que les Corleonesi, que les autres mafieux tiennent pour de rustres paysans – ce qu'ils sont sans doute – montent en puissance. Tout cela est rythmé par des douzaines d'éliminations, fidèles de l'ancien parrain, rivaux potentiels.

La grande affaire de ces années-là est le contrôle du commerce international de l'héroïne et des profits colossaux générés par cette activité. Le nombre des exécutions et des assassinats est proportionnel à la taille des enjeux financiers : considérable.

En 1969, Riina et Liggio sont arrêtés et jugés pour une série de meurtres commis quelques années plus tôt. Témoins et jurés sont tellement intimidés que le tribunal – dont les membres subissent peut-être également les mêmes pressions – ne peut faire autrement qu'acquitter les deux hommes. Accusé l'année suivante d'un nouveau meurtre, Riina doit cependant se cacher – au moins être discret : on ne le voit officiellement plus pendant vingt-trois ans. Ce qui ne signifie pas, loin de là, qu'il reste inactif.

De son côté, Luciano Liggio tombe finalement en 1974 pour l'assassinat de son prédécesseur. Riina prend naturellement la relève à la tête de la « famille ». Il va mener une double guerre, contre ses concurrents et contre les représentants de l'Etat. Jusque-là, les familles mafieuses de Palerme tenaient le haut de pavé, leurs responsables étaient quasiment des personnages publics qui se montraient à la télévision, côtoyaient les hommes politiques. Ils se sentaient tout-puissants. Avec l'arrivée de Toto Riina à la tête des Corleonesi, ils n'allaient pas tarder à comprendre que, tout « paysans » qu'ils étaient, la donne allait changer.

Trois des parrains palermitains, Stefano Bontate, Salvatore Inzerillo et Gaetano Badalamenti, ainsi que leurs familles et leurs alliés, vont l'apprendre à leurs dépens. Bontate est tué le 23 avril 1981, Inzerillo le 11 mai, et Badalamenti doit s'enfuir de l'île. Les années suivantes se caractérisent par une véritable hécatombe dans les rangs des Palermitains, avec un pic le 30 novembre 1982 : douze meurtres dans la même journée. Le nouveau parrain se distingue par la bestialité dont il fait preuve contre ses adversaires, n'hésitant notamment pas à s'en prendre à leurs enfants, même très jeunes. Riina livre également la guerre aux représentants de l'Etat qui gênent ses activités. On le suspecte d'avoir commandité le meurtre du général Dalla Chiesa le 3 septembre 1982.

Dans la grande tradition voyoucratique et sans le moindre état d'âme, le parrain de Corleone n'hésite pas à faire abattre ses propres hommes au premier soupçon sur leur fidélité ou leur utilité. Ainsi Filipo Marchese, un homme de confiance de Riina, responsable d'une redoutée « salle de la mort », à Palerme, où étaient torturés les ennemis

de Riina, et qui s'occupait de la disparition des cadavres. Il est abattu sur ordre de Riina en 1982 par l'un de ses tueurs, Pino Greco. Ce dernier, qui aurait eu à son actif une cinquantaine d'exécutions, et dont on pense qu'il a été l'homme de main de l'assassinat du général Dalla Chiesa, de son épouse et de ses gardes du corps, sera à son tour abattu sur ordre de Riina en 1985. La fidélité est parfois bien mal récompensée.

Pendant ce temps, les juges Falcone et Borsellino (*voir* : Falcone, Giovanni) font de sérieux progrès dans la lutte contre la Mafia, notamment contre les *Corleonesi* en train de devenir le clan le plus puissant de Sicile. Leur tâche est facilitée par les confessions d'un repenti, Tommaso Buscetta, qui rompt la loi du silence pour sauver sa peau face à la furie meurtrière de Riina. A l'issue du maxi-procès anti-mafia qui se termine le 19 novembre 1987, Toto Riina est à nouveau condamné pour meurtres, mais par contumace. Une véritable guerre est engagée. Falcone est tué le 23 mai 1992, Borsellino le 19 juillet suivant, dans des attentats à l'explosif.

Riina est évidemment soupçonné d'être le commanditaire de ces deux attentats ...

CI-CONTRE

Procès de Salvatore Riina, dit Toto dans la Salle Bunker à Palerme en 1993.

… particulièrement meurtriers. En juillet 2009, alors qu'une polémique se développe en Italie sur une éventuelle responsabilité des services secrets italiens dans la mort du second juge – polémique née de la disparition d'un mystérieux carnet rouge sur lequel le magistrat relatait ses éléments d'enquête, et sur la présence d'un officier supposé des carabiniers sur les lieux de l'attentat et qui aurait été vu emmenant ce qui pourrait correspondre à cet objet. Pour l'heure, cette hypothèse n'est pas confirmée par des éléments probants –, le Parrain, de la prison de haute sécurité où il est désormais confiné, assure à des journalistes qu'effectivement « ce sont eux qui l'ont tué ». Il se dégageait de la responsabilité de cet attentat, espérant probablement signer par là son retour sur la scène publique…

Car les meurtres des deux juges, suivis d'une campagne d'attentats mafieux contre l'Etat, ont provoqué une grande émotion populaire. L'opinion réclame des mesures vraiment efficaces contre la Mafia.

C'est dans ce contexte que Salvatore Riina est interpellé le 15 janvier 1993, à Palerme, âgé de 62 ans. Jugé pour plus de cent meurtres, dont ceux des juges Falcone et Borsellino, il est condamné à la prison à vie. Cent vingt-cinq millions de dollars lui sont confisqués.

En prison, âgé de 82 ans, le vieux parrain, malade, passera à la postérité pour le millier de meurtres qu'on lui attribue. Longtemps, il demeurera l'incarnation de la folie meurtrière incontrôlable qu'il a déchaînée pour s'assurer le pouvoir absolu sur Cosa Nostra.

Mais sans doute les Italiens retiendront-ils aussi la relative impunité dont Riina a joui pendant des années. Pendant tout le temps qu'a duré sa guerre contre les Palermitains, il ne s'est jamais vraiment caché de manière très efficace, habitant sa maison de Palerme, enregistrant à l'état civil ses quatre enfants sous leur vrai nom, bénéficiant d'un suivi médical régulier… Aurait-il bénéficié de complicités officielles ? Aurait-il, plus tard, été « balancé » ? La Mafia conserve ses mystères.

ROBIN DES BOIS

CI-CONTRE
Les aventures de Robin des bois de Michael Curtiz (1186-1962) avec l'acteur Errol Flynn (1909-1959), 1938.

Voltaire prétend que la légende est la fille aînée de l'histoire. Qu'il est parfois difficile, quand on remonte loin dans le temps, de démêler ce qui s'est passé vraiment de ce que les hommes ont raconté de ce qui s'était passé. Qu'il est difficile de distinguer ce qui est arrivé de ce qui a été inventé. Il en va ainsi de Robin des Bois. Pour donner de la consistance à ce personnage, archétype du bon bandit, qui prend aux riches pour redistribuer aux pauvres, modèle idéal du justicier sans lequel tout ordre social serait insupportable, les hommes, au fil des siècles, ont inventé un personnage historique qui aurait eu ses caractéristiques. Le Robin des Bois d'aujourd'hui, celui auquel se réfère la plus humble petite fripouille qui veut se donner des airs de justicier, est en réalité une fiction collective bâtie sur une compilation en strates de ballades anciennes, légendes, adaptations successives d'auteurs soucieux de contribuer à une histoire la plus populaire possible.

L'entreprise est en réalité complexe. Car s'il a bien existé, semble-t-il au XIIIe siècle, un Robehod – on en trouve la trace dans un document judiciaire de 1228 –, pour d'autres, c'est un Rabunhod... – à la tête, comme il se doit, d'une « bande ». Personne n'est clairement d'accord ni sur l'époque à laquelle ce brave homme aurait vécu, ni sur les lieux où il aurait sévi, et encore moins sur les faits dont il se serait rendu responsable. S'agit-il du Robin Hood dont on trouve la trace dans les troupes insurgées lors de la révolte de 1265 contre le roi Henri III ? S'agit-il d'un paysan de Wakefield, dans le Yorkshire, soulevé contre le duc de Lancastre en 1322 ? Les archives de la ville mentionnent un Robert Hood, condamné pour avoir transgressé « les lois de la forêt, résisté au seigneur du lieu, et pour ne pas avoir pris part à la guerre contre les Ecossais » et dont la maison aurait été confisquée... Cent ans séparent déjà ces différents personnages... Peu importe.

Dès le début du XIVe siècle, des ballades populaires chantent ainsi les aventures d'un Robin et de sa bande de lutteurs s'exhibant lors des fêtes paroissiales. Avec suffisamment de succès pour que les aventures du héros deviennent la matière d'œuvres littéraires. La première citation de son nom apparaît dans *Pierre le laboureur* (*Piers Plowman*) de William Langland, en 1377. Le héros poursuit sa carrière au XVe siècle, avec la publication d'*A Gest of Robyn Hode* (*La Geste de Robin des Bois*), anonyme compilation d'histoires en vers, présentant les aventures d'un hors-la-loi qui affronte un système corrompu, armé d'un arc. Dans différentes parties de ce texte, il vole les riches (pour son compte), assassine, ou berne le shérif de Nottingham. Autour du héros, les personnages se mettent progressivement en place : le bûcheron Petit Jean, ou bien Stuteley, paysan que Robin sauve de la potence, etc. Socialement, Robin des Bois a un statut intermédiaire, à cette époque, entre celui de paysan et de petit noble. Au XVIIe siècle, il devient carrément noble. Mais dépossédé de ses terres. Du moins s'il faut en croire la pièce élisabéthaine, *La Chute et la Mort de Robert, comte de Huntingdon* (*The Downfall and Death of Robert, Earl of Huntingdon*). C'est à cette époque qu'autour du héros on voit apparaître Marianne (ou Marion, parfois Mathilde) et son confesseur, le Frère Tuck.

Avec *Ivanhoë*, en 1819, Walter Scott fait beaucoup pour la médiatisation de la légende de Robin des Bois qui, remontant dans le temps, devient un rebelle saxon combattant les seigneurs normands. C'est à ce moment qu'il commence à piller les riches pour donner aux pauvres, ce qui n'apparaissait pas clairement jusque-là. Cette caractéristique fondamentale, Alexandre Dumas l'ancre dans l'opinion française en publiant *Le Prince des voleurs*, puis *Robin Hood le proscrit*, traductions du roman britannique *Robin Hood and Little John, or the merry men of Sherwood forest*, de Pierce Egan. Depuis 1912, on compte au moins une quarantaine de films de cinéma ou de télévision qui mettent en scène le personnage de Robin des Bois.

CI-CONTRE
Guillaume Seznec accusé du meurtre de Pierre Quemeneur, conseiller de Finistère, après son arrestation en 1923.

de **SAN-ANTONIO**

ST

à **TUEURS À GAGES**

SAN-ANTONIO

CI-CONTRE
L'écrivain français Frédéric Dard en 1988.

Combien Frédéric, Charles, Antoine Dard, né à Jallieu (Isère) le 29 juin 1921, mort à Bonnefontaine (canton de Fribourg, Suisse) le 6 juin 2000, combien cet excellent écrivain a-t-il publié de romans ? Peut-être ne le savait-il pas lui-même, et peut-être avait-il fini par oublier le nombre des pseudonymes sous lesquels il les avait publiés... Car, en France et probablement dans le monde, Frédéric Dard a été un des auteurs les plus prolixes du XXe siècle. Officiellement il a publié deux cent quatre-vingt-huit romans, vingt pièces de théâtre, seize adaptations pour le cinéma. Il a utilisé quelques douzaines de pseudonymes et vendu plusieurs centaines de millions d'exemplaires de ses livres. Un succès phénoménal.

Parmi cette production gigantesque – et, globalement de bonne qualité ; Frédéric Dard était un prodige –, les enquêtes du commissaire San-Antonio occupent une place à part. D'abord parce qu'elles n'ont pas peu contribué à la réussite et à la notoriété de leur auteur, ensuite parce que Frédéric Dard a fini, au fil du temps, par s'identifier au héros qu'il avait créé, et par emprunter son nom comme pseudonyme, le lecteur ne sachant plus qui de Dard, San-Antonio ou Dieu sait qui prend la plume pour raconter des histoires. Les premières aventures de l'immortel commissaire, *Réglez-lui son compte*, paraissent chez Jacquier au printemps 1949, tirées à 500 exemplaires : c'est un flop. Armand de Caro, cofondateur des éditions Fleuve Noir, remarque cependant ce livre chez un bouquiniste, contacte l'auteur et lui propose de rejoindre sa maison. Le deuxième tome, *Laissez tomber la fille*, paraît ainsi le 5 décembre 1950, sous le numéro 11 de la collection « Spécial-Police », avec une couverture illustrée par le dessinateur Michel Gourdon, comme le seront les couvertures de tous les San-Antonio pendant vingt ans.

Comme pour les autres volumes parus jusqu'en 1953, avec l'arrivée du truculent personnage Bérurier, les ventes sont décevantes. Frédéric Dard poursuit l'aventure à contrecœur – d'autant qu'il connaît le succès au théâtre dès 1950 avec l'adaptation de *La Neige était sale* de Georges Simenon. Armand de Caro insiste et lui demande quatre romans par an. Frédéric Dard, qui est une véritable « machine à écrire », non seulement relève le défi, mais répond parallèlement à un incroyable nombre de sollicitations pour des pièces, nouvelles, articles, livres sous de multiples pseudos ou sous son nom.

En 1953, les tirages de San-Antonio s'envolent à 50 000 exemplaires, mais ce sont ses collaborations théâtrales qui continuent de permettre à la famille de vivre confortablement. L'envolée des ventes est-elle due à l'apparition, aux côtés du commissaire, de l'emblématique Alexandre-Benoît Bérurier ?

Meilleur ami de San-Antonio, c'est un personnage graveleux, inculte et rabelaisien, obèse et ivrogne. Les relations entre ces deux hommes si différents sont expliquées par San-Antonio lui-même à son directeur qui lui pose la question : « [...] c'est assez difficile à expliquer... Voyez-vous, boss, Béru n'est pas très intelligent. C'est un rustre, un soiffard, un butor, mais il a des qualités qui en font néanmoins mon plus précieux collaborateur. D'abord, il m'est attaché comme un chien ; ensuite il est bon, courageux, tenace. Et enfin, il a par instants une espèce de jugeote matoise qui équivaut à du génie. Et puis, mieux que tout encore : je l'aime bien. Je le chahute et ça me repose... » (*San-Antonio chez les Mac*). Bérurier est successivement inspecteur, puis inspecteur principal, brièvement directeur de la police, et même ministre de l'Intérieur, avant de retrouver son grade d'inspecteur principal.

Dix ans plus tard, en 1964, chaque volume de San-Antonio frise les 200 000 exemplaires ! *L'histoire de France vue par San-Antonio* se vend à 1 800 000 exemplaires ! Malgré ce succès éblouissant, Frédéric Dard, entre vie mondaine, excès, sursollicitations professionnelles, craque. En 1965, il tente de se suicider. Il divorce et déménage en Suisse, à Gstaad, dans le chalet « San-Antonio ».

Frédéric Dard meurt chez lui, en Suisse, en 2000. Sur sa tombe, à Saint-Chef-en-Dauphiné, est inscrit : « Frédéric Dard, dit San-Antonio ». Un

San-Antonio fou d'écriture qui restera le plus prolifique écrivain français, généreux, bon vivant, dont les bons mots sont une perpétuelle source de joie. « La chasse aux cons, avait observé l'excellent commissaire, est un safari sans espoir » : un message universel.

SEZNEC, GUILLAUME

CI-CONTRE
Guillaume Seznec accusé du meurtre de Pierre Quemeneur, conseiller de Finistère, après son arrestation en 1923.

Il y a peu d'affaires criminelles pour lesquelles, près d'un siècle après la commission des faits, des hommes ferraillent encore pour défendre ou accuser un prévenu. L'« affaire Seznec » est de celles-là. Notamment grâce à la volonté tenace du petit-fils de Guillaume Seznec, qui a fait de la réhabilitation de son grand-père le combat de sa vie. Erreur judiciaire ou meurtre dont le déroulement exact est toujours inconnu ? L'affaire contient tous les ingrédients d'un excellent roman policier, et n'a peut-être pas fini de faire couler l'encre.

Joseph Marie Guillaume Seznec est né en 1878, à Plomodiern (Finistère). A l'époque des faits, en 1923, chef d'une famille de quatre enfants, il est négociant en bois à Morlaix. Il avait préalablement travaillé dans le commerce de cycles et dans la blanchisserie. Quelques mois plus tôt, il a fait la connaissance de Pierre Quémeneur, conseiller général du Finistère.

Nous sommes au lendemain de la Première Guerre mondiale. Les Américains, en quittant le sol européen, ont laissé derrière eux des « surplus », et notamment de nombreuses berlines de luxe, des Cadillac, qu'il serait, paraît-il, possible de revendre sur le marché russe. Cette perspective séduit Pierre Quémeneur, élu catholique et personnalité finistérienne, qui se trouve précisément dans une situation financière préoccupante et a besoin de se renflouer. Il aurait rendez-vous à Paris avec un Américain nommé « Cherly » ; personne n'a jamais exactement su de qui il s'agissait, et tout le monde, depuis ce temps, s'en tient à ce nom, qui n'est qu'une transcription phonétique. Il propose à Seznec, qui possède lui-même une Cadillac, et qui est un commerçant-né, de s'associer à ce négoce. Le conseiller général cherche-t-il un prête-nom pour ne pas apparaître, lui l'élu catholique, dans un commerce avec les « Soviets » ? Personne n'en saura jamais rien.

Le 24 mai 1923, Seznec quitte Morlaix avec sa Cadillac. Il doit rejoindre Quémeneur à Rennes, et les deux hommes doivent ensemble gagner Paris. Mais son véhicule est en si piètre état, il a tant de pannes, qu'au lieu d'arriver à Rennes en début d'après-midi comme il était prévu, Seznec n'y parvient que dans la soirée. Le lendemain, les deux hommes prennent la route à l'aube. Pannes et crevaisons continuent, et finalement Quémeneur décide de rejoindre la capitale par le train, à la gare de Houdan ou de Dreux, Seznec sera flou sur ce point. Quant à lui, il aurait choisi pour faire réparer son véhicule de revenir à Morlaix où il serait arrivé tard dans la nuit du 25 au 26 mai. On ne retrouvera jamais Pierre Quémeneur.

Seznec, interrogé à Paris, il passe cinq jours à nier avoir assassiné le notable. Mais sa réputation joue contre lui. On découvre que ses précédentes entreprises, celles de cycles et la blanchisserie, respectivement en 1913 et 1919, ont toutes les deux brûlé de manière mystérieuse alors qu'elles se trouvaient en mauvaise posture. Il y a eu des enquêtes, qui n'ont jamais abouti, mais il semble bien que Seznec ait pu rebondir grâce aux indemnisations des compagnies d'assurances. Sur sa fiche de police, à Morlaix, apparaît une mention peu favorable : « Individu rusé, procédurier et de mauvaise foi. » Dans la voiture mise sous scellés, il manque le cric. Un garagiste affirme, alors que Seznec se trouvait seul à bord de la Cadillac, avoir vu des traces de sang sur un bidon d'essence. Tout cela crée un climat défavorable. Cela suffit-il à faire de lui un assassin ?

S'ajoute à cette affaire obscure un fait qui ne prendra son sens qu'avec le temps. Sous la direction du commissaire Vidal, Pierre Bonny, inspecteur de police, participe à l'enquête. Ce sulfureux personnage verra sa carrière entachée par les manipulations auxquelles il se livrera en 1934 dans l'affaire Stavisky, qui lui vaudront rien moins que son exclusion de la police. On le retrouvera sous l'Occupation comme étant un des responsables de la « Carlingue » – la « Gestapo française », de sinistre mémoire –, et il finira fusillé à la Libération pour collaborationnisme actif.

Malgré le manque de preuves, Seznec est interpellé le 1er juillet 1923. Le 6 juillet, une ...

CI-CONTRE
Coupure de presse criant l'innocence de Guillaume Seznec revendiquée par sa famille.

... nouvelle perquisition à son domicile permet à la police, en la présence de la seule bonne, de rapidement découvrir la machine à écrire recherchée, que personne n'avait vue lors de la première perquisition. Pour être exact, il semblerait que ce soit l'inspecteur Bonny, tout seul, pendant que ses collègues fouillaient les communs, qui soit directement monté au grenier où il aurait découvert la fameuse machine enveloppée d'une toile de jute, cachée derrière un tableau électrique...Pendant ce temps, Seznec, pour le moins maladroitement, fabrique pour se disculper un faux témoignage en sa faveur qui prouve sa présence à Morlaix le 13 juin.

Le procès se déroule le 24 octobre 1924 à la cour d'assises de Quimper. Ni Seznec ni son épouse ne font bonne impression. Le premier est calme et ne semble pas s'émouvoir de la situation, la seconde met en cause la police.

Tout au plus Seznec invoque-t-il un mystérieux Boudjema Gherdi qui serait le fameux « Cherdy » ou « Cherly », qui s'avère introuvable et dont les magistrats pensent qu'il s'agit d'une pure invention.

Le commerçant havrais affirme à nouveau que c'est bien à Seznec qu'il a vendu la machine à écrire ayant servi à rédiger la fausse promesse de vente. Ce fait pèse lourd aux yeux des jurés. Le seul témoin à décharge est un receveur d'autobus, François Le Her, qui déclare avoir discuté avec Pierre Quémeneur, à Paris, le 26 mai. Mais ce témoin a un lourd passé de mythomane ; il s'est notamment vanté d'exploits militaires imaginaires et a été condamné pour port illégal de décorations. Finalement, le 3 novembre 1924, Guillaume Seznec est condamné au bagne à vie.

Après deux ans d'attente au pénitencier de Saint-Martin-en-Ré, il part pour Cayenne en avril 1927. D'abord sacristain, régime plutôt favorisé, il tente de s'évader en radeau de Saint-Laurent-du-Maroni, mais est repris en Guyane hollandaise. Il se retrouve alors interné aux îles du Salut, où une nouvelle tentative d'évasion échoue.

Durant ce temps, pour encore embrouiller les faits, un ancien juge de paix de Pontrieux, M. Hervé, tente de lever les incohérences de l'instruction. Nous sommes en 1931 quand il reçoit le témoignage d'un marin ayant entendu deux coups de feu en mai 1923, alors qu'il se trouvait en mer à proximité du fameux manoir de Quémeneur, à Plourivo. Des fouilles seront effectuées en 1953 et officiellement ne donneront rien. Seznec, qui a refusé initialement de demander sa grâce au chef de l'Etat, car il estimait que seuls les coupables demandent pardon, est finalement gracié par le général de Gaulle le 2 février 1946. Il s'établit chez sa fille Jeanne en juillet 1947.

Comme si le sort s'acharnait, Guillaume Seznec est renversé par une camionnette en novembre 1953 et meurt des suites de cet accident le 13 février 1954.

Son petit-fils, Denis Seznec Le Her, n'a eu de cesse de se battre pour la réhabilitation de son grand-père. Le dernier épisode est le rejet de sa dernière demande de révision – la quatorzième, chacune avec des arguments nouveaux – en décembre 2006. Il n'y en aura sans doute plus de nouvelles, l'éventualité d'un ultime recours devant la justice européenne semblant être abandonnée.

Un des éléments qui a motivé la dernière demande a été qu'en lisant le livre de Denis Seznec, *Nous les Seznec* (1992), une ancienne résistante, Colette Noll, avait reconnu sur une photo de 1923 le nommé B. Guerdi. C'était l'homme qui avait dénoncé son réseau le 11 avril 1944 et assisté à son interrogatoire rue Lauriston, siège de la Gestapo française. L'éventualité que cet homme connaissait l'inspecteur Bonny, et qu'ils se fréquentaient déjà en 1923, est évoquée. La cour de révision admet cette hypothèse plausible, mais ne la retient pas comme motif de révision.

Finalement, Seznec, coupable ou innocent ? Pour l'ancien commissaire de police et historien Guy Penaud, auteur de *L'Enigme Seznec* (Editions de la Lauze, 2006), le rejet de la cour de révision est logique : « C'est en étudiant les faits dans leurs détails que je me suis rendu compte que la thèse

“Rendez-nous SEZNEC il est innocent !”

demandent les enfants du bagnard qui espèrent, grâce à la découverte récente d'une ceinture, percer le mystère du « meurtre sans cadavre ».

★

“J'AI PEUR D'EXPIER JUSQU'A LA MORT UN CRIME QUE JE N'AI PAS COMMIS”

écrit des Iles du Salut celui qui, depuis quinze ans, est considéré comme l'assassin du conseiller général

QUEMENEUR

DE NOTRE ENVOYÉ SPÉCIAL

JEAN MARÈZE

Morlaix, le 16 juin 1938.

Le 22 avril 1938, il y a donc un mois et demi à peine, Guillaume Seznec, des Iles du Salut, écrivait à ses enfants cette lettre :

Mes jours s'abrègent. Quoique innocent, j'ai peur d'expier jusqu'à la mort l'erreur judiciaire et la méprise qu'un crime a fait commettre sur moi. Pourtant je ne perds pas courage. Attendez et espérez. C'est ce que nous recommande la sagesse humaine. Dans ces deux mots nous trouverons peut-être une consolation.

L'accent en est si poignant qu'une fois encore j'ai voulu me pencher sur le mystère de cette cruelle affaire Seznec, que les années n'ont point encore éclairci.

Il me fallait venir en Bretagne pour la comprendre. Plus que l'étude d'un volumineux dossier, la visite du cadre où vécurent les acteurs d'une pareille tragédie, le contact direct avec ceux qui les connurent et les fréquentèrent, l'interview des témoins qui déposèrent aux Assises de Quimper permettent de situer les choses, de leur rendre leur véritable aspect. Certes, je savais avant de quitter Paris que Seznec possédait une scierie mécanique mais j'ignorais que cette scierie se composait d'un modeste hangar attenant à sa maison, une bicoque grise

En haut : Seznec tel qu'il est maintenant après quinze ans de bagne.

Ci-dessus : Les époux Seznec le jour de leur mariage.

Ci-contre : Leur fille aînée Marie qui est morte un an après être entrée au couvent.

rie. Des experts ont établi que l'acte de vente de Traou-Nez avait été tapé sur cette machine. Les deux feuilles de papier timbré qui servirent à l'établissement de l'acte ne proviennent pas de Brest, mais de Morlaix. Enfin l'existence des 65.000 francs en dollars demeure hypothétique. L'accusation, sans nier absolument l'existence de cette somme entre les mains du prévenu, se borne à constater que ses affaires étaient mauvaises, qu'il se trouvait à la veille de la faillite et que loin de posséder des espèces il se trouvait à cours d'argent.

Là-dessus il fut établi que lors de sa prévention — une prévention qui dura deux années — Seznec, à diverses reprises, tenta de correspondre avec sa femme pour la supplier de susciter un faux témoin lequel attesterait l'existence de Louis Quémeneur après la date fatidique du 25 mai.

CE CRIME SEMBLE IMPROBABLE

On conçoit que de telles preuves aient influencé un jury et que, seul, le grand talent du regretté Mᵉ Marcel Kahn épargna à Guillaume Seznec la peine capitale. Cependant si l'on examine les choses de près, on ne tardera point à diviser en deux ce faisceau de preuves mettant d'un côté celles qui concernent [...] Seznec se serait rendu coupable pour acquérir la terre de Traou-Nez.

Contrairement à ce qu'ont toujours soutenu les partisans d'une révision du procès, je dois reconnaître que l'existence de ce faux ne me paraît pas discutable.

Oui les experts avaient raison. Oui, Seznec [...]

presse Seznec de lui remettre cette somme. Pour le décider il offre de recevoir cet argent en acompte sur sa propriété de Traou-Nez. Comme cette propriété est estimée 100.000 fr., Seznec demeurera redevable de 35.000 francs.

Le marché est conclu. Où ? Dans la Cadillac de Seznec, la vieille Cadillac qui avance cahin-caha sur le chemin de Paris. Le moyen dans un pareil véhicule de conclure un acte ? Au surplus Seznec a confiance en Quémeneur.

Panne sur panne

La route s'éternise. La Cadillac a panne sur panne. On touche enfin Houdan à huit heures du soir. On dîne au « Plat d'Etain ». Seznec éreinté, c'est Quémeneur qui prend le volant. C'est lui qui, après avoir consulté un horaire fait machine arrière et se dirige vers la gare de Dreux. N'a-t-on pas établi que, dans cette gare, on vendit un billet de seconde Dreux-Paris, le 25 mai au soir, à un voyageur dont on ne peut retrouver le signalement ?

la somme qu'il pourra retirer de son engin. Mieux vaut donc qu'il rentre chez lui pour confier la Cadillac à un petit mécano du pays qui lui fait des prix doux.

Le voyage au Havre

Voici donc Seznec de retour à Morlaix. Quand on lui parle de Quémeneur, il hausse les épaules : le conseiller général est à Paris où il gagne des sous gros comme lui. Cependant les jours passent. La police enquête. Seznec commence à craindre pour son argent, ses 65.000 francs gagnés par sa femme et conservés par elle jalousement pour acquérir une propriété. Il voit le moment où il va perdre et son argent et son option sur Traou-Nez, il pense à la possibilité d'établir un faux mais un faux qui ne serait que l'expression du vrai car il pense que Quémeneur est vivant, qu'il va reparaître. Et c'est le voyage au Havre, le faux télégramme, l'achat de la machine, la confection de l'acte, le tout exécuté avec une telle maladresse, une telle niaiserie, que l'on en demeure confondu.

Quelques jours plus tard, Seznec est arrêté. Sûr de son innocence, il ne parle point de son stratagème mais la police veille. Elle découvre le voyage au Havre. Seulement il est trop tard pour dire la vérité. Seznec prend le parti de tout nier en bloc, ce qui est vrai et ce qui ne l'est pas. Il traite indistinctement les témoins de menteurs. Il accuse les enquêteurs de machinations. Enfin il tente de se procurer un alibi. Ainsi, petit à petit, il accumule les présomptions et finit par devenir sa propre victime.

Quant à Quémeneur, nul ne peut dire ce qu'il lui advint. Pourtant, que l'on se souvienne. Il y a trois semaines je relatais dans *Paris-soir* que M. L..., le président d'une association de Bretons à Paris, avait reçu d'un inconnu un paquet et une lettre. Dans le paquet il y avait une ceinture qui, disait la lettre, avait appartenu à Quémeneur. Le correspondant anonyme ajoutait que cette ceinture lui avait été donnée au café du Tambour, avenue de La Bourdonnais. Ce café a disparu. Mais les renseignements que j'ai pu recueillir à son sujet sont concordants. La bande d'aigrefins qui écumait les stocks américains se réunissait au Tambour.

L'existence des dollars

Telle est l'hypothèse que je développe aujourd'hui et qui présente l'avantage de concorder avec tous les éléments de l'accusation ; mieux, de les coordonner entre eux, de les rendre plus claire. Evidemment cette hypothèse tient pour réelle l'existence des fameux dollars que l'accusation considère comme incertaine. Aussi est-ce vers ce point que j'ai orienté mon enquête.

Malheureusement pour moi un témoin essentiel a disparu. Je veux parler de Mᵉ Vérant, notaire à Morlaix, mort aujourd'hui, mais qui, au moment du procès, avait expressément déclaré :

« Je puis assurer que Seznec avait en sa possession des dollars. En février ou mars 1923 il vint à mon étude et me fit voir une trentaine de dollars en me demandant quelle était leur valeur. Il me dit qu'il en possédait chez lui une grande quantité dans une boîte et qu'il les conservait pour acheter une propriété car sa femme voulait habiter la campagne. »

Faute de mieux j'ai interrogé Angèle Labigre. C'était la servante des Seznec au moment de l'affaire. Elle n'a pas hésité à me dire :

« J'ai vu les dollars. Des pièces avec des aigles dessus. Monsieur en conservait beaucoup dans une boîte que je n'ai plus revue après son départ pour Paris. Madame m'avait souvent dit que ces pièces lui avaient été données par les soldats américains quand elle leur servait de blanchisseuse à Brest. Lorsqu'ils sont repartis pour leur pays, les officiers ont fait une collecte à son intention. »

Il convient d'ajouter que la Bretagne était à l'époque inondée de dollars.

« Les Américains avaient construit à Brest dans le quartier du [...]

de l'innocence de Seznec ne tenait pas. Je termine mon livre en énumérant les conditions qu'il faudrait réunir pour qu'il ne soit pas le coupable. Or ces conditions sont impossibles à réunir. »

Aujourd'hui, en mettant de côté les éléments matériels que la police scientifique permettrait désormais de réunir et qui pourraient peut-être modifier le cours de l'enquête, il est probable qu'un tel suspect, même avec de fortes présomptions, mais sans élément matériel de preuve, sans aveux circonstanciés et – surtout – sans cadavre, serait plus difficilement condamné. Si la polémique sur la culpabilité de Guillaume Seznec reste ouverte, il manque dans cette affaire, du point de vue du criminologue, des réponses à quelques questions essentielles : où, quand et comment Pierre Quémeneur a-t-il été tué ? Quelle preuve concrète a-t-on de sa mort ? Tout le reste, le cas échéant sympathique, romanesque ou bien intentionné, n'est que littérature.

SIEGEL, BUGSY

CI-CONTRE
Benjamin « Bugsy » Siegel est assassiné chez lui le 20 juin 1947.

Avec quelques autres, Benjamin Siegelbaum, dit Bugsy Siegel, est un des personnages emblématiques de la pègre américaine de l'entre-deux-guerres. Il est passé à la postérité pour avoir fondé la Yiddish Connection, symbole de l'ouverture de la Mafia à toutes les composantes de la société américaine, et pour avoir été un des rares gangsters à avoir tenté – ce qui ne lui a pas porté chance – de tromper la confiance de cette organisation criminelle. Il est un des principaux artisans de la création de Las Vegas.

Benjamin Siegelbaum naît en 1906 à New York de parents juifs ukrainiens, et grandit dans le quartier pauvre et interlope de Brooklyn. C'est très jeune qu'il reçoit le surnom de *Bugsy*, « le Dingue », qu'il doit à son tempérament violent et à sa cruauté. C'est très jeune qu'il rencontre Meyer Lansky et qu'il s'associe avec lui. De leur tandem, on a dit que c'était l'union des muscles, de l'audace, de l'impulsivité de l'un, avec l'intelligence et la prudence réfléchie de l'autre. Ensemble, avec quelques autres célébrités du crime organisé, ils feront merveille. Au nombre de leurs activités, en plus du racket : trafic d'alcool (particulièrement lucratif avec la Prohibition), bris de grèves, sans parler, à l'occasion, de quelques crimes à gages.

La réussite de ces entreprises met inévitablement Bugsy Siegel et ses associés en concurrence avec d'autres groupes mafieux. Un des pivots du trafic d'alcool dans les années 1920 est le nommé Joe Masseria, à la tête d'une puissante famille d'origine sicilienne. Après quelques années de voisinage tendu, Bugsy Siegel participe, en 1931, à l'assassinat de Masseria. Cela, en accord avec Lucky Luciano, qui appartenait à l'équipe de Masseria, et avec la bénédiction de Meyer Lansky.

Cela lui vaut de devenir membre de la Commission de la Mafia américaine, véritable saint des saints où se décident les choses importantes. C'est dans ce cadre qu'il prend une part décisive à la création d'une structure très professionnelle, la Murder Incorporated. Il s'agit d'une bande de tueurs à gages qui loue ses services à qui en a besoin. Ce qui ne l'empêche pas de tuer pour son propre compte. Au nombre de ses « clients », on peut par exemple compter un de ses plus anciens amis, Bo Weinberg (cela, semble-t-il, pour éviter qu'il parle, alors qu'il est harcelé par le procureur), le tueur Vincent « Mad Dog » Coll, qui devait éliminer Lucky Luciano pour le compte de Salvatore Maranzano, ou encore les frères Fabrazzo, qui avaient tenté de les tuer, lui et Meyer Lansky.

En 1937, à son tour harcelé par la justice, la situation de Bugsy Siegel à New York devient périlleuse. Plutôt que de l'éliminer – ce qui aurait pu être dans ses manières –, le syndicat du crime décide de l'envoyer en Californie, où l'organisation criminelle n'est pas implantée et où, à l'évidence, les affaires ne manquent pas. A Los Angeles, introduit dans le monde du cinéma par l'acteur George Raft, Bugsy Siegel devient une espèce de coqueluche du monde des artistes. Il multiplie les liaisons avec les actrices, dont la célèbre Jean Harlow, ce qui ne l'empêche pas de se livrer à ses activités favorites, le racket, d'abord des studios de cinéma, ensuite des stars elles-mêmes. Dans la foulée, toujours sur la côte Ouest, il investit, aux côtés de la Mafia de Chicago, The Outfit, dans une entreprise de paris truqués. Ce qui ne va sans devoir éliminer quelques concurrents. La vie, quoi.

En 1945, informé que le Nevada vient d'adopter une législation autorisant paris et jeux de hasard, Bugsy Siegel s'intéresse à une localité perdue au milieu de nulle part, en plein désert : Las Vegas. En 1946, il y crée – il est un des premiers – un établissement luxueux, Le Flamingo, qui constitue le véritable point de départ de cette prodigieuse et florissante oasis du jeu. Cette réalisation ambitieuse signe, pour le petit voyou de Brooklyn, le début de la fin : gestionnaire exécrable, il accumule rapidement les pertes, détourne sans doute des sommes qui auraient dû rester dans le circuit, doit emprunter – au syndicat du crime et à ses anciens associés – des sommes considérables qu'il se trouve dans l'incapacité de rembourser. La sanction tombe à la conférence de La Havane qui, fin décembre 1946, réunit dans la capitale cubaine la

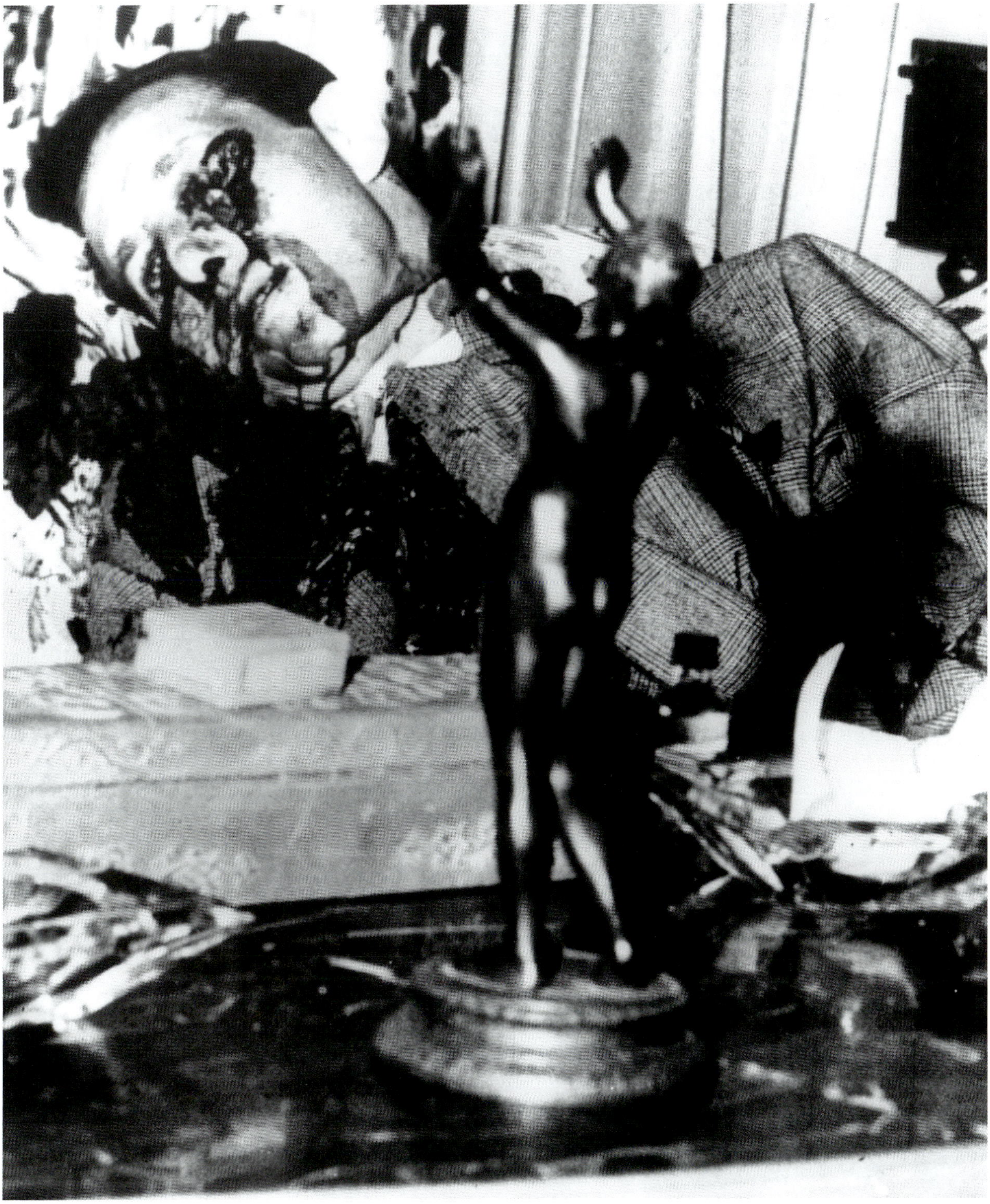

fine fleur du crime organisé. Parmi les décisions figurent le repli géographique de Luciano à Naples, l'investissement dans les jeux à Cuba et l'élimination de Bugsy Siegel.

Il est assassiné chez lui, à Beverly Hills, le 20 juin 1947. Ses affaires et l'essentiel du business des jeux à Las Vegas sont confiés à l'Outfit de Chicago (*voir* : Al Capone).

SOBHRAJ, CHARLES, DIT « LE SERPENT »

CI-CONTRE
Charles Sobraj en 1997. Libéré sous caution, il quitte le tribunal de New Delhi, Inde.

Son surnom, « le Serpent » – certains de ses crimes lui vaudront également le titre de « tueur aux bikinis » –, a plusieurs explications. D'abord, quand il jette son dévolu sur elles, il fascine ses victimes, à la manière du reptile qui magnétise ses proies ; ensuite, il semble avoir un génie particulier pour s'échapper de prison et glisser entre les doigts de ceux qui doivent l'arrêter. Le monde a rarement porté criminel plus séducteur et plus diabolique.

Charles Sobhraj est né le 6 avril 1944 à Saigon, alors française, d'une mère vietnamienne et d'un père indien. Il a trois ans lorsque ses parents se séparent. Le garçonnet est d'abord confié à son père, en Indochine, qui le laisse livré à lui-même, puis rejoint sa mère à Marseille, où elle s'est installée avec son nouveau mari. Malgré une éducation stricte, il verse dans la délinquance et, à 19 ans, connaît sa première peine de prison : trois ans pour divers vols. Moins de deux ans après sa sortie, en 1970, il retourne derrière les barreaux, cette fois-ci pour un vol de voiture. Libéré, il décide de partir à Bombay avec son épouse, Chantal Compagnon.

A son arrivée en Inde, il continue ses vols d'automobiles, mais inaugure ce qui va être son activité principale pendant des années : il détrousse les touristes. En pleine vague hippie, l'Asie est remplie, ces années-là, d'Européens et d'Américains qui viennent demander aux philosophies et aux religions orientales de quoi satisfaire leur besoin de spiritualité.

Un de ses premiers faits d'armes est situé à l'hôtel Ashoka de New Delhi, en 1971. Il prend en otage la chanteuse et danseuse américaine Gloria Mendelik et l'oblige à se faire livrer des bijoux – soi-disant en vue de les acheter – par le joaillier installé au rez-de-chaussée de l'hôtel. Avec un complice, Sobhraj assomme le commis de la bijouterie, dérobe les bijoux et s'enfuit. Il parvient à gagner Bombay, où il est interpellé et incarcéré. En droguant un gardien, il réussit à s'échapper, est repris, emprisonné de nouveau, mais sa femme trouve de quoi payer la caution pour sa libération. Le couple choisit de s'établir à Kaboul en Afghanistan.

Là, tout en continuant à dépouiller les touristes, il poursuit sa vie de petites escroqueries. Une note d'hôtel impayée lui vaut, en 1973, avec son épouse, un nouveau séjour en prison. Il s'en évade, cependant que sa femme, lassée probablement de cette existence, retourne en France. En 1974, il s'évade une nouvelle fois de prison, mais en Grèce cette fois-ci, à Koridalos, où il purgeait une peine pour un nouveau vol de bijoux.

On retrouve Sobhraj en 1975 à Srinagar au Cachemire, où il séduit la Québécoise Marie-Andrée Leclerc, en vacances dans le nord de l'Inde. Il ne la dépouille pas, mais la persuade, au contraire, de le rejoindre l'été suivant en Thaïlande. La jeune femme est subjuguée. Les deux complices forment un couple infernal, complété par un garçon de 21 ans, Ajay Chowdhury, toujours mystérieusement armé d'un couteau, garde du corps de son maître et peut-être exécuteur de ses basses œuvres.

Basé à partir de l'automne 1975 à Kanith House, rue Soladaeng à Bangkok, le trio se fait passer auprès des touristes pour des marchands de pierres précieuses. Sobhraj a mis au point un schéma qu'avec quelques variantes d'exécution il va répéter à de nombreuses reprises : il sympathise avec ses victimes potentielles, les séduit, les drogue, les détrousse et les tue. Et cela aux quatre coins du continent asiatique. Grâce aux passeports de leurs victimes, Sobhraj et ses complices – sans parler de la propension du Serpent à recourir à de multiples pseudonymes – peuvent changer d'identité régulièrement et se déplacer avec une relative tranquillité.

Enquêtant sur la disparition de ses ressortissants, l'ambassade des Pays-Bas arrive à persuader la police thaïlandaise de perquisitionner Kanith House. On y découvre une série de pièces liées aux activités criminelles des occupants, en ...

CI-CONTRE
Charles Sobraj, « le tueur aux bikinis », traduit devant le tribunal de Katmandou en 2003.

... particulier de nombreux objets et papiers ayant appartenu aux victimes.

Affolé, le trio prend la fuite et gagne la Malaisie. C'est là que le jeune Chowdhury disparaît mystérieusement : personne ne le reverra jamais. Puis le couple passe en Inde et retrouve Jean Dhuisme. L'équipe s'enrichit de deux nouvelles recrues, Mary Ellen Eater, 22 ans, Australienne, et Barbara Sheryl Smith, 26 ans, Britannique. Le projet est inchangé : dépouiller les touristes selon le mode opératoire désormais bien rodé. La police ne tarde pas à découvrir la véritable dimension – et le nombre des forfaits – de celui qu'elle a sous les verrous, d'autant que les deux dernières recrues avouent le meurtre de Luc Salomon.

En 1977, en prison, en l'attente de son procès, Charles Sobhraj donne un long entretien au journaliste américain Richard Neville – si détaillé qu'il pourra, quelques années plus tard, en faire un livre, *The Life and Crimes of Charles Sobhraj* –, et lui avoue de manière crue l'ensemble de ses crimes. Il essaie de transformer son procès en grand spectacle, ce qui ne l'empêche pas d'écoper de douze ans de prison, peine très légère qu'on soupçonne Sobhraj de devoir à des manœuvres de corruption des juges... Les deux jeunes femmes, l'Australienne et l'Anglaise, prennent deux ans, Jean Dhuisme, faute de preuves, est relaxé, et Marie-Andrée Leclerc condamnée à six ans. Malade, elle sera libérée en 1983 et mourra chez elle, au Québec, l'année suivante.

En prison à New Dehli, Sobhraj mène la belle vie. Télévision, musique, téléphone, visites, nourriture de qualité : rien ne lui est refusé. Il corrompt gardiens et administration pénitentiaire, et négocie, cher, des interviews où il se met en scène à son avantage, parvenant à se faire admirer dans le rôle de tueur en série. En mars 1986, pour le dixième anniversaire de sa captivité, il donne une grande fête à la prison. Et il distribue, comme il se doit, de massives doses de somnifère autour de lui : après s'être régalé de sucreries, les gardiens s'endorment d'un profond sommeil, ce qui lui permet de s'évader. Mais il est repris trois semaines plus tard, dans la région de Goa : c'est exactement ce qu'il souhaite. Il reprend dix ans de prison supplémentaires, ce qui lui permet d'échapper à la demande d'extradition de la Thaïlande, où il est sous le coup d'un jugement pour meurtre, et exposé – ce qui ne lui plaît guère – à la peine capitale.

Finalement, après vingt et un ans de détention plutôt confortable, il est libéré le 17 février 1997. La demande d'extradition de la Thaïlande est caduque, et il peut revenir au pays. Il s'installe à Paris, dans le quartier de la place d'Italie, où il engage un agent pour négocier interviews et adaptations au cinéma de son parcours criminel.

Pourquoi se rend-il au Népal en 2003 ? Il aurait fait part de sa volonté de retrouver l'Asie. On lui prête d'avoir voulu monter un projet humanitaire. On dit qu'il voulait créer un commerce de textile. Les criminels ont leur mystère. Toujours est-il qu'à Katmandou il est reconnu par un journaliste, interpellé dans un casino de la ville et, en 2004, condamné à la prison à vie pour le meurtre de la jeune Américaine rencontrée et tuée dans cette ville en décembre 1975.

Fidèle à son habitude, il tente, en 2004, de s'échapper de prison : sans succès. En 2005, il fait appel de son jugement : sa demande est rejetée. Il renouvelle sa tentative en 2010 : identique refus. Sa défense tient au fait que le Népal n'est pas formellement en mesure de prouver qu'il était bien sur son territoire à la date du crime. Et pour cause, il a passé son existence à utiliser de fausses identités... Encore et toujours, de toutes les façons, « le Serpent » essaye de se faufiler entre les barreaux de ses geôles.

SPAGGIARI, ALBERT

CI-CONTRE
Albert Spaggiari, cerveau du gang des égoutiers lors du « casse du siècle » à Nice en 1976.

Albert Spaggiari a sans doute en France été un des premiers bandits médiatiques. Il a également été un des premiers et des plus emblématiques à se faire ravir la paternité des faits qui avaient assuré sa célébrité. Pour tout le monde, il est le cerveau du gang des égoutiers qui, à Nice en 1976, a réalisé le « casse du siècle ». Depuis 2010, et à la suite des confessions d'un truand marseillais, il semble que cette responsabilité ait été usurpée. Ce qui n'ôte rien au panache – ni probablement non plus à la légende – de Spaggiari.

Les trente premières années d'Albert Spaggiari sont marquées par une grande instabilité et pas mal de médiocrité. Il naît en décembre 1932 à Laragne, dans les Hautes-Alpes, dans une famille d'origine italienne. Il perd son père quand il a 3 ans et se retrouve avec sa mère, qui se remarie, à Hyères, où elle exploite un commerce de lingerie. Il fugue, une première fois, à 16 ans, pour retrouver un certain Salvatore Giuliano, qui anime la branche armée d'un éphémère mouvement pour l'indépendance de la Sicile. L'année suivante, à 17 ans, il s'engage au 3e bataillon de parachutistes coloniaux, et part en Indochine où il est blessé deux fois et décoré. L'attaque à main armée, le 31 janvier 1953, d'un bistrot à soldats, le « Milk Bar », à Hanoi, lui vaut cinq années de travaux forcés et une interdiction de séjour en Indochine. Transféré en France, il est écroué à la prison marseillaise des Baumettes, mais bénéficie d'une remise de peine et est libéré en 1957. Les années suivantes, il se marie, va s'installer au Sénégal, où il est employé par la société de serrurerie Fichet-Bauche – spécialisée dans les coffres-forts – il n'y a sans doute pas de hasard. Au début des années 1960, il revient en France et s'engage dans l'OAS, prétend avoir été chargé d'une mission, annulée à la dernière minute, pour abattre le général de Gaulle, et se fait arrêter le 27 février 1962 à Villefranche-sur-Mer dans une imprimerie clandestine qui travaille pour l'OAS. Incarcéré à nouveau, il est libéré trois ans plus tard, en 1965, et rejoint les rangs de ceux qui ne se consolent pas que l'Algérie ait cessé d'être française. Il s'installe à Nice où, en 1968, il ouvre un magasin de photo. Il habite l'arrière-pays, une bergerie rénovée sur la commune de Bézaudun-les-Alpes. Il a baptisé sa propriété *Les Oies sauvages*, du nom d'un chant militaire, popularisé dans la Légion étrangère, inspiré d'un chant des Jeunesses hitlériennes. Il a pris soin sur la pancarte où il calligraphie ce nom que les deux SS aient l'allure du sigle nazi.

Photographe, ses affaires prospèrent gentiment, mais il s'ennuie. C'est dans ce contexte qu'il a l'idée de ce qui deviendra le « casse du siècle ». La version qu'il en a donnée, notamment dans un livre qui a fait beaucoup pour sa popularité, *Les Egouts du paradis*, a peu ou prou jusqu'en 2010 été considérée comme proche de la vérité. A cette date, elle a été contredite par un autre livre, de celui qui se présente comme le véritable cerveau de l'opération.

Spaggiari assure avoir été inspiré par le roman de Robert Pollock *Tous à l'égout* (Gallimard, Série noire, 1974) qui imagine le cambriolage d'une banque en passant par les sous-sols. Il apprend, raconte-t-il, que la salle des coffres de la Société Générale de Nice n'est protégée par aucune alarme. Deux ans avant le vol, il y aurait loué – toujours selon ses dires – un coffre où il aurait déposé un réveil réglé pour sonner la nuit, ce qui lui aurait permis de vérifier l'absence de système de détection de vibrations. Il aurait alors exploré les dessous de la ville, à partir du Paillon, fleuve en partie couvert qui passe sous le palais des Expositions et qui, par des boyaux tortueux, permet de rejoindre le réseau des égouts. Ce repérage accompli, persuadé que le percement d'un tunnel est possible, il aurait recruté son équipe, une quinzaine d'hommes qui se seraient mis au travail le 7 mai 1976. Il s'agit de réaliser un tunnel de 8 mètres de long dans un sol difficile, de l'étayer au fur et à mesure, puis de percer ensuite le mur d'1,80 mètre de béton de la salle des coffres. Le travail, qui nécessite un matériel important, lourd, se réalise la nuit, évidemment sans engin mécanique. Pour compliquer les choses, les « tunneliers » doivent cesser de travailler quelques jours avant le 9 juillet 1976, date d'une visite du président de la République à Nice, la présence policière rendant leurs rassemblements nocturnes trop risqués. ...

CI-CONTRE
En 1977, Albert Spaggiari s'évade en sautant sur le toit d'une voiture du 2e étage du palais du justice de Nice. Un complice l'attend en moto.

… Finalement, le 16 juillet, ils pénètrent dans la banque. C'est un vendredi soir, les cambrioleurs vont rester sur place tout le week-end mais ne pouvoir ouvrir « que » 371 coffres sur 4 000. Ils repartent avec un butin de 50 millions de francs de l'époque (équivalant, a-t-on estimé, à une trentaine de millions d'euros de 2012), mais doivent quitter les lieux le dimanche matin, gênés dans leur entreprise par la pluie qui fait monter le niveau d'eau dans les égouts. Sur un mur, en guise d'adieu, Spaggiari laisse cette formule qui le rendra célèbre et qui deviendra le titre d'un film consacré à sa vie : « Ni armes, ni violence et sans haine ». C'est le seul indice que les malfaiteurs laissent sur place.

La police recoupe les éléments qu'elle possède. Un indicateur l'a informée qu'une équipe préparait un gros coup. Plusieurs individus suspects, mais contre lesquels rien n'avait pu être retenu.

Spaggiari, pour sa part, est en voyage officiel au Japon, photographe de Jacques Médecin, le député-maire de la ville. Le 27 octobre 1976, il est interpellé à sa descente d'avion. On fouille sa bergerie et on y trouve, soigneusement cachées, des armes de guerre. Spaggiari commence par nier, puis demande à rencontrer un haut représentant de la police. A Honoré Gévaudan, directeur adjoint de la police judiciaire, qui lui promet contre ses aveux que sa femme ne sera pas inquiétée pour recel d'armes et de matériel de première catégorie, il confie avoir bien été le cerveau du casse de Nice. Et il donne une dimension politique à son geste, expliquant que le vol était destiné à financer une organisation secrète italienne d'extrême droite, en cours de constitution, la Catena.

Incarcéré à Nice, il s'échappe, le 10 mars 1977, après cinq mois de détention, du cabinet du juge d'instruction Richard Bouazis. Il saute par la fenêtre et atterrit sept mètres plus bas, sur le toit d'un véhicule, où d'anciens camarades de l'OAS le prennent en charge. Pour l'anecdote, il enverra, pour le dédommager, un mandat de 3 000 francs au propriétaire de la Renault 6 qui a servi d'amortisseur.

Spaggiari disparaît en Amérique du Sud. D'abord au Brésil, puis en Argentine où il achète une grande propriété, se marie une deuxième fois et se fait pratiquer une opération de chirurgie esthétique. Il passe encore au Chili, en Espagne, dans le nord de l'Italie, et transite, de temps en temps, assure-t-il, par Paris et il se cache à Puteaux. En 1978, il publie le récit de ses exploits, qui le rendra encore plus riche et célèbre : *Les Egouts du paradis*. Le livre, l'année suivante, sera adapté au cinéma par José Giovanni, avec Francis Huster dans le rôle principal.

Le 23 octobre 1979, il est condamné à perpétuité par contumace. Cinq complices identifiés – et présents – prennent des peines de huit ans. Il passe le reste de sa vie à jouer de son statut de fille de l'air et à narguer la police. Il écrit à la presse, donne des interviews télévisées. Pour la sortie de son troisième livre, *Journal d'une truffe*, qui raconte sa jeunesse, il se fait même interviewer à Milan par Bernard Pivot, pour son émission *Apostrophes* le 3 juin 1983.

Il meurt d'un cancer de la gorge, le 8 juin 1989, toujours en cavale, dans le nord de l'Italie. Sans rien dire ni demander à personne, sa femme transfère discrètement son corps en France, dans un camping-car. Elle le conduit jusqu'au domicile de la mère du voyou en cavale, à Hyères. Il sera inhumé dans son village natal.

L'homme a fini par devenir une véritable légende, mélange de sympathique trompe-la-mort, de voyou au grand cœur, et aussi de militant d'extrême droite, le cigare et le sourire perpétuellement aux lèvres, obsédé par sa liberté.

9748-RUD
99·48·50
LOUEZ VOTRE TELEVISEUR
LOCATEL

TRIADES

CI-CONTRE
L'Année du dragon, film de Michael Cimino (1939-2016) avec Mickey Rourke en 1985.

Moins connues en France que la Mafia italienne ou les yakuzas japonais, les triades chinoises comptent parmi les organisations criminelles les plus puissantes et les plus globalisées du monde.

Leur lointaine origine remonte au XVIIe siècle, quand des moines du monastère de Shaolin ont créé, par patriotisme, des sociétés secrètes pour résister à l'expansion de l'Empire mandchou. Les membres de ces sociétés utilisaient un langage codé, des signes de reconnaissance secrets, et ils maîtrisaient des techniques de combat, issues du monastère de Shaolin, elles aussi tenues secrètes. L'emblème des triades était le triangle.

Au XIXe siècle, ces sociétés étaient des organisations à la fois politiques, économiques, sociales, caritatives, et fonctionnaient comme des syndicats, qui contrôlaient certaines activités économiques souvent sous la coupe des patrons. De 1790 à 1906, elles ont été soupçonnées de nombreuses rébellions. On a dit que Sun Yat-sen, premier président de la république de Chine, en aurait été membre.

C'est à cette époque – deuxième moitié du XIXe siècle – qu'elles ont connu une évolution comparable à celle des yakuzas au Japon, une lente dérive vers le crime organisé, contrôlant en particulier les jeux, le commerce de l'alcool, celui de l'opium, la prostitution, et pratiquant une violence gratuite au service de leurs seuls intérêts.

Au XXe siècle, elles ont lutté contre les communistes, soutenu le régime de Chiang Kai-shek, et pendant l'occupation de la Chine par le Japon ont été, un temps – par anticommunisme –, alliées des Japonais. En 1949, à la victoire de Mao, les communistes les déclarent hors la loi. Elles quittent donc la Chine populaire, pour s'installer à Hong-Kong, Macao ou Taiwan, mais également en Birmanie, en Thaïlande, ou sur la côte ouest des Etats-Unis (où les triades étaient présentes depuis la grande migration chinoise de la fin du XIXe siècle). On estime qu'elles regroupent à l'époque plusieurs centaines de milliers de membres.

Apres avoir tenté de les éradiquer, le gouvernement chinois a d'abord cherché à s'en servir à l'extérieur de son territoire, puis, constatant une trop forte montée en puissance, il a recommencé à mettre en place des politiques de lutte contre les organisations criminelles, notamment inspirées par le professeur He Bing Song, de l'université de droit et de sciences politiques de Beijing, avec lequel je travaille.

Selon la police chinoise, les triades – qui, entre autres, semblent contrôler la moitié du commerce mondial d'opium et de ses dérivés, dont l'héroïne – compteraient plus d'un million et demi de membres. Les principales sont :

— Wo, la plus ancienne, installée à Hong-Kong,
— Sun Yee On, la plus importante, créée à Canton,
— 14 K, créée à Canton,
— Bambou Uni,
— Quatre Mers, créée à Taiwan,
— Garçons du Grand Cercle, qui a la particularité d'avoir été créée par d'anciens Gardes rouges.

Les noms des responsables sont fixés par des dénominations « exotiques » : le chef est « le Maître de la montage », « la Tête de dragon » ou 489 ; le secrétaire administratif, chargé des finances du groupe, est « l'Eventail de papier blanc » ou 415 ; le responsable de la police interne est « le Bâton rouge » ou 426 ; les membres sont les « 49 », et « les Lanternes bleues » sont les futures recrues, évidemment sans numéro. La « Sandale de paille » est délégué aux affaires extérieures, le « Maître des encens » est chargé du recrutement des nouveaux membres...

Roger Faligot a publié deux ouvrages parfaitement documentés et passionnants sur le sujet, *L'Empire invisible* (1996) et *La Mafia chinoise en Europe* (2001). Quant au film de Michael Cimino, *L'Année du dragon* (1985), il donne des triades un portrait qui, pour être inquiétant, n'en est pas moins saisissant.

Il est assez fou pour croire
qu'il peut nettoyer Chinatown.
L'ANNÉE DU DRAGON
UN FILM DE
MICHAEL CIMINO
DINO DE LAURENTIIS présente
un film de MICHAEL CIMINO « L'ANNÉE DU DRAGON »
avec MICKEY ROURKE • JOHN LONE • ARIANE
musique composée par DAVID MANSFIELD Responsable de production FRED CARUSO d'après le roman de ROBERT DALEY
Scénario de OLIVER STONE et MICHAEL CIMINO produit par DINO DE LAURENTIIS mis en scène par MICHAEL CIMINO

TUEURS À GAGES

CI-CONTRE
La députée Galina Starovoitova (1946-1998), 52 ans, abattue par un tueur à gage dans la cage d'escalier de son immeuble à Saint-Pétersbourg, Russie.

Il ne tue ni par plaisir, ni par dérangement psychiatrique, encore moins par vengeance ou pour dérober quoi que ce soit à sa victime, mais simplement parce qu'il est payé pour cela. C'est le tueur à gages. Personnage récurrent des fictions, écrites ou filmées, ce professionnel « indépendant » qui, sans le moindre état d'âme, ne vit que de meurtres, est-il seulement une réalité ? Par nature, le tueur indépendant est le cauchemar de la police et des criminologues. Sans autre lien de subordination avec le commanditaire qu'un contrat de prestation de service, sans aucune relation préalable avec la victime, il est très difficile à appréhender. Son mode opératoire habituel – s'il n'en change pas – ou sa « spécialité » – s'il en a une – peuvent seuls permettre des recoupements. C'est souvent mince.

Il n'est pas question ici des groupes de professionnels, rattachés à des gangs ou des mafias, dont la spécialité est l'élimination physique des personnes. Ce fut la raison d'être de la Murder Incorporated qui tuait pour les gangsters de la Mafia américaine. De même qu'il y a des spécialistes de l'ouverture des coffres-forts ou de la transformation de l'opium, il y a des spécialistes de l'assassinat. Ce sont des professionnels, et c'est une autre affaire.

Il n'est pas non plus question ici des hommes ou des femmes des services secrets qui, à l'instar du très théorique agent 007 de Sa Gracieuse Majesté, posséderaient un « permis de tuer ». Espionnage – surtout de fiction – et raison d'Etat sortent du cadre de cet ouvrage.

Une question se pose au criminologue : existe-t-il vraiment des tueurs à plein temps, agissant en *free lance*, qui vivraient convenablement de leur art ? Ou bien ces personnages font-ils partie de la mythologie criminelle et n'existent-ils que dans les œuvres de fiction ? Si beaucoup de voyous tuent pour de l'argent, il semble que bien peu ne portent que cette casquette de tueur à gages. Cette activité est complétée par d'autres, ou vient en complément d'autres. On estime que, chaque année, le FBI et la London Metropolitan Police enquêtent sur moins de cent meurtres commis par des tueurs à gages, à qui ces jobs rapportent chacun entre quelques centaines et 25 000 dollars. En Russie, où le phénomène a pu être un peu plus développé, on constate la même réalité : les tueurs à gages sont rarement employés à temps plein par cette activité, qui, du reste, peinerait à les faire vivre.

Avec des exceptions. Andrei Konstantinov, journaliste à Saint-Pétersbourg spécialisé dans le crime, assure que l'assassinat de la députée russe Galina Starovoitova en 1998 a été l'objet d'un contrat d'un montant de 150 000 dollars. Toujours en Russie, a été identifié un véritable tueur à gages professionnel, Alexander Solonik, ancien militaire et policier, surnommé Sasha Makedonsky, « Sacha le Macédonien », pour son habileté à tirer des deux mains – qui serait l'apanage des habitants de cette région. D'après Konstantinov, ses honoraires, assez élevés, se seraient habituellement établis, par contrat, à quelques dizaines de milliers de dollars. Il a été retrouvé, le 2 février 1997, à 20 kilomètres au nord d'Athènes, étranglé et emballé dans des sacs en plastique. Ce sont les risques du métier.

Le premier film du genre est sans doute *Tueur à gages* (*This Gun for Hire*), film noir américain, réalisé par Frank Tuttle en 1942, adapté du roman éponyme de Graham Greene ; *Assassins* de Richard Donner, en 1995, met en présence et en compétition deux tueurs, l'un, au sommet de son art, mais vieillissant, Robert Rath, interprété par Sylvester Stallone, l'autre, qui est un jeune loup totalement déjanté, Miguel Bain, incarné par Antonio Banderas.

La veine est également exploitée sur le thème de la comédie de couple dans *Mr et Mrs Smith*, en 2005, un mari et sa femme – Brad Pitt et Angelina Jolie – semblant tous les deux mener des vies normales, et se rendant compte qu'ils doivent chacun exécuter un contrat portant l'un sur l'autre...Il faut garder une pensée émue pour Anton Chigurh (Javier Bardem), tueur à gages totalement psychopathe du film *No Country for Old Men,* des frères Joel et Ethan Coen (2007), qui exécutait ses contrats à l'aide d'un pistolet pneumatique artisanal dont il passe le film à traîner l'énorme bonbonne.

Les deux tueurs à gages les plus originaux du cinéma sont sans doute le célèbre *Léon* de Luc Besson, où Jean Reno, reprenant en quelque sorte le rôle de Viktor le nettoyeur de *Nikita*, incarne un tueur solitaire et lunaire, amoureux d'une plante verte, qui se retrouve à devoir protéger une jeune fille de policiers véreux et trafiquants de drogue, ou encore le plus étonnant *Ghost Dog, la voie du samouraï*, de Jim Jarmusch, sorti en 1999, dans lequel l'excellent Forest Whitaker incarne un tueur indépendant persuadé d'être le vassal féodal japonais d'un minable truand italien lui ayant sauvé la vie dans son adolescence... Ce film se conclut par une phrase du code d'honneur des samouraïs qui pourrait être le principe commercial de tout tueur à gages indépendant : « Dans toute chose la fin est importante. »

CI-CONTRE

Paris la nuit dans le quartier de Pigalle, 1966.

de **VANVERBERGHE, FRANCIS, DIT « FRANCIS LE BELGE »**

VZ

À ZAMPA, GAËTAN, DIT TANY

SPHINX
CABARET FLOOR SHOW
SPHINX

VANVERBERGHE, FRANCIS, DIT « FRANCIS LE BELGE »

CI-CONTRE
Francis Vanverberghe dit « Le Belge », un des parrains du milieu marseillais arrêté pour trafic de drogue le 11 Avril 1973.

Légende du gangstérisme marseillais, le « Belge », dont le surnom digne d'Audiard fleure bon le roman ou le film de gangster, a été, à son époque, en dépit de son physique agréable, un des parrains parmi les plus terribles de Marseille.

Francis Vanverberghe, dit « le Belge », naît le 3 mars 1946 à Marseille, dans le quartier populaire de la Belle-de-Mai, où il grandit. Peu attiré par l'école, une blessure l'empêchera de réaliser son rêve, devenir footballeur. Qu'à cela ne tienne : il sera voyou ! Il a 16 ans quand il est arrêté pour la première fois pour vol à la roulotte. D'un physique avantageux, il se tourne vers le proxénétisme, ce qui lui vaut une première condamnation en 1965 – il a 19 ans – à quinze mois de prison. A sa sortie, en 1967, il se bat avec des policiers venus interpeller son beau-frère Antoine Cossu – dit Tony l'Anguille – et écope d'un an de prison ferme. Il prend la tête d'une bande dite « de la Belle de Mai », dont les activités émigrent de ce quartier périphérique vers ceux du Panier et de l'Opéra, au cœur du milieu. Il fréquente également la bande des « Trois Canards », du nom d'un bar parisien de Pigalle, où nombre de carrières criminelles se forgent à cette époque. C'est là qu'il rencontre notamment Jacky le Mat (*voir* : Imbert, Jacques), qui deviendra son allié, et « Tany » Zampa, qui sera son ennemi. Pour l'heure, à la fin des années 1960, tous ces jeunes gens marchent ensemble.

En 1968 – il n'a pas perdu de temps, il a 22 ans –, Francis le Belge fait son entrée au fichier du grand banditisme.

Fin des années 1960, début des années 1970 : la grande affaire du moment est la French Connection, lucrative filière de raffinage et d'acheminement de drogue vers les Etats-Unis. Le Belge en est un des acteurs majeurs.

Fin 1973, Francis le Belge est à nouveau condamné pour proxénétisme aggravé, détention d'armes et faux papiers : trois ans de prison ferme. Mais surtout, le 1er juillet 1977, il est jugé pour trafic d'héroïne et prend douze ans. Le Belge sera libéré pour bonne conduite en 1984, non sans avoir, en prison, beaucoup lu et exercé l'activité de comptable.

Interdit de séjour dans la région parisienne, en région Rhône-Alpes et en Provence-Alpes-Côte d'Azur, il gère ses affaires du nord de la France où il s'est installé avec Lydie Fleury, serveuse de bar, qui n'a rien à voir avec le milieu et dont il est vraiment amoureux.

Malgré les interdictions judiciaires, il se rend souvent dans le Midi, pour surveiller ses intérêts. En particulier quand Tany Zampa meurt en prison, en août 1984. A cette époque, Jacky le Mat tient Marseille, le Belge le reste des Bouches-du-Rhône.

Après quelque temps de cavale, Francis le Belge est interpellé en 1988 en Belgique, où il purge six mois pour possession de faux papiers, et est extradé en France. Il sera libéré en 1992 de sa détention préventive contre une caution d'un million et demi de francs (un peu plus de 200 000 euros) et finalement relaxé le 16 février 1998. Cette incarcération abusive lui vaudra, après une action devant la justice européenne, une indemnisation substantielle de l'Etat français que le Belge se mettra en mesure d'offrir à l'Abbé Pierre, qui la refusera…

Pendant sa détention commence ce que la presse appelle la « guerre des boîtes de nuit ». Embrouillée au possible, mettant en présence de multiples factions, jalonnée de coups tordus et de trahisons, cette longue série de règlements de comptes commence avec la mort de José, frère de Francis : une bonne vingtaine de morts suivront.

Ces affrontements cesseront en 1994 après une vaste opération de police au cours de laquelle

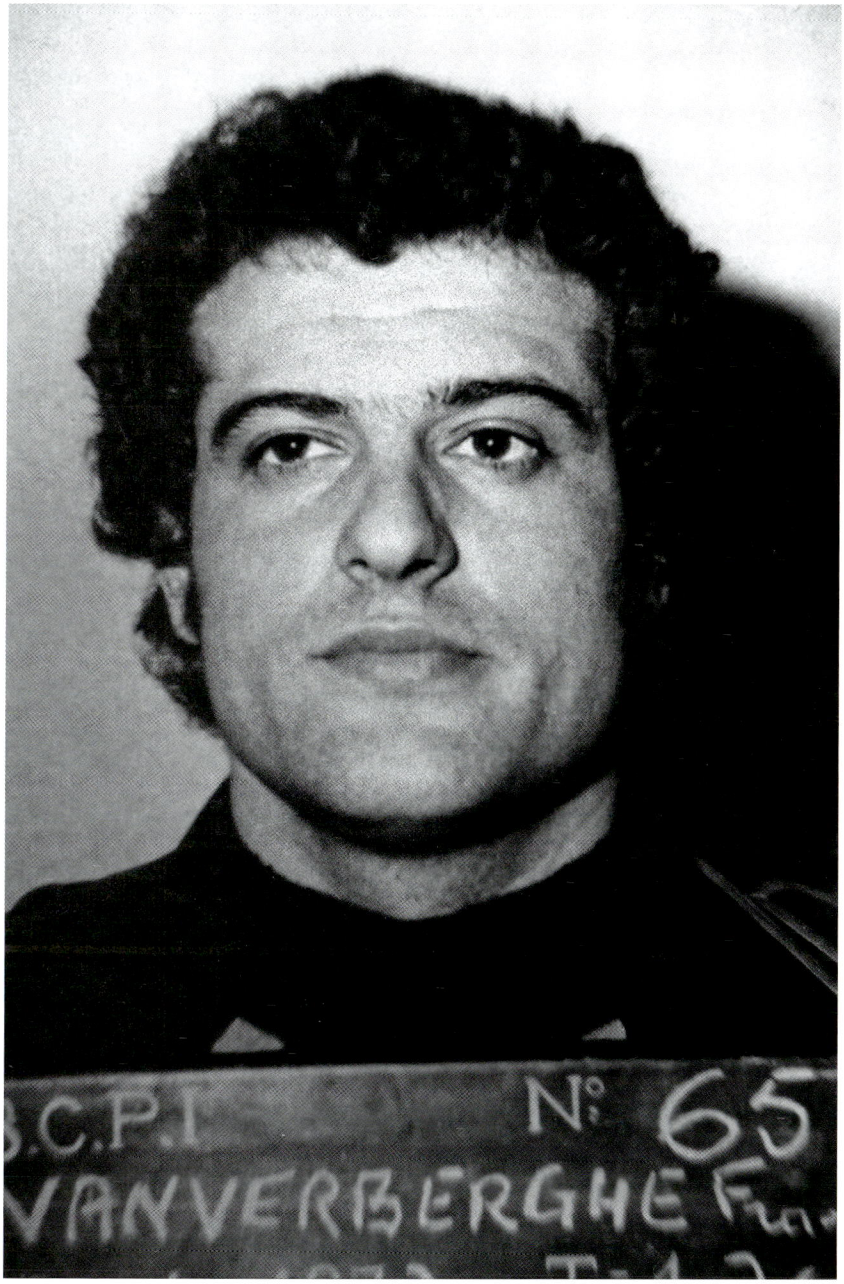

Vanverberghe et le Mat sont arrêtés. Mais le Belge est libéré le 14 décembre 1994, faute de preuves. Il rétrocède la plupart de ses intérêts à Jacky Imbert et s'installe à Paris, du côté des Champs-Elysées, où, bourgeoisement marié à Lydie Fleury, il dissimule ses rentrées d'argent illégales en rachetant des tickets gagnants de PMU ou de Loto. Il est à nouveau arrêté pour proxénétisme aggravé le 22 mars 2000 et relâché contre une caution de 800 000 euros le 16 mai suivant.

Sa carrière prend fin le 27 septembre 2000, abattu de sept balles de 11,43 par un commando à moto, alors qu'il jouait aux courses à l'« Artois Club ».

Sa fille Sylvie Borel a publié un livre assez bien documenté, *Mon père Francis le Belge* aux Editions Jean-Claude Lattès (2005), adapté à la télévision en 2010.

VIDOCQ, FRANÇOIS

CI-CONTRE
Portrait de François Eugène Vidocq, ancien bagnard devenu chef de la sûreté puis créateur de la première agence de détectives privés en France.

François Vidocq est un véritable personnage de roman. Beaucoup de romanciers – et des plus grands – ont choisi Vidocq comme modèle de leurs personnages inventés.

Eugène-François Vidocq est né le 24 juillet 1775, à Arras. Son père est un boulanger aisé qui aurait pu préparer son fils à prendre tranquillement sa succession, mais le jeune garçon est turbulent. La période troublée de la Révolution encourage sa propension à la délinquance et, en 1796, il est condamné à huit ans de travaux forcés par le tribunal de Douai. Incorporé dans la chaîne à Bicêtre pour rejoindre Brest, il tente une première fois de s'évader – sans succès – dans la forêt de Compiègne, puis une nouvelle fois, arrivé à destination, mais se blesse en sautant un mur d'enceinte. Un mois plus tard, persévérant, il réussit à se procurer des vêtements de matelot, à fausser compagnie à ses gardiens et à quitter le bagne. Il poursuit sa carrière criminelle, ce qui lui vaut d'être à nouveau envoyé au bagne, mais à Toulon cette fois-ci, en 1799, d'où il s'évade l'année suivante.

On ne sait pas grand-chose de sa vie avant 1809, quand il vient se proposer comme indicateur dans la police parisienne, qui utilisait à l'époque de nombreux auxiliaires de cette sorte. Ses réussites sont telles qu'après seulement deux ans de collaboration il est nommé à la tête de la Brigade de Sûreté, composée d'agents en civil, souvent d'anciens forçats ou condamnés, chargés, assez librement par rapport à la procédure pénale, d'infiltrer les milieux de la délinquance. François Vidocq reste à ce poste entre 1811 et 1827, revendiquant trois fois plus d'arrestations que la police traditionnelle. Ce qui vaut à ses méthodes et à ses hommes d'être décriés par elle. Il n'hésiterait pas à monter des « affaires » de toutes pièces, à fabriquer des conjurations politiques inventées, et à s'appuyer sur tout ce que la société a de plus vil et corrompu, pour ne pas dire de pourri. Louis Canler, qui succédera à Vidocq à la tête de la Sûreté, décrira de manière assez précise dans ses *Mémoires* ces méthodes et manipulations qu'il désapprouve.

L'opposition avec la police devient trop vive et, en 1827, Vidocq démissionne. Installé à Saint-Mandé, il crée une usine de pâte à papier, comptant sur les services rendus et sa notoriété pour asseoir sa petite entreprise. En réalité, à tenter de mettre au point et de commercialiser un papier infalsifiable, il se ruine.

En 1828, écrites par des « teinturiers », c'est-à-dire des écrivains chargés de transcrire ses notes, il publie ses *Mémoires*. Il y en aura plusieurs versions, souvent rectifiées, parfois contradictoires, ce qui rend leur intérêt historique discutable.

Ruiné, par ses mauvaises affaires et sans doute par de mauvais placements, il reprend brièvement la tête de la Sûreté en 1832, puis fonde le « Bureau de renseignements universels », premier cabinet de détective privé de la place de Paris. A destination des commerçants, il propose des enquêtes économiques sur leurs concurrents et leurs clients. Sa devise semble sortie d'un roman : « Haine aux fripons, dévouement sans faille au commerce ». Il s'occupe également d'autres enquêtes d'ordre privé.

Cette concurrence ne plaît pas à la police officielle et sans doute moins encore à certains négociants habitués à naviguer dans une certaine obscurité commerciale. Aussi est-il arrêté deux fois, en 1838 et 1842, et tous ses dossiers saisis. Malgré une année d'incarcération pour la deuxième affaire, il sera chaque fois blanchi des accusations portées à son encontre.

Outre ses *Mémoires*, il publie *Les Voleurs* en 1836, une des premières études complètes sur ce milieu, un *Dictionnaire de l'argot* la même année, *Quelques mots*, en 1844, réflexion sur la prison et le bagne. Et encore *Les Vrais Mystères de Paris* en réaction au livre d'Eugène Sue, et *Les Chauffeurs du Nord*, souvenirs du temps où il fréquentait les membres de ces bandes.

En plus de son trajet singulier, Vidocq se distingue ainsi pour avoir probablement été le premier policier à faire commerce de ses souvenirs. Il aura beaucoup de successeurs. Il meurt à Paris lors de l'épidémie de choléra le 11 mai 1857. On ne sait pas où il est enterré.

Il a directement inspiré Balzac pour le personnage de Vautrin, et Victor Hugo s'en est très certainement servi pour animer les personnages de Javert, policier, et Jean Valjean, ancien bagnard repenti des *Misérables*. Le personnage de Vidocq a été le héros de nombreux films. Le premier a sans doute été *La Jeunesse de Vidocq ou Comment on devient policier*, en 1909, avec Harry Baur. Depuis un siècle, de Claude Brasseur à Gérard Depardieu, on ne compte plus les interprètes de ce personnage de légende.

WHITMAN, CHARLES

CI-CONTRE
Mémorial en hommage aux 17 victimes de la fusillade de masse sur le campus universitaire le 1er août 1966, Austin, Texas, États-Unis.

Charles Whitman a réalisé un fantasme de fiction criminelle : grimper dans un bâtiment élevé et, sans raison, tirer aveuglément sur une foule. Le massacre qu'il a ainsi accompli le 1er août 1966 à l'université d'Austin, au Texas, a causé la mort de seize personnes et fait une trentaine de blessés.

Charles Joseph Whitman naît en 1941 à Lake Worth (Floride), dans une famille de la bourgeoisie moyenne. Intelligent, il se distingue, très jeune, par son goût, à la limite de la passion, pour les armes à feu. A 18 ans, il s'engage dans les Marines. A la fin de son engagement, il se marie – son épouse enseigne la biologie –, et tout en multipliant les petits emplois, s'inscrit à l'université où il suit des études d'architecture.

En 1966, il s'inquiète de signes de dérangement mental. A-t-il été perturbé par le divorce de ses parents ? Est-il atteint d'une tumeur au cerveau ? Toujours est-il qu'il se plaint également d'importants maux de tête et qu'il consulte des psychiatres, conscient, explique-t-il, d'être parfois atteint d'une sorte de dédoublement de la personnalité qui le rend parfois violent.

La veille de la fusillade, en fin de journée, il commence à rédiger ce qui apparaît comme un testament. « Je ne comprends pas bien ce qui me pousse à écrire cette lettre. Peut-être est-ce pour laisser quelques vagues raisons à mes actions récentes. Je ne me comprends pas très bien moi-même ces derniers temps. Je suis supposé être un jeune homme moyen, charmant et raisonnable. Néanmoins, ces derniers temps (je ne sais pas exactement quand cela a commencé) j'ai été victime de beaucoup de pensées irrationnelles et inhabituelles. » Dans cette note, il confie le projet de tuer sa mère et son épouse pour leur éviter de continuer à souffrir dans ce monde. A 3 heures du matin, le 1er août, il reprend son espèce de journal, indique l'heure, puis la mention *both dead*, « l'une et l'autre sont mortes » : son projet est accompli.

Il prévient les employeurs des deux femmes qu'elles ne viendront pas travailler ce jour-là, puis charge une camionnette – préalablement louée – d'un petit arsenal et se rend sur le campus de l'université du Texas. Il y arrive en fin de matinée. Il commence par assommer la réceptionniste, puis abat deux personnes venues lui porter secours, et grimpe sur le toit du bâtiment. De là il se met à tirer sur les étudiants qui s'agitent en dessous de lui. Il faudra une heure et demie avant que des tireurs professionnels parviennent à le neutraliser. Alors qu'il continue à tirer sur la foule, il est abattu. Bilan : seize morts, plus de trente blessés – dont David Gunby, atteint d'une balle dans un rein, qui, plus de trente-cinq ans après la tuerie, en 2001, mourra d'une insuffisance rénale de l'autre rein, ce qui permettra de l'estimer tué par meurtre et de le considérer comme une dix-septième victime de Whitman.

L'autopsie pratiquée sur le tueur montre une importante tumeur au cerveau, précisément fixée sur l'hypothalamus, ce qui peut avoir expliqué altération du jugement et comportement violent. Ce qui n'enlève pas le fait que Whitman avait consulté psychologues et psychiatres à plusieurs reprises pour faire part de ses problèmes. « J'ai parlé avec un médecin durant environ deux heures, peut-on lire dans des notes consignées quelque temps avant le drame, et j'ai tenté de lui transmettre mes peurs au sujet des écrasantes pulsions violentes que je sentais venir. Après cet entretien, je n'ai jamais vu ce docteur à nouveau, et après j'ai dû lutter seul contre mon trouble mental, apparemment en vain. »

Le 29 mars 1966, Whitman avait effectivement consulté le Dr Maurice Dean Heatly, psychiatre sur le campus.

Dans le film *Natural Born Killers* (*Tueurs nés*) d'Olivier Stone (1994), Charles Whitman est légitimement cité comme l'un des plus grands tueurs des Etats-Unis. Il est au centre du téléfilm *The Deadly Tower* (1975) de Jerry Jameson (1975), interprété par Kurt Russel. Et il est évoqué dans *Full Metal Jacket* de Stanley Kubrick (1987), quand le sergent instructeur Hartman rappelle à ses élèves que Whitman était devenu un tireur d'élite après son passage dans les Marines.

INTERFECTUM AUGUST 1 1966
The Tower Garden memorial was made possible by
Cook – Walden Funeral Homes and Cemeteries
in honor of Mr. Charles P. Walden Sr. and
all those who served on that fateful day

YAKUZAS

CI-CONTRE
Membre d'un gang Yakuza dans un bain public, tatoué sur tout le corps comme le veut la tradition.

Yakuza est le nom donné aux membres de la Mafia japonaise. Le mot, probablement apparu sous le shogun Tokugawa au XVIIe siècle, aurait pour origine un jeu de dés, les trois caractères qui composent ce mot signifiant « 8, 9, 3 » et désignant la combinaison perdante. *Yakuza* veut littéralement dire « vaurien » ou « voyou ». On estime le nombre de yakuzas à environ 80 000, réunis en quatre syndicats principaux, les *boryokudan* :

— Yamaguchi-Gumi (apparu en 1915 à Kobe), le plus ancien et le plus puissant – sauf à Tokyo ;

— Tao Yuai Jigyo Kumiai (qui a vu le jour en 1948 à Tokyo), puissant dans cette ville, mais qui est le moins nombreux ;

— Inagawa-Kai (fondé en 1949 à Atami), très puissant à Tokyo et surtout sur le plan international ;

— Sumiyoshi-Kai (créé en 1958 sous le nom de Minato-Kai, rebaptisé, dissous en 1965, puis refondé en 1969), fonctionne comme une confédération de groupes indépendants. C'est le deuxième groupe criminel du pays.

Les ancêtres des yakuzas seraient apparus au XVe siècle. Il se serait agi de samouraïs sans emplois, les *rônins*, passés de la vie chevaleresque à la délinquance et au brigandage. De ce lointain passé, il reste un code, qui évoque celui des samouraïs, le *bushidô* (la « voie du guerrier ») :

1. Tu n'offenseras pas les bons citoyens ; 2. Tu ne prendras pas la femme du voisin ; 3. Tu ne voleras pas l'organisation ; 4. Tu ne te drogueras pas ; 5. Tu devras obéissance à ton supérieur ; 6. Tu accepteras de mourir ou de faire de la prison pour l'*oyabun* ; 7. Tu ne devras parler du groupe à quiconque ; 8. En prison tu ne diras rien ; 9. Il n'est pas permis de tuer un *kata gari* (personne ne faisant pas partie de la pègre).

L'organisation de chaque syndicat est pyramidale : à sa tête, donc, l'*oyabun*, chef du clan, qui a une autorité totale ; puis, aux étages inférieurs, des lieutenants, *wakagashira* et *shateigashira*, des sous-officiers, *kyôdai*, et des soldats, *shatei*.

Les yakuzas ont pris leur essor sous l'ère Meiji (fin du XIXe siècle de l'ère chrétienne), qui marque la Renaissance japonaise. A cette époque, ils ont servi d'agents supplétifs de l'Etat et ont pu se développer en utilisant de nombreuses couvertures légales. Il faudra d'ailleurs attendre les années 1980 pour que soit adoptée au Japon la première loi antigang, sans grand effet.

Outre le jeu (*sumo* et *pachinko*), les stupéfiants et la prostitution, leur ressource naturelle est le racket, aussi bien du petit commerce, que les yakuzas proposent de « protéger », que les grandes entreprises, dont ils menacent, dans leur vie, dirigeants et actionnaires.

Ces groupes criminels se sont surtout fait reconnaître dans les années 1980 en détournant plusieurs dizaines de milliards de dollars de prêts immobiliers illicites. Au niveau international, les yakuzas semblent bien implantés aux Etats-Unis, au Canada, au Mexique, en Océanie, et en Extrême-Orient (deux Corées, Chine, Taiwan, Thaïlande, Philippines, Viêtnam, etc.).

A côté de leurs activités lucratives traditionnelles, les yakuzas ont toujours été présents sur la scène politique et ont exercé des formes de terrorisme contre les libéraux et la « gauche ». On leur doit notamment, en 1932, l'assassinat d'un Premier ministre...

Pendant la Deuxième Guerre mondiale, ils ont été d'actifs soutiens de la politique d'expansion du Japon, et durant l'occupation américaine, ils ont été, dans la lutte contre le communisme, des alliés irréprochables des Etats-Unis.

Les yakuzas se reconnaissent à leur démarche, leur habillement, leurs lunettes de soleil et leurs tatouages, souvent généreusement répartis sur tout le corps. Certains sont amputés d'un doigt, signe de soumission ou de punition.

Ils ont donné lieu à une abondante filmographie : *Yoidore Tenshi*, d'Akira Kurosawa (1948), *The Yakusa*, de Sydney Pollack (1975), avec Robert Mitchum et Ken Takakura (qui jouera d'ailleurs dans *Black Rain* de Ridley Scott, en 1989, sur le même sujet), *Kill Bill I* et *II*, de Quentin Tarantino et, plus local, *Outrage*, de Takeshi Kitano en 2010...

ZAMPA, GAËTAN, DIT TANY

CI-CONTRE
Paris la nuit dans le quartier de Pigalle, 1966.

Avec Francis le « Belge » et Jacky le « Mat », Tany Zampa est le troisième truand mythique du milieu marseillais des années 1960-1980. Les trois hommes ont établi des relations compliquées, tantôt amis, complices et alliés, tantôt ennemis jurés. Les « guerres » sans merci que, deux à deux, par bandes interposées, ils se sont livrées ont pendant des années alimenté la chronique judiciaire et rempli les cimetières.

Gaetano – dit Gaëtan ou Tany – Zampa naît à Marseille en 1933, dans une famille d'origine napolitaine. Patron de bar, Mathieu, son père, appartient au milieu.

Gaëtan passe son enfance et sa jeunesse dans le populaire quartier du Panier où – parmi d'autres – il côtoie celui qui deviendra un des policiers les plus célèbres de France, Georges Nguyen Van Loc. « Tany » quitte les bancs de l'école à 14 ans, enchaîne les petits boulots, et trouve finalement sa voie dans la cambriole. Audacieux, flambeur, violent, grimpant les échelons de la délinquance, il s'affirme en prestance et en force, d'autant qu'il doit combattre une discrète infirmité, un bégaiement dont il ne se débarrassera que tard. Intelligent, il sait qu'en début de carrière il faut s'attirer la sympathie des gens en place. En 1953, il se trouve ainsi, dans le clan Guérini, chargé de la protection de Gaston Defferre, candidat à la mairie de Marseille. Il purge sa première peine de prison à Draguignan pour une affaire de voiture volée. A moins de 25 ans, il tient un hôtel, est entouré de jolies filles et parfait son apprentissage au bar des « Trois Canards », à Pigalle, rendez-vous des Marseillais de Paris. Il y rencontre les figures montantes du milieu avec lesquelles il se livre au racket, à la prostitution, au trafic de cigarettes et de drogue. Ces multiples activités lui valent, en 1959, une inscription au grand banditisme. Parmi ses faits d'armes : le vol record, pendant la nuit du 1er janvier 1961, de 160 millions d'anciens francs à la Caisse d'allocations familiales des Bouches-du-Rhône. A Marseille, il est à la tête de sa propre bande, constituée de garçons déterminés et bien formés.

Ses méthodes brutales ne sont pas du goût de la vieille garde représentée par les Guérini. En revanche, d'autres chefs du milieu font appel à ses services et lui sous-traitent leurs affaires de racket et de « protection ». Tany se trouve ainsi, après son père, proche de Robert Blémant, commissaire devenu gangster. Antoine Guérini ayant fait tuer Blémant, il est abattu à son tour, le 23 juin 1967. La rumeur prête cette exécution à Tany Zampa – qui aurait donné l'ordre – et à Jacky le Mat – qui l'aurait exécuté. Difficile à prouver car, depuis le 10 décembre 1964, Tany est en prison pour l'affaire de la CAF ; il ne sortira que le 15 janvier 1970.

Le clan Guérini disparu, le milieu marseillais se cherche un parrain. De sa prison, Zampa est bien placé : ses hommes prennent le contrôle de nombreux établissements de nuit de la région, signe de la puissance que l'enfant du Panier a fini par acquérir. Sur un autre plan, il est soupçonné de livrer des armes à l'ETA en même temps que de donner des « coups de main » au GAL (Groupes antiterroristes de libération). A ce titre, il est soupçonné d'avoir joué un rôle dans l'assassinat de Pierre Goldman, militant d'extrême gauche, le 20 septembre 1979, par un commando présumé des GAL.

Pendant que Zampa prend de l'importance et affiche ses ambitions, le Mat, de son côté, s'affirme et, du sien, Francis Vanverberghe monte en puissance grâce au trafic d'héroïne. En 1972, une cargaison de ce lucratif produit fait l'objet d'un litige avec Zampa. Prévoyant la colère du Belge, Tany prend les devants, et le 5 septembre 1972 fait abattre au Canet trois des hommes de son rival : c'est le début d'une guerre qui durera dix ans.

Ses affaires s'étendent à la Côte d'Azur où l'heure est à la succession d'Urbain Giaume, parrain de la région, tombé pour trafic de drogue. Zampa prend le contrôle d'un certain nombre …

SPHINX
NARCISSE
SPHINX
CABARET FLOOR SHOW
PIGALLS
SPHINX

CI-CONTRE
Antoine Guerini, retrouvé assassiné près de sa voiture dans une rue de Marseille le 23 juin 1967. Zampa Gaétan en serait le commanditaire.

… d'établissements de jeu, en association avec Jean-Dominique Fratoni. Le secteur, très rentable, est – théoriquement – moins risqué que la drogue et les filles, et il permet – ce n'est pas le moindre de ses mérites – le blanchiment massif du produit d'autres activités illégales.

Il n'en profitera pas longtemps : le 21 octobre 1981, le juge d'instruction Michel est abattu par deux hommes à moto. Zampa craint qu'on lui mette le meurtre sur le dos, alors que, pour cette affaire, son dossier est absolument vide, et il fuit. En réalité, Tany Zampa s'enfonce lentement dans la paranoïa. Le moindre soupçon conduit instantanément à une exécution préventive. Ce qui, en retour, crée une ambiance de crainte, de suspicion et de méfiance, qui ne fait que renforcer l'isolement et le sentiment de persécution du truand… La fin approche.

Elle arrive, cette fin, avec l'exécution, le 6 octobre 1983, de Gilbert Hoareau, dit « le Libanais », truand du clan Zampa. A son domicile, les policiers découvrent les preuves du système pyramidal de prête-noms mis en place par Zampa pour gérer ses affaires. Il va tomber comme Al Capone, pour des affaires fiscales et non pour ses activités criminelles, et c'est l'autre gamin du Panier, le commissaire Van Loc, qui mène l'hallali. Le 19 octobre, les policiers interpellent la femme du parrain et un de ses avocats. Zampa est interpellé le 27 novembre 1983.

En prison, le madré et indestructible Tany Zampa, ci-devant parrain de Marseille, habitué à régner et à se faire respecter, dont le chemin est jalonné de dizaines de cadavres, sombre dans la démence. Il craint en permanence pour sa vie. Fait plusieurs tentatives de suicide. Il est isolé, et ceux qui hier encore tremblaient en évoquant son nom profitent de sa faiblesse, état impardonnable dans le milieu, le brocardent, se moquent de lui. A l'intérieur de la prison, aussi bien qu'à l'extérieur. Ici et là, on le surnomme le « parrain à l'italienne », « la Balance », « la Marraine »… Le monde est cruel.

Le 23 juillet 1984, il se pend dans sa cellule. Pitoyable fin pour une des grandes figures de la pègre.

VITRINE
CADEAUX
SHELL
250 SE

TABLE DES ENTRÉES

AB

C

DE

F

GH

IJ

KL

M

OP

QR

ST

VZ

CRÉDITS PHOTOGRAPHIQUES

AGENCE BRIDGEMAN IMAGES

© Bridgeman Images : Pp. 33, 47, 69, 73, 113, 145, 147, 149, 159, 167, 185, 199, 203, 205, 209, 233, 241, 275; © Look and Learn / Bridgeman Images : Pp. 11, 19, 61; © Patrice Cartier / Bridgeman Images : Pp. 13, 223, 225; © Giancarlo Costa / Bridgeman Images : Pp. 15, 9; © Louis Monier / Bridgeman Imagesw Pp. 17, 251; ©AGIP / Bridgeman : Pp. 21, 23, 41, 95, 131, 189, 193, 215, 219, 265, 267, 273; © PVDE / Bridgeman Images : Pp. 25, 89, 107, 133, 179, 263; © Photo Josse / Bridgeman Images : p. 27; © Granger / Bridgeman Images : Pp. 29, 31; © Jean Jacques Allevi / Bridgeman Images : p. 35; © Stefano Bianchetti / Bridgeman Images : p. 37; © Luisa Ricciarini / Bridgeman Images : p. 39; © The Courtauld / Bridgeman Images : p. 45; © Farabola / Bridgeman Images : Pp. 49, 163, 245; © Peter Newark American Pictures / Bridgeman Images : Pp. 51, 91, 111, 161, 210; © Tallandier / Bridgeman Images : Pp. 53, 165,173, 175, 183, 197, 221, 239, 255; © Adel Productions/ Paramount Pictures / Diltz / Bridgeman Images: p. 55; © Reporters Associati & Archivi /Mondadori Portfolio / Bridgeman Images : Pp. 43, 57; © CSU Archives/ Everett Collection / Bridgeman Images : Pp. 59, 169, 171, 195, 201; © Everett Collection / Bridgeman Images : Pp. 115, 157, 177, 187, 247, 257; © Orion Pictures Corporation / Everett Collection / Bridgeman Images : p. 135; © Universal Pictures / Everett Collection / Bridgeman Images : p. 85; © Everett Collection / Miramax Films / Bridgeman Images : p. 116; © Reuters / Grigory Dukor / Bridgeman Images : Pp. 63, 65; © Reuters / Daniel Leclair / Bridgeman Images : Pp. 123, 129; © Reuters / Vincent Kessler / Bridgeman Images : p. 137; © Reuters / Gopal Chitrakar / Bridgeman Images : p. 259; © Reuters / Kamal Kishore / Bridgeman Images : p. 261; © Reuters / Alexander Demianchuk / Bridgeman Images : p. 269; © Stefano Bianchetti / Bridgeman Images : p. 71; © Mary Evans / Bridgeman Images : p. 74; © The Holbarn Archive / Bridgeman Images : Pp. 83, 87; © SZ Photo / Bridgeman Images : p. 93; © The Holbarn Archive / Bridgeman Images : p. 97; © AGF / Bridgeman Images : p. 105; © Diltz / © Gaumont International / Bridgeman Images : p. 119; © Underwood Archives / UIG / Bridgeman Images : p. 141; © René Dazy. All rights reserved 2024 / Bridgeman Images : Pp. 207, 213; © René Saint-Paul. All rights reserved 2024 / Bridgeman Images : p. 217; © universal History Archive / UIG / Bridgeman Images : p. 229; © Pictures from History / Bridgeman Images : p. 235; © Stefano Bianchetti / Bridgeman Images : p. 237; © Leonard de Selva / Bridgeman Images : p. 249; © Estate of Gerald Bloncourt. All Rights Reserved 2024 / Bridgeman Images : Pp. 271, 281.

HEMIS

© Maidun Collection / Alamy / Hemis : p. 76; © Serge Mouraret / Alamy / Hemis : p. 79; © Visions of America, LLC / Alamy / Hemis : p. 81; © PictureLux / The Hollywood Archive / Alamy / Hemis : p. 99; © Amer ghazzal /Alamy Live News : p.101; © Pictorial Press Ltd / Alamy / Hemis : Pp. 103, 109; © Archives de l'histoire mondiale / Alamy / Hemis : Pp. 125, 127; © Yakoniva / Alamy / Hemis : p. 143; © ARCHIVIO GBB / Alamy / Hemis : p. 243; © Bob Daemmrich / Alamy / Hemis : p. 277; © Michael Macintyre/Hutchison Archive, Eye Ubiquitous / Alamy / Hemis : p. 279.

GETTY IMAGES

© Jean-Pierre REY / Gamma-Rapho via Getty Images : p. 121; © Tony COMMITI / Getty : p. 191; © Francis DEMANGE / Getty : p. 227; © Keystone France / Getty : p. 283.

SIPA

© Tschaen / SIPA: Pp. 151, 155; © Hartmann Christian / SIPA: p. 139; © Eclair Mondial / SIPA : p. 253; © AVPress / Asap / SIPA : p. 121.

© AFP / Agostini Stephane : p. 67.
© D. R. : p. 153.

COUVERTURE

Guns (détails), 1982, Andy Warhol © The Andy Warhol Foundation for the Visual Arts, Inc. / Licensed by ADAGP, Paris 2024.

DU MÊME AUTEUR

En tant qu'auteur ou coauteur :

Violence et Insécurité urbaines, PUF, « Que sais-je ? », 1998, 12e éd., 2010.
L'Amérique, la violence, le crime, PUF, 2000, 2e éd., 2001.
La guerre ne fait que commencer, Lattès, 2002, et Gallimard, « Folio », 2003.
Les Polices en France, PUF, « Que sais-je ? », 2001, 3e éd., 2010.
Le Crime aux Etats-Unis, les polices aux Etats-Unis, PUF, « Que sais-je ? », 2003.
Etat d'urgence, Laffont, 2004.
Deux siècles de débats républicains, Edimaf, 2004.
Dico rebelle, Michalon, 2004.
Imaginer la sécurité globale, in *La pensée et les hommes*, Espace de libertés, 2005.
L'Enigme Al-Qaida, Lattès, 2005.
Mercenaires et polices privées, Universalis, 2006.
Géographie de la France criminelle, Odile Jacob, 2006.
Mieux contrôler les fichiers de police, La Documentation française, 2006.
World Chaos, Early Detection and Proactive Security, LASD, 2007.
Les Mystères de Channel Row, Lattès, 2007.
République, Républiques ?, GODF, 2007.
L'Année stratégique, annuel, Dalloz, de 2007 à 2013.
Le Nouveau Chaos mondial, Editions des Riaux, 2007.
Radicalisation en Occident, NYPD, 2008.
Pour une stratégie globale de sécurité nationale, Dalloz, 2008.
Vidéosurveillance et vidéoprotection, PUF, « Que sais-je ? », 2008, 2e éd., 2012.
Terrorism Early Warning, LASD, 2008.
Le 11 Septembre, Mémorial de Caen – Ouest-France, 2008.
Les 100 Mots pour comprendre l'actualité, PUF, 2008.
Les 100 Mots de la police et du crime PUF, « Que sais-je ? », 2009.
Les Etudes de sécurité publique, PUF, « Que sais-je ? », 2009.
Les Fichiers de police, PUF, « Que sais-je ? », 2009, 2e éd. 2011.
Le Convent du sang, Lattès, 2009.
La Face noire de la mondialisation, CNRS Editions, 2009.
Les terroristes disent toujours ce qu'ils vont faire, PUF, 2010.
A la recherche de la criminologie, CNRS éditions, 2010.

Les 100 Mots du terrorisme, PUF, « Que sais-je ? », 2010.
Statistiques criminelles et enquêtes de victimation, PUF, « Que sais-je ? », 2010.
Les Politiques publiques de sécurité, PUF, « Que sais-je ? », 2011.
Une histoire criminelle de la France, Odile Jacob, 2012.
Dictionnaire amoureux du crime, Plon, 2013.
Dernières nouvelles du crime, éditions française, italienne et américaine, 2013.
Le terrorisme pour les nuls, First, 2014.
Histoire de la médecine légale et de l'identification criminelle, Puf, 2015.
Qui est l'ennemi ?, CNRS éditions, 2015.
ABC de la criminologie, Éditions du Cerf, 2016, 2024.
Vivre au temps du terrorisme, First, 2017.
Les Guetteurs, Odile Jacob, 2018.
Processus Stratégiques, EMS, 2018.
Les Protecteurs, Odile Jacob, 2019.
Trois minutes pour comprendre les 50 plus grandes affaires criminelles en France, Courrier du livre, 2019.
Vivre au temps du Coronavirus, Éditions du Cerf, 2020.
Les criminels les plus C... de l'histoire, First, 2020.
Encyclopédie des Espionnes et des Espions, Gründ, 2021.
La criminologie pour les nuls, First, 3ème édition, 2021.
Les criminels les plus C... de l'histoire... au Tribunal, First, 2022.
L'espionnage pour les nuls, First, 2022.
La guerre qui revient, éditions du Cerf, 2022.
Crise de la connaissance, connaissance de la crise, Connaissances et Savoirs, 2022.
Au commencement était la Guerre, Fayard, 2023.
Au bout de l'enquête, Saison1, First, 2023.
Encyclopédie des faits divers au cinéma, Gründ, 2023.
Tu ne tueras point, Fayard, 2024.
Au bout de l'enquête, Saison 2, First, 2024.
Juger les Terrorismes, Éditions du Cerf, 2024.
Les Lois, Décrets et arrêtés les plus C..., First, 2024.

Edition : Aurèle Cariès
Réalisation graphique : Florence Magnier

Photogravure : Chromostyle

Editions Gründ, un département d'Edi8
92, avenue de France - 75013 Paris

Imprimé en France par Imprimerie Pollina - 50602